北条義時の生涯

鎌倉幕府の草創から確立へ

菊池紳一〈監修〉
北条氏研究会〈編〉

勉誠出版

はじめに

本書は、北条義時《ほうじょうよしとき》の生涯を通して、その生きた時代、鎌倉幕府《かまくらばくふ》の草創期から確立の過程を読み解いていくことを目的としている。義時は、平治の乱後の長寛元年（一一六三）、伊豆国《いずのくに》北条に時政《ときまさ》の次男として生まれた。治承四年（一一八〇）源頼朝《みなもとよりとも》の挙兵後にはその側近として活躍し、頼朝没後には後家となった姉政子《まさこ》の支援もあり、のちには執権《しっけん》として幕政を主導したことはよく知られている。

本書の構成は、北条義時を中軸に据え、鎌倉幕府の草創期から確立の過程という時代の流れと重ね合わせながら、以下の五部に分けて考えてみた。なお、各部には、注目すべきテーマについて詳述する目的でコラムを設けた。

第一部「北条義時の生涯」では、義時の出生から亡くなるまでを、次の六つの時期に分けて叙述した。最初は北条氏の由緒から始まり、源頼朝時代の義時、頼朝没後の北条時政の台頭、時政の失脚と義時の執権就任、承久の乱から義時の死去、そしてその余波である伊賀氏《いがし》の変について、義時を中心に述べている。

第二部「北条義時をめぐる人々」では、義時の周辺の人々を解説した。北条氏は、源頼朝に嫁した義時の姉政子をはじめ、有力御家人や京都の公家とも婚姻関係や乳母関係を持っていた。どのようにして御家人の中でも抜きん出た立場を築いたのか、北条氏と他氏との縁を明らかにしている。

第三部「執権北条義時と政所」では、義時が幕政を主導するにあたり、執権として政所と職員である吏僚たちをいかに掌握したのか、またどのようにして政務を円滑に進めることができたのかを考えてみた。コラムの義時発給文書や侍所《さむらいどころ》、守護《しゅご》や国衙支配と合わせ、北条義時の執政の特徴を叙述している。

第四部「承久の乱の影響」では、義時にとって、鎌倉幕府にとっても、一番の難局となった承久の乱と、その影響について述べている。承久の乱は幕府と朝廷との立場を変えただけではなく、この乱を契機に京都に六波羅探題《ろくはらたんだい》が設置されることとなった。六波羅探題が京都周辺の治安維持や西国の御家人統制に関わることで、後の鎌倉幕府・朝廷関係に大きな影響を与えることになった。

最終の第五部は、「偽史・史跡・伝承」と題し、源家や北条氏が後世に遺した影響、都市鎌倉に残る北条義時関連の史跡、後世から見た義時像などについて叙述した。鎌倉は源頼朝が入って後、少しずつ形を変え、武士の都としての姿を作り上げていった。その中に北条義時の足跡はどのように残ったのであろうか。また編纂物であり鎌倉時代を知る上で欠かせない『吾妻鏡《あずまかがみ》』にはどのように義時は記されているのか、多様な視点から北条義時の影響を叙述した。

末尾に、詳細な北条義時に関する年譜と基本となる参考文献を掲げている。

本書は北条義時の伝記であるとともに、北条義時が関わった鎌倉幕府の政治や制度、社会が浮き彫りになるよう、多様な章立て・コラムを設けている。本書を読んで、新たな北条義時像、鎌倉幕府の姿を知っていただければ幸いである。

菊池紳一
北爪寛之

〈目次〉

第三部　執権北条義時と政所

第四部　承久の乱の影響

第五部 偽史・史跡・伝承

第一部

北条義時の生涯

◉第一章

北条義時の出生から源頼朝の挙兵

1——北条義時の登場

鎌倉幕府の二代執権として知られる北条義時《ほうじょうよしとき》は、長寛元年（一一六三）、北条時政《ときまさ》の次男として誕生した。

北条氏は、伊豆国田方郡《いずのくにたがたぐん》北条（静岡県伊豆の国市）を本領とした東国武士である。義時の母は、伊《い》東祐親《とうすけちか》の娘といわれており、時政が伊東氏と婚姻を結んでいたことを示している。なお、義時の姉だった北条政子《まさこ》も、伊東氏の娘を母としており、二人は同腹の姉弟だったと推定される。伊東氏は、伊豆国賀茂郡《かもぐん》伊東荘《いとうのしょう》（静岡県伊東市）を本領とした東国武士である。北条氏と伊東氏の婚姻関係は、伊豆国の地域社会を中心に成立したものだった。時政と義時の親子は、やがて鎌倉に移住して幕政を主導していくが、本来は伊豆国を生活圏とする一族だったのである。

北条氏は、武家政権の中枢で権力を握った御家人であり、その要因として様々な要素が指摘されているが、何よりも初代将軍の源《みなもとのよりとも》頼朝と婚姻を結んだ点を挙げなければならない。周知の通り、北条氏は、頼朝と政子の婚姻を媒介にして、将軍家の外戚として政治力を発揮したからである。時政は、頼朝の義父という立場で、幕府の運営に携わった。また義時は、頼朝の義弟として尊重されて、将軍の側近として成長していった。

やがて北条氏は、将軍を補佐する執権という地位を足がかりに、数々の権力闘争で勝利を重ねることで、幕府の実権を掌中に収めていく。鎌倉後期になると、北条氏の嫡流は得宗と呼ばれて、幕府の絶対的な権力者として君臨した。ただ、得宗という呼称が、義時の追号に由来するという説があるように、北条氏の繁栄を実現させた政治的な基盤は、おおむね義時の時代に形成されたといっても過言ではない。

義時は、草創期の幕府を支えた御家人であるのと同時に、北条氏の権威を築いた功労者でもあったのである。

2——北条氏をめぐる評価

では、義時を生んだ北条氏とは、どのような武士として評価されてきたのだろうか。幕府の歴史書である『吾妻鏡《あずまかがみ》』は、平安期の時政について、伊豆国の豪傑だったと述べている。これは、北条氏が伊豆国でも突出した存在だったことを示唆する表現である。

ただし、当時の北条氏については、弱小な武士にすぎなかったと考える説がある。そもそも『吾妻鏡』は、鎌倉後期に北条氏の周辺で編纂されたもので、北条氏に都合のよい記述が含まれる点が指摘されている。北条氏は、自身の地位を脅かす御家人を排除して権力を握ったが、『吾妻鏡』には、北条氏の行為を正当化するような曲筆が散見される。とすれば、北条氏が伊豆国の豪傑だったという表現が、鎌倉後期の認識を投影した誇張だったとしても不思議はない。事実、頼朝の挙兵に参加した軍勢から推せば、北条氏は九十騎に満たない規模であり、実際には三十騎を下回っていたという推計もある。姻族の伊東氏が、三百余騎を動員したのに比べれば、当時の北条氏が、伊豆国で群を抜いた勢力だったとは言いがたい。『吾妻鏡』の編者が、北条氏の実力を過大に評価している可能性には、十分な注意が必要だろう。

しかし、それらを考慮に入れた上で、北条氏が相応の力量を持った武士だったと考える説もある。北条の地は、狩野川《かのがわ》や下田街道《しもだかいどう》による交通の要衝であり、伊豆国の国衙ともアクセスできる位置にあった。また、時政の館とされる円成寺遺跡《えんじょうじいせき》では、京都系かわらけや貿易陶磁が大量に出土しており、広域的な流通網を持っていたことが判明している。こうしたネットワークを展開するのは、小規模な武士では難しいため、北条氏が豊かな人脈を備えていた明証といってよい。北条氏は、伊豆国で突出した規模でなかったとしても、一定の政治力を保持する有力な武士だったと考えられる。

このように、北条氏の評価については、多様な観点から見直しが進んでおり、いまだに決定的な見解はないのが現状といえるだろう。

3——北条氏の地位と出自

北条氏の実像については諸説あるが、一般的には伊豆国の在庁官人で、桓武平氏を出自とする一族だったといわれる。在庁官人とは、国衙に勤務する役人であり、地域の有力な武士が兼任する場合が多かった。

北条氏が伊豆国の在庁官人だったという点は、複数の史料が別々の観点から証言している。鎌倉後期の故実書『吉口伝《きつくでん》』は、時政を「在庁」と記しており、護良親王《もりよししんのう》の令旨にも「伊豆国在庁時政」という文言がある。また、北条氏の諸系図をみると、先祖の時家《ときいえ》に「伊豆介」、時兼《ときかね》に「北条介」などの注記があり、伊豆国の在庁官人を務める家系だったことを物語っている。よって、北条氏は、伊豆国の国衙を基盤とする武士だったと考えられる。

また、北条氏が桓武平氏の出自だったという点は、時政を平直方《たいらのなおかた》の五代孫とする『吾妻鏡』の記述が参考になる。北条氏の諸系図をみると、時政の父祖については混乱が著しいが、直方を先祖とする部分は共通しており、桓武平氏の出身だったことは確実だろう。また、直方から時政までの世系については、正確な系譜の復元が困難であるが、伊勢平氏の出身だった時家が、伊豆国に下向して、在庁官人の北条氏に婿入りしたと推定されている。北条氏の人脈が、きわめて広範囲に及んでいた背景も、伊勢平氏という血統によって説明することができるだろう。

このように、北条氏が、伊豆国の在庁官人で、桓武平氏の一族だったことは、大筋において史実として認めてよいと思われる。北条氏の一族は、伊豆国の在庁官人として東国社会に立脚しながら、伊勢平氏の後裔として京都社会とも接点を持っており、二つの性格を兼ね備える武士として発展していったのである。

【図1　北条氏系図】

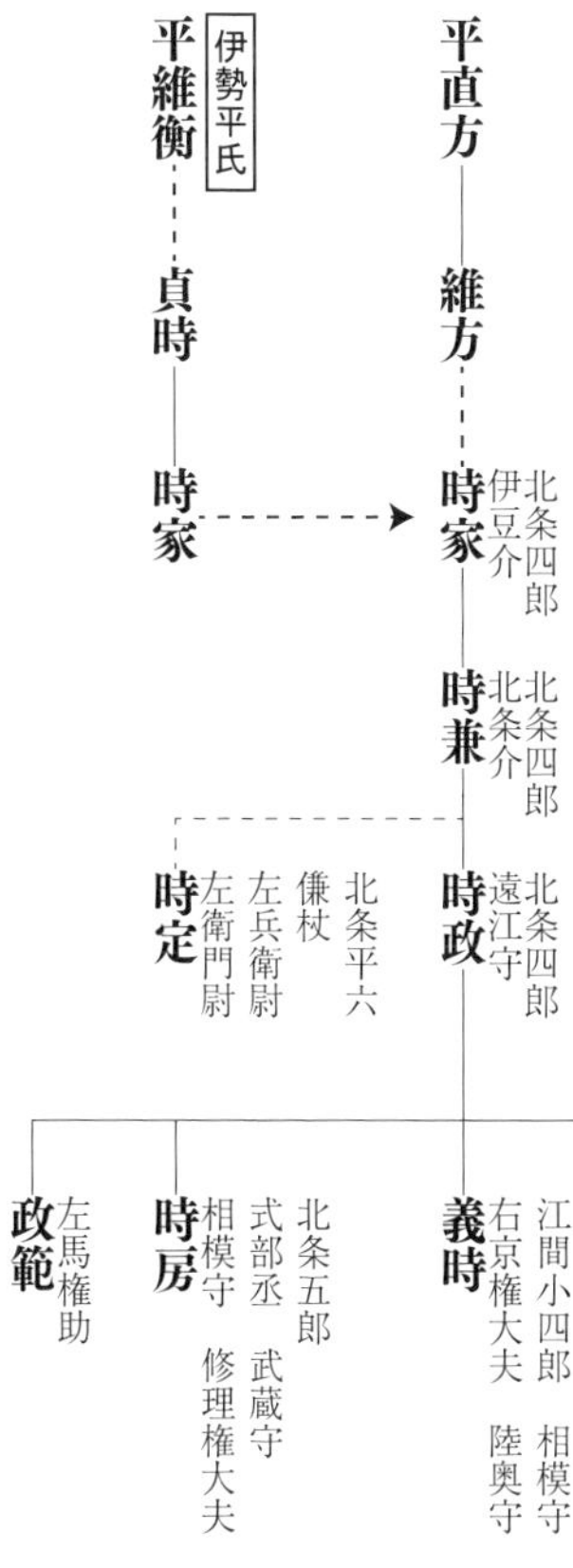

4――北条時政と北条時定

こうした北条氏の家に生まれた人物が、義時の父親に当たる時政だった。時政は、いわゆる北条九代の始祖とされるように、北条氏の実質的な初代として認識されてきた。

しかし、時政の立場については、北条氏の庶子にすぎなかったという指摘がある。たとえば、『吾妻鏡』は、時政を「北条四郎」と表記しており、不惑の年を過ぎても官職を持たなかった。また、九条兼実《くじょうかねざね》の日記『玉葉《ぎょくよう》』は、頼朝の代官として上洛した時政を「北条丸」と表現している。京都社会での時政は、ほとんど無名の存在に等しかったと思われる。こうした実態を踏まえて、時政は、北条氏の庶流に属する人物だと考えられてきたのである。

では、北条氏の嫡子は誰だったのかといえば、従来は、北条時定《ときさだ》という人物が注目されてきた。時定は、時政の従弟や甥といわれるが、ここでは時政の弟とみる説に従っておきたい。時定は、早くから傔杖《けんじょう》という官職に就いており、頼朝が挙兵する以前から、朝廷に出仕していたと考えられる。文治元年（一一八七）三月にも、時政の代官として京都に残っており、建久四年（一一九三）二月、伊豆国に帰郷することなく没したという。時定は、最期まで在京活動を続けており、伊勢平氏に由来する性格を継承する人物だったとみられる。

このように、従来の説では、時政は北条氏の庶流に甘んじており、京都に進出した時定こそ嫡流に相応しいと考えられてきたのである。

5——北条時政と一族分業

しかし、北条氏の通称に着目すると、やはり時政を嫡子とみるべきではないかと思われる。時政は、「北条四郎」と称したように、「四郎」を通称とする人物だった。そして、北条氏の系図をみると、直系に当たる先祖は、代々「四郎」と称していた。時政は、嫡流の通称「四郎」を継承する存在だったのである。こうした歴代の通称をみる限り、北条氏の正統な後継者は、時政だと認識されていた可能性が高い。京都社会での活躍などに基づいて、時政を庶子だったと判断する説は、必ずしも的を射たものとは言えないだろう。

では、北条氏の一族において、時政と時定の二人は、どのような役割を担っていたのだろうか。ここで想起したいのは、北条氏の一族が、東国と京都に基盤を持っており、二つの性格を兼ね備える武士だったという点である。中世における武家は、しばしば親子兄弟で各地に分散して、本領・京都・鎌倉などの拠点で活動していた。これを一族分業と呼ぶが、北条氏の場合にも、同様の活動を展開していたと想定される。すなわち、時政と時定は、兄弟で本領と京都に分かれて、一族分業を続けていたのではないだろうか。

兄の時政は、伊豆国の在庁官人として、東国社会を拠点にして活動していた。時政は、京都大番役などで上京する機会はあったが、基本的には本領で活動する系統だったので、京都社会で存在感が薄かったのも当然だろう。それに対して、弟の時定は、京都の拠点に派遣されて、傔杖という官職を獲得していた。時定は、京都で活動する系統だったので、幕府の成立後にも在京活動を継続したとみられる。

つまり、時政と時定にみる性格の相違は、嫡子と庶子という以上に、一族分業の役割分担に由来していたと解するべきだろう。時政と時定は、それぞれ東国と京都に分かれて活動する兄弟であり、北条氏の二つの性格を体現する存在だったのである。

このように、北条氏は、兄弟で一族分業を展開していたが、基本的には伊豆国を本貫地とする武士であり、東国を基盤とする「四郎」の系統こそが、一族の嫡流として認識されていた。そして、北条氏の当主だった時政は、伊豆国の在庁官人という地位を継承しながら、京都に進出した時定とも連携することで、一族を政治的に発展させた武士だったと推察されるのである。

6——北条義時と北条宗時

その時政の次男として誕生したのが義時だった。義時は、時政から執権の地位を継承した人物であり、幕府の創始者の一人として評価されている。

しかし、義時の立場についても、北条氏の庶子だったという説がある。時政の息子には、義時の他にも、嫡子に相応しいと思われる兄弟が存在したからである。また、義時は「江間《えま》小四郎」と称しており、北条氏から分かれた庶子家の江間氏だったという指摘もある。

では、義時が庶子だったとして、嫡子に当たる人物は誰だったのかといえば、兄に当たる北条宗時《むねとき》が注目されてきた。宗時は、時政が後継者として期待する息子であり、弟の義時は脆弱な立場に置かれていたという。だが、宗時は、石橋山《いしばしやま》の合戦に敗れて、逃走する途中で討死した。こうして、本来は嫡子でなかった義時が、有力な後継者として浮上したとみられる。つまり、義時が、時政の嫡子として活躍できたのは、兄の死という不測の事態による結果だったことになる。

このように、従来の説では、義時は北条氏の分家に当たる庶流であり、兄の宗時こそ本来の嫡流だったと考えられてきたのである。

7――北条義時と一族分業

しかし、義時や宗時の通称に着目すると、最初から義時を嫡子にする方針だったように思われる。北条氏は、嫡流が「四郎」と名乗る一族であり、時政も「四郎」と称したことは前述した通りである。そこで、時政の息子たちをみると、宗時が「三郎」だったのに対して、義時は「小四郎」と名乗っていた。この「小四郎」とは、父と区別して「小」を付けた呼称なので、実質的には「四郎」と称したのと変わらない。とすれば、義時は、嫡流の通称「四郎」を継承する存在であり、時政の正統な後継者と目されていたのだろう。このように、義時は、時政の嫡子として養育されて、在庁官人の地位を相伝する予定だったと推測されるのである。

さらに、宗時と義時の兄弟について、それぞれの烏帽子《えぼし》親子関係から考察してみたい。烏帽子親子関係とは、元服の場などで設定される擬制的な親子関係である。烏帽子親は、後見人を務める有力な人物であり、烏帽子子を元服させて新たな名前を付けた。武士の実名は、基本的に二字の漢字で構成されるが、一字は代々が継承する通字であり、もう一字は、烏帽子親の実名から付与されることが多かった。北条氏の場合、一族の通字は〝時〟なので、もう一つの漢字をみれば、烏帽子親だった人物について類推できるだろう。

義時は、〝義〟の字を烏帽子親から付与されたとみられる。〝義〟を用いた一族といえば、相模国の三浦氏が挙げられる。三浦氏は、相模国の有力な在庁官人であり、〝義〟を通字とした武士である。義時は、三浦氏を烏帽子親として元服を遂げたのだろう。義時は、相模国の在庁官人とも連携して、東国の武士社会に人脈を広げた人物だったのである。

宗時は、〝宗〟の字を烏帽子親から付与されたとみられる。〝宗〟を用いた一族といえば、駿河国の牧氏が挙げられる。牧氏は、京都で平頼盛《たいらのよりもり》に仕えた近臣であり、駿河国駿東郡大岡牧《するがのくにすんとうぐんおおおかまき》（静岡県沼津市・裾野市）に下向した武士である。牧氏は、牧方《まきのかた》を時政の後妻にするなど、北条氏と親密な関係を結んでおり、〝宗〟を通字とする一族でもあった。宗時は、この牧氏を烏帽子親にしていた可能性が高いだろう。とすれば、宗時は、牧氏との交流を深めることで、京都の勢力とも連携していたと考えられる。

このように、義時と宗時は、それぞれ東国と京都に人脈を持っており、政治的な基盤が異なっていた。とすれば、この二人に求められた役割は、東国と京都での一族分業だったのではないだろうか。時政は、義時に東国の本領を任せる一方で、宗時を京都に進出させる構想を持っていたと考えられる。北条氏は、時政と時定の兄弟で一族分業を展開していたが、宗時と義時の世代についても、同様の一族分業を企図していたのだろう。

このように、北条氏の嫡子だった義時は、伊豆国の在庁官人として東国を拠点にしながら、京都で活動する兄弟とも連携することを期待された人物だったのである。

8――在京活動の系譜

治承四年（一一八〇）八月、石橋山の合戦で北条氏は敗北を喫して、時政の息子だった宗時が討死した。こうして、京都に人脈を持った宗時を失ったことで、義時の世代による一族分業の計画は、根本的な見直しを余儀なくされた。なお、それまで一族分業を担ってきた時定は、建久四年（一一九三）二月に死去したので、北条氏で在京を担当する人物は、しばらく不在の状態が続いたと考えられる。

時政は、宗時に期待していた役割を、北条政範《まさのり》に継承させようと考えていた節がある。政範は、文治五年（一一八九）、時政の息子として誕生した人物である。政範の母は、時政が後妻として迎えた牧方であり、駿河国の牧氏を出自とする女性だった。政範については、時政が嫡子として期待する人物だったという説がある。というのも、この政範は、十六歳にして従五位下に叙されて、二十六歳も年上の義時と並んだからである。政範は、牧氏の流れを汲む人物だったので、京都とも関係が深かったと思われる。なお、兄に当たる宗時が、牧氏を烏帽子親としたことは前述した通りである。そうすると、時政は、早世した宗時に代わって、政範に在京活動を任せようとしたのではないだろうか。

しかし、政範は、元久元年（一二〇四）十一月、京都に向かう旅路で病気になり、十六歳という若さで急死した。時政は、宗時に続いて政範を失うという悲劇に直面したばかりか、自身も牧氏の変を引き起こして、政治的な地位を追われることになる。北条氏の一族分業は、隠遁した時政に代わって、政子と義時によって解決が図られた。

その後、京都で活動する系統は、北条時房《ときふさ》が担当したと考えられる。時房は、安元元年（一一七五）、時政の三男として誕生した人物である。建保六年（一二一八）二月、時房は姉の政子に従って上京しており、政子が鎌倉に下向して以降にも、息子の北条時村《ときむら》を連れて在京活動を続けていった。

このように、時政の息子たちによる一族分業は、不測の事態が相次いで断続的だったが、東国で活動する嫡流の地位は、基本的に義時が継承する方針で一貫していたのに対して、京都を拠点とする立場は、兄弟の宗時・政範・時房たちを流転したと推察されるのである。

9――江間氏をめぐる問題

なお、義時を北条氏の庶子と考える根拠として、江間という名字を用いた点が指摘されているので、この問題についても検証しておきたい。

義時は、「江間小四郎」と称したことから、北条氏の分家である江間氏の家祖だったという。そして、元久二年（一二〇五）七月、牧氏の変によって時政を失脚させることで、北条氏の本家を乗っ取ったとされる。つまり、江間と称していた義時は、北条氏の分家筋に当たる庶子だと考えられてきたのである。

その実否について確認するには、江間をめぐる政治的な動向を押さえる必要があるだろう。江間氏の名字の地は、伊豆国田方郡江間郷《えまごう》（静岡県伊豆の国市北江間・南江間）であり、北条氏の本拠地とは、狩野川を挟んで指呼の間に位置している。義時が、江間氏を名乗ったとすると、北条の地から狩野川の対岸に進出して、江間郷に拠点を構えたと考えるのが自然だろう。

しかし、平安後期の江間郷には、義時に先行する領主として、すでに江間を名字とする武士が存在していた。真名本《まなぼん》『曾我物語《そがものがたり》』によれば、伊東祐親《いとうすけちか》の三女（八重姫《やえひめ》）が、頼朝との仲を引き裂かれて、「江馬《(間)》次郎」と結婚したという。江馬《(間)》氏は、頼朝に代わる婚姻先として書かれており、北条氏に比肩する実力を秘めていた可能性がある。江間氏の事績が、ほとんど後世に伝わらないのは、治承・寿永の内乱で没落した結果に他ならない。「江馬《(間)》次郎」は、挙兵した頼朝に討たれて、息子の身柄は、義時のもとで保護されたという。

　頼朝の挙兵は、時政の館を拠点にして遂行されており、北条氏の意向が強く反映されていた。とすれば、時政は、地域社会で対立する江間氏にも矛先を向けて、江間郷を敵方所領として没収したのではないだろうか。また義時は、江間氏の遺児を預かることで、その遺産を管理する権利を認められたと思われる。こうして義時は、江間郷の支配権を主張するため、江間という名字を選択したものと推測される。

　とすれば、義時が、江間と称したので、北条氏の分家だったと判断するのは早計だろう。江間の地は、頼朝の挙兵に伴って、北条氏が獲得した故地として、特別な意味を帯びていたと想像される。義時の嫡子として成長した北条泰時も、当初は「江間太郎」と称しており、江間が庶子家の名字として卑下された形跡はない。義時が名乗った江間という称号は、近隣の江間氏を屈服させた証であり、北条氏が伊豆国で成功を収めた象徴でもあったのだろう。したがって、義時が、北条氏の庶子に甘んじていたという評価には、再考の余地があるのではないだろうか。

　ただし、北条氏の一族が、伊豆国の地域社会から脱却して、鎌倉政界で活躍する御家人になれば、江間郷の領主であることを強調する必要性は薄れる。こうして鎌倉中期になると、江間という名字は捨象されて、歴代の先祖が継承してきた「北条」が、一門を代表する名字として定着していったのだろう。

10――源頼朝と北条氏一族

頼朝は、平治の乱に参戦して敗れたことにより、伊豆国に配流されて、蛭ヶ小島《ひるがこじま》（静岡県伊豆の国市）に滞在していた。しかし、ある程度は自由な行動が許されており、時政が京都大番役で上京した隙に、政子と親密な関係になり、長女の大姫《おおひめ》が誕生したという。伊豆国に戻った時政が、それを知って驚いたのは言うまでもない。平家の権勢を恐れる時政は、政子を強引に頼朝から引き離そうとした。しかし、政子は、父の対応に断固として反対して、頼朝がいる走湯山《そうとうざん》（伊豆山《いずさん》）に逃れたという。時政も、娘の意志と行動力に根負けして、二人の結婚を認めざるを得なかった。こうして頼朝は、時政の館に移住して、北条氏と暮らすようになったのである。以上は、『平家物語《へいけものがたり》』や『曾我物語』の諸本が語るエピソードだが、頼朝が、北条の地に身を寄せたのは事実であり、義時とも紐帯を深めていたと考えられる。河内源氏の嫡子を娘婿に迎えることは、時政にとって危険を伴う賭けだったが、北条氏の思い切った決断は、一族の運命をも劇的に変えることになる。

11――源頼朝の挙兵と北条義時

治承四年（一一八〇）八月、伊豆国で北条氏と暮らしていた頼朝は、以仁王《もちひとおう》の令旨を掲げて、平氏打倒の挙兵に踏み切った。時政も、息子の宗時や義時を率いて参戦しており、娘婿の頼朝による旗揚げを全面的に支援している。

義時は、この時点で十八歳の若者であり、おそらく初陣として戦場に臨んだものと思われる。軍勢を指揮する頼朝は、義時の義理の兄であり、この挙兵に呼応した三浦氏も、義時の烏帽子親だった可能性がある。義時を取り巻く縁者は、いずれも頼朝に共鳴する支持者であり、平氏に対する公然たる反乱にも躊躇することはなかった。こうした人的環境をみれば、義時が挙兵に参加するのは当然の成り行きといえるだろう。この義時の行動は、どこまで本人の主体的な意思だったのか不明だが、彼自身の人生を一変させる決定的な転機となった。

平氏の治世が続いていれば、義時は伊豆国の役人として平穏な生涯を終えるはずだったが、頼朝の旗揚げに巻き込まれたことで、政治的な地位を飛躍的に上昇させることになった。こうして義時は、源氏の再興に尽力した功臣の一人として、鎌倉殿を支える構成員に名を連ねて、武家社会に地歩を築いていったのである。

◉第二章
鎌倉政権の成立と源頼朝

1――以仁王の令旨と源頼朝の挙兵

治承四年（一一八〇）八月、源《みなもとのよりとも》頼朝が伊豆国《いずのくに》で旗揚げした。鎌倉幕府の歴史書である『吾妻鏡《あずまかがみ》』は、治承四年四月、北条時政《ほうじょうときまさ》の館に以仁王《もちひとおう》の令旨が届いて、頼朝が挙兵を決意したところから起筆している。以仁王は、後白河院《ごしらかわいん》の皇子で、平氏に対する反乱を起こした人物である。以仁王の乱は、平氏に鎮圧されて短期間で落着したが、以仁王の令旨は諸国に拡散されて、各地で平氏打倒の火の手が上がった。頼朝も、この令旨を大義名分に掲げて、平氏打倒の戦いを開始したのである。『吾妻鏡』の編者は、時政の後援を受けて、頼朝が挙兵に踏み出した時点が、幕府の出発を告げる原点だったと認識していたことになる。

こうして、頼朝の一派は、平氏打倒をスローガンに武士を招集したが、最初から武家政権の構想があったとは思われない。頼朝が、当面の標的として定めたのは、同じく流人として伊豆国に下向していた山木兼隆《やまきかねたか》だった。兼隆は、伊豆国の目代として登用されており、在庁官人の北条氏にとっては、直属の上司に当たる存在だった。この挙兵は、新任の目代に反発した時政が、娘婿の頼朝を擁立して決起した事件でもあり、国衙の内部で起きたクーデターという側面を持っていた。

ただし、以仁王の令旨を掲げて蜂起した以上、もはや北条氏と平氏との対決は不可避であり、ひとたび敗北を喫すれば、在庁官人の地位を失うどころか、一族郎党の滅亡すら覚悟しなければならない状況だった。時政は、北条氏の命運を頼朝に託して、後には引けない戦いに身を投じたのである。突然の急襲を受けた兼隆は、必死の抵抗を続けた末に討ち取られて、伊豆国の国衙は反乱軍によって制圧された。北条氏と頼朝による挑戦は、ひとまず上々の滑り出しを見せたのである。

頼朝は、三浦氏との合流を図って、相模国に向けて進軍した。しかし、石橋山《いしばしやま》（神奈川県小田原市）で、平氏方の大庭景親《おおばかげちか》による追討軍と衝突した。この石橋山の合戦では、景親が圧倒的な戦力で、頼朝の率いる軍勢を蹴散らした。頼朝は壊滅的な被害を受けて、主従七騎という少人数で、箱根の山中を彷徨したという。やがて箱根権現《はこねごんげん》に保護された頼朝は、真鶴半島《まなづるはんとう》（神奈川県足柄下郡真鶴町）から安房国《あわのくに》に向けて渡航した。

北条氏の一族は、頼朝の一行から離れて、別々に行動している。時政と北条義時《よしとき》の親子は、甲斐《かいの》国《くに》の武田氏に救援を求めたが、途中で引き返して房総半島に渡り、無事に頼朝と再会することができた。しかし、義時の兄だった北条宗時《むねとき》は、単独で伊豆国に向かったが、伊東祐親《いとうすけちか》の軍勢に囲まれて討死を遂げたという。

2――頼朝の復活と南関東の制圧

治承四年（一一八〇）八月、再挙を期する頼朝は、安房国平北郡猟島《へいほくぐんりょうじま》（千葉県安房郡鋸南町）に上陸して、北条氏や三浦氏たちと合流を果たした。まずは平氏方の長狭常伴《ながさつねとも》を追討して、当地の安西《あんざい》景益《かげます》を味方につけることで、安房国の国衙を支配下に収めた。

続いて、両総平氏の上総広常《かずさひろつね》と千葉常胤《ちばつねたね》にも協力を呼びかけた。上総氏は、上総国を軍事的に平定した後に、大軍を率いて頼朝に参向している。千葉氏も、近隣の平氏勢力を倒して、下総国《しもうさのくに》の国衙で頼朝に馳せ参じたという。

さらに頼朝は、両総平氏の勢力を背景にして、武蔵国《むさしのくに》の秩父平氏に対する交渉を開始した。やがて畠山重忠《はたけやましげただ》・河越重頼《かわごえしげより》・江戸重長《えどしげなが》らが頼朝に帰順すると、武蔵七党と総称される勢力も、続々と頼朝の傘下に集結してきた。

こうして頼朝は、東国に割拠する多数の武士を糾合することに成功した。石橋山の合戦に敗れて、一時は七騎まで数を減らした頼朝だったが、房総半島を経由しながら驚異的な復活を遂げて、瞬く間に南関東を制圧する一大勢力を築いたのである。

治承四年（一一八〇）十月、頼朝は、武蔵国の国衙を経由して、相模国《さがみのくに》の鎌倉（神奈川県鎌倉市）に入った。鎌倉は、先祖の源頼義《みなもとのよりよし》が拠点とした故地である。頼朝は、この地を本拠地として定めて、鶴岡八幡宮《つるがおかはちまんぐう》を始めとする寺社や、旗下に属する武士の拠点などを整備させた。治承四年（一一八〇）十二月、鎌倉の大倉郷《おおくらごう》に御所が新造されて、移徙《わたまし》の儀が行われた。これは新邸に移住する儀礼であり、鎌倉で最初に開催された公的行事である。この儀式の場には、三百人を超える御家人が動員されて、頼朝は「鎌倉の主」として推戴された。この鎌倉の大倉亭を基点にして、東国を支配する政権が築かれていったのである。

こうした移徙の儀には、新たな武家政権の出発を宣言する意味があったので、この治承四年（一一八〇）を幕府が成立した画期とする説がある。

3——富士川の合戦と甲斐源氏

源氏一門で、平氏打倒に立ち上がったのは、伊豆国の頼朝だけではなかった。甲斐国では、治承四年（一一八〇）九月までに武田信義《たけだのぶよし》が蜂起した。武田氏は、甲斐源氏に属する有力武士であり、同族の安田氏らと連携して、駿河国や遠江国の一帯に勢力を広げていった。平氏一門は、平維盛《たいらのこれもり》を総大将とする追討軍を編成して、駿河国の富士川《ふじかわ》（静岡県富士市）まで歩を進めた。

治承四年（一一八〇）十月、富士川の合戦が起きた。だが、平氏の軍勢は、脱落者が続出して戦意が上がらず、甲斐源氏の大軍を前に撤退せざるを得なかった。京都の人々は、戦わずに戻った平氏に対して、水鳥の羽音を敵襲だと思って逃げ帰ったと噂している。この敗戦によって平氏の権威は失墜して、東国では源氏一門の優位性が確定した。

なお、『吾妻鏡』は、頼朝が平氏を撃退したように描くが、まだ現地に頼朝の権力は浸透していなかったので、甲斐源氏が独力で勝利を収めたのが真相だろう。とはいえ、頼朝は、甲斐源氏が平氏を足止めしている間に、関東の経営に専念することができた。富士川の合戦は、源氏一門が東国を支配する状況を許して、頼朝に鎌倉で権力を構築する余裕を与えたのである。

4——平氏の都落ちと源義仲の入京

治承四年（一一八〇）九月、信濃国《しなののくに》の源義仲《みなもとのよしなか》が、頼朝から一ヵ月ほど遅れて、以仁王の令旨を掲げて挙兵した。義仲は、信濃国を制圧した勢いで、越後国の城助茂《じょうながもち》をも撃破して、北陸道の一帯に勢力を広げた。

平氏は、維盛を総大将とする追討軍を派遣したが、寿永二年（一一八三）二月、倶利伽羅峠《くりからとうげ》の合戦で大敗を喫した。義仲は、安宅篠原《あたかしのはら》の合戦でも勝利を重ねて、京都への進出を目指した。寿永二年（一一八三）七月、義仲の圧力に耐えかねた平氏は、ついに京都の放棄を決意して、安徳天皇《あんとくてんのう》を連れて九州に落ちていった。

代わって入京した義仲は、後白河院から歓迎を受けて、左馬頭などの官職に任じられた。しかし、軍紀の乱れや政治力の不足などが露呈して、京都での義仲の評判は著しく低下した。こうして、義仲に代わる武家の棟梁として、頼朝の上洛を期待する声望が高まっていった。

5――寿永二年十月宣旨による東国支配権の公認

寿永二年（一一八三）十月、いわゆる寿永二年十月宣旨が発給された。その内容は、東国の年貢納入などを頼朝に一任するものであり、この十月宣旨によって、頼朝は朝廷から東国の支配権を承認されたという。北陸道の領域は、義仲の怒りを恐れて除外されたが、それでも頼朝が源氏一門で有利な地位に立ったことは間違いない。頼朝は、十月宣旨を獲得したことで、朝廷との協調路線を鮮明にして、義仲や平氏などの勢力と対峙していった。

また、十月宣旨の発布と同時に、頼朝は配流前の右兵衛権佐に復帰して、晴れて謀叛人の汚名を雪ぐことができた。以仁王の令旨を掲げて挙兵した頼朝は、安徳天皇の定めた寿永年号を拒否して、それ以前の治承年号を継続して用いていたが、朝廷から政治的な地位を保証されたことで、ようやく寿永年号に従うようになったという。十月宣旨は、鎌倉の首脳陣だけでなく、東国の武士社会においても、年号の改訂を含めた重大な画期として認識されたと思われる。

この十月宣旨の意義は、頼朝の挙兵や東国の実効支配が追認された点にあり、この寿永二年（一一八三）を幕府が成立した画期とする説がある。

6――源義仲と平氏一門の滅亡

寿永二年（一一八三）十一月、十月宣旨で劣勢に陥った義仲は、政局の打開を図って、法住寺《ほうじゅうじ》の合戦を起こした。義仲は、このクーデターで後白河院の近臣を一掃して、強制的に朝廷の独裁権を握ったのである。しかし、武力による朝廷の支配も、そう長続きはしなかった。頼朝の代官として、弟の源範頼《のりより》と源義経《よしつね》が鎌倉を進発して、京都の義仲に迫っていたからである。

寿永三年（一一八四）正月、宇治川《うじがわ》の合戦が起きて、範頼と義経の率いる追討軍が、防戦する義仲の軍勢に勝利した。義仲は、北陸道を目指して逃亡したが、近江国《おうみのくに》の粟津《あわづ》（滋賀県大津市）で討死を遂げた。こうして義仲が脱落したことで、戦いの次なる局面は、頼朝と平氏による対決へと移行した。これ以降には、範頼と義経の兄弟が、頼朝の手足として軍勢を統率して、西国の平氏を一方的に追い詰めていくことになる。

寿永三年（一一八四）二月、一《いち》の谷《たに》の合戦が起きた。平氏の一門は京都を脱出して、一時は九州まで後退したが、源氏一門の内紛に乗じて、摂津国《せっつのくに》の福原《ふくはら》（兵庫県神戸市）まで勢力を戻していた。範頼と義経は、平氏追討の院宣を獲得して、多田行綱《ただゆきつな》などの現地勢力も動員した上で、平氏の本拠地である福原を攻撃した。平氏は、一の谷や生田《いくた》の森《もり》などの戦場で敗れて、讃岐国《さぬきのくに》の屋島《やしま》（香川県高松市）まで撤退した。

元暦二年（一一八五）二月、屋島の合戦が起きた。勢いに乗る義経は、摂津国の渡辺《わたなべ》（大阪府大阪市浪速区）から渡海して、阿波国《あわのくに》の勝浦《かつうら》（徳島県徳島市）に上陸することで、屋島に布陣する平氏を背後から急襲したのである。義経の奇襲に狼狽して、瀬戸内海に逃れた平氏軍は、長門国《ながとのくに》の赤間関《あかまがせき》（山口県下関市）付近に落ち着いた。平氏の一族は、一の谷の合戦と屋島の合戦で、手痛い連敗を喫して、瀬戸内海の制海権を喪失することになった。また、範頼が九州の攻略に成功した結果、平氏は半ば孤立状態に追い込まれていった。

元暦二年（一一八五）三月、壇《だん》ノ《の》浦《うら》の合戦が起きた。これは、長門国の壇ノ浦（山口県下関市）で繰り広げられた海戦であり、源氏と平氏による最終戦として知られている。この戦いは、義経が率いる源氏の勝利という結果で幕を閉じた。平氏の一族は、多数の死者や捕虜を出して、安徳天皇も二位尼と共に海底に没した。こうして、武家政治の先駆者として繁栄した平氏一門は滅亡したのである。

7――公文所と問注所の設置

元暦元年（一一八四）十月、西国で平氏の追討が進められる最中、鎌倉では公文所《くもんじょ》と問注所《もんちゅうじょ》が設置された。

公文所は、一般行政を担当する機関であり、初代の長官（別当）には、大江広元《おおえのひろもと》が任じられた。なお、三位以上の公卿は、家政機関として政所の設置が認められていた。頼朝も、文治元年（一一八五）に従二位へ昇格したことで、公文所を政所《まんどころ》に改名したと考えられる。

また、問注所は、訴訟や裁判を担当する機関であり、初代の長官（執事）には、三善康信《みよしのやすのぶ》が任じられた。

大江氏や三善氏に代表される幕府の役人は、もともと京都で活動する下級官人だった。頼朝は、文筆に長けた人物を京都から招いて、鎌倉の中枢で重要な実務に当たらせたのである。こうした役員が勤務する機関が設置されたことで、円滑な政務の遂行が可能となり、政権に統治機構としての実質が備わった。

こうした公文所・問注所の設置は、武家政権の運営が本格化した転機であり、この元暦元年（一一八四）を幕府が成立した画期とする説もある。

8――文治勅許による守護・地頭補任権の公認

壇ノ浦の合戦で平氏を滅ぼしたことで、一躍時代の寵児となった義経だったが、次第に頼朝との不和が顕在化していく。文治元年（一一八五）十月、義経は、後白河院から頼朝追討の院宣を引き出したが、その招集に応じる武士は少なく、やむなく京都を脱出して、各地を流浪する逃亡生活に入った。後白河院は、慌てて義経追討の院宣を発布したが、頼朝は朝廷の失策を追及して、義経の捜索を名目に、守護・地頭を諸国に設置することを迫った。こうして、文治元年（一一八五）十一月、文治勅許が出されて、守護・地頭の補任権が公認されたのである。

守護とは、国単位で一名の有力御家人が任じられる役職であり、国内の御家人を統制して治安を維持するのが任務だった。地頭は、各地の荘園や公領に置かれる役職であり、土地の管理、年貢の徴収、治安の維持などを主要な任務としていた。こうした守護・地頭の前身は、平安期まで遡ることが確認できるが、頼朝は、その任免権を保証されることで、諸国の軍事権や警察権を掌握することになった。また、守護・地頭には御家人が任用されたので、東国に限定されていた頼朝の権力は、守護・地頭を媒介にして、一気に全国的な規模にまで拡大したと考えられる。

なお、文治勅許と同時に、頼朝が日本国総追捕使《にほんこくそうついぶし》・日本国総地頭《そうじとう》に補任されて、全国の軍事警察権を一任されたという説もあるが、同時代の史料では確認できないので、後世に創出された地位だった可能性が高いだろう。

守護・地頭の補任権を認める勅許は、頼朝の権力を全国に行き渡らせる契機となったので、この文治元年（一一八五）を幕府が成立した画期とする説がある。

9——奥州合戦と奥州藤原氏の滅亡

文治五年（一一八九）、奥州合戦が起きた。頼朝との亀裂を深めて消息を絶った義経は、奥州藤原氏を頼って陸奥国《むつのくに》の平泉《ひらいずみ》（岩手県西磐井郡平泉町）に逃亡していた。藤原泰衡《ふじわらのやすひら》は、頼朝の圧力に屈して、義経を殺害することで事態の収拾を図った。しかし、頼朝は、泰衡に対する追及の手を緩めず、自身で大軍を率いて陸奥国に出陣したのである。

この奥州合戦は、全国の武士を動員する大規模な戦争であり、かつて頼朝に敵対した捕虜たちも、この戦いを通じて挽回の機会が与えられた。奥州合戦に参加した武士は、幕府の御家人として正式に認定されている。また、この奥州合戦は、頼義が安倍氏を追討した前九年合戦を踏襲しており、先祖の頼義の故実を再現することで、将軍と御家人の主従関係を強化する意図があったという。戦いは、頼朝の一方的な勝利に終わり、泰衡は前九年合戦の先例に基づいて梟首された。こうして、平泉を中心に繁栄を誇った奥州藤原氏は滅亡したのである。

奥州藤原氏が除かれたことで、頼朝に軍事力で対抗できる勢力は消滅した。こうして、治承・寿永の内乱は終結して、頼朝が最終的な勝者として武家政権を創始していった。

10——源頼朝の上洛と右近衛大将の補任

建久元年（一一九〇）十一月、頼朝は権大納言《ごんだいなごん》と右近衛大将《うこんえのだいしょう》に補任された。頼朝は、後白河院から再三の要請を受けて、ようやく上洛して拝謁を果たした。後白河院は、頼朝を権大納言と右近衛大将に任じたという。近衛大将という役職は、在京が義務づけられていたので、まもなく頼朝は辞任して鎌倉に下向している。ただ、頼朝は、これ以降も前右大将と称しており、この補任が、鎌倉殿の権威を高める一歩となったことは間違いない。

ちなみに、右近衛大将の補任と同時に、日本国総追捕使・日本国総地頭に補任されたという言説があるが、これも同時代の史料では確認できないので、後世に創出された認識とみるべきだろう。

近衛大将は、唐名で幕府と呼ばれる官職であり、その居館も幕府と称したので、頼朝が右近衛大将に補任された建久元年（一一九〇）を幕府が成立した画期とする説もある。

11――源頼朝の征夷大将軍の補任

建久三年(一一九二)七月、頼朝が征夷大将軍《せいいたいしょうぐん》に補任された。『三槐荒涼抜書要《さんかいこうりょうぬきがきのかなめ》』によれば、頼朝が「大将軍」の地位を求めたのに対して、朝廷が「征東大将軍」「征夷大将軍」「惣官」「上将軍」という候補から絞り込んだ結果、「征夷大将軍」に決定したという経緯が明らかになっている。したがって、頼朝が、積極的に征夷大将軍の地位を望んでいたわけではない。とはいえ、征夷大将軍という官職は、鎌倉殿に相応しい称号として、頼朝以降の歴代の将軍たちにも付与された。さらに征夷大将軍は、幕府の将軍を象徴する地位として認識されて、室町幕府や江戸幕府の将軍にも継承されていったという。

このように、頼朝による征夷大将軍の補任は、幕府の首長が就任する慣例の起点となったので、建久三年(一一九二)を幕府が成立した画期とする説が広く知られてきた。

12――鎌倉幕府の成立をめぐる諸説

最後に、以上のような頼朝の軌跡を踏まえて、幕府が成立した画期について、あらためて諸説を確認しておきたい。建久三年(一一九二)を幕府の成立とみる説は、すでに学界で少数派となっているが、それも含めて、代表的な学説を整理すると、以下の①〜⑥が列挙できるだろう。

①治承四年（一一八〇）末：頼朝が挙兵して南関東を制圧
②寿永二年（一一八三）十月：頼朝が朝廷から東国支配権を公認
③元暦元年（一一八四）十月：頼朝が公文所・問注所を設置
④文治元年（一一八五）十一月：頼朝が文治勅許で守護・地頭補任権を公認
⑤建久元年（一一九〇）十一月：頼朝が右近衛大将に補任
⑥建久三年（一一九二）七月：頼朝が征夷大将軍に補任

このように、幕府が成立した画期として、様々な学説が提起されてきた様相が読みとれるだろう。①〜⑥の各説とも一定の根拠はあるものの、それぞれに否定的な意見が存在しており、いまだに統一した見解には至っていないのが現状といえる。ただ、この論争は、絶対的な正解が見出せる問題ではなく、頼朝が創出した幕府の権力は、治承・寿永の内乱を通じて、段階的に形成されたというのが実情だろう。

こうした成立の時期をめぐる諸説の林立は、幕府の実態に関する解明が進んで、従来の定説が根本から見直されている情勢とも無縁ではない。幕府の定義が揺らげば、その成立を判定する基準も変わらざるを得ないからである。果たして幕府はいつ成立したのか、この問題に取り組むためには、幕府という存在をどのような政権として評価するのかという出発点から考え直さなければならないだろう。

源頼朝と北条義時

北条義時《ほうじょうよしとき》は、北条時政《ときまさ》の子で、頼朝《よりとも》の妻政子《まさこ》の弟にあたる。平治の乱の四年後、頼朝が伊豆《いずの》国《くに》に配流された永暦元年（一一六〇）の三年後にあたる長寛元年（一一六三）に生まれた。当時頼朝は十七歳、姉政子は七歳であった。兄弟には、兄に宗時《むねとき》、弟に時房《ときふさ》・政範《まさのり》が、姉妹は伝えられるだけでも政子等十二人が知られる。兄宗時は、治承四年（一一八〇）の頼朝挙兵後の石橋山《いしばしやま》の敗戦後討死した。弟時房は安元元年（一一七五）の生まれで十二歳年下である。異母弟政範（母は後妻伊《い》賀《が》氏《し》）は、奥州合戦のあった文治五年（一一八九）の生まれであり、治承四年（一一八〇）頼朝挙兵の時はまだ生まれていなかった。

『吾妻鏡』に記載される北条義時の通称は、官途（相模守）に就く以前は、北条四郎・北条小四郎と江間四郎《えましろう》・江間小四郎・江間殿（江間は江馬とも記す）の二種で、江間系の表記が多く見られる。この通称から、義時は北条氏の家督ではなく、庶流江間氏を創設していたとする見方がある一方、父時政以前の代々の通称が「四郎」であることから、北条氏の家督であったとする見方も存在する。ただ、江戸時代のように家督（跡継ぎ）を届け出る制度はまだなく、母親の出自や権力者との関係、勲功の有無などによって流動的だったこともあり、可能性の議論として押さえておきたい。

頼朝が義時の存在を知った時期は不明であるが、政子の恋愛が契機となった可能性が高い。以下、年次を追って二人の関連する出来事を『吾妻鏡』を中心に確認しておきたい。

・治承四年

北条義時の『吾妻鏡』の初見は石橋山合戦である。義時は、治承四年（一一八〇）八月二十三日・二十四日と父時政に従って、平家《へいけ》方の大庭景親《おおばかげちか》軍と相模国《さがみのくに》石橋山（神奈川県小田原市）で戦った。時政・義時父子は敗れた頼朝と別れ、甲斐国《かいのくに》（山梨県）方面に向かったが、箱根山《はこねやま》別当行実《ぎょうじつ》の弟永実《えいじつ》を伴って頼朝の杉山陣に参上している。同二十七日時政・義時父子等は、頼朝より一歩早く、海路伊豆国土肥郷《どいごう》から安房国《あわのくに》（千葉県）に渡り、頼朝と合流した。

同九月八日、頼朝の使者である父時政に従って甲斐国に向かい、同十五日甲斐源氏の武田《たけだ》・一《いち》条《じょう》氏等の陣に着いた。甲斐源氏と共に駿河国《するがのくに》に向かい富士川《ふじがわ》合戦で勝利した。その後十月十八日父子ともに頼朝の駿河国黄瀬川《きせがわ》に参陣した。

同十二月十二日新亭移徙《いし》（移転）の儀が行われるが、時政・義時父子も参列している。ここまではほぼ父時政と同行して行動していた。

・養和元年

養和元年（一一八一）四月七日、源頼朝は御家人の中から弓箭《ゆみや》の達者で気兼ねのない者を選び、毎晩寝所の近辺を警固する衆十一人を選定し、義時も加えられた。そこには相模国の三浦義連《みうらよしつら》・

和田義茂《わだよしもち》・梶原景季《かじわらかげすえ》、武蔵国《むさしのくに》の榛谷重朝《はんがやしげとも》、下総国《しもうさのくに》の下河辺行平《しもこうべゆきひら》・結城朝光《ゆうきともみつ》・葛西清重《かさいきよしげ》・千葉胤正《ちばたねまさ》、伊豆国の宇佐美実政《うさみさねまさ》、常陸国《ひたちのくに》の八田知重《はったともしげ》など、関東の有力御家人やその子弟の名が見える。義時にとって破格の待遇と言えよう。

・寿永元年

　この頃、政子は懐妊していた。のちの頼家《よりいえ》である。ところが頼朝は、伊豆にいた頃から親しくなっていた亀前《かめのまえ》を鎌倉に招き、時々通っていた。これを政子に告げたのは北条時政の後妻牧方《まきのかた》であった。政子は、牧方の父牧宗親《まきむねちか》に命じて当時亀前の住む鎌倉の飯島《いいじま》にあった伏見広綱《ふしみひろつな》の家を破却させた。

　これを聞いた頼朝は、牧宗親を呼び出しその髻《もとどり》を切ってしまった。頼朝は、政子の命令を重んじることは大事だが、このような重事は内々に自分に報告しろと咎めたという。

北条時政は、岳父宗親が辱められたことを怒り、勝手に伊豆国に下向してしまった。この時頼朝は、時政の行動を大いに怒ったが、義時は鎌倉に留まったと予想し近習の梶原景季に確認させている。頼朝の信任が篤かったことを示している。また、この頃には父時政と一線を画していた。

・元暦元年〜文治元年

　平家が西海《さいかい》に下ると、元暦元年（一一八四）八月八日、源範頼《みなもとののりより》に従って西海に下向し、翌文治元年正月二十六日、範頼に従って豊後国《ぶんごのくに》に渡った。この間、頼朝は二月十六日と三月十一日の二度、西海の将士に書状を送っているが、両方に義時の名がある。

その後、義時が西海から鎌倉《かまくら》に帰った時期は未詳だが、同十月二十四日に行われた鎌倉勝長《しょうちょう》寿院《じゅいん》の供養に、義時の姿が先陣の随兵と見える。

・文治四年

文治四年（一一八八）七月十日、万寿《まんじゅ》（のちの頼家）の着甲始が行われ、義時は頼朝に近侍している。

・文治五年

文治五年四月十八日、御所の頼朝の御前で弟時房の元服の儀が行われた。この時も義時は頼朝に近侍している。同六月九日に行われた鶴岡八幡宮《つるがおかはちまんぐう》の塔供養にも先陣の随兵として供奉した。同七月十九日、頼朝は奥州藤原氏《おうしゅうふじわらし》を討つため鎌倉を立ち下向した。義時はこれに従って出陣した。これより先の同五日、義時は駿河国富士御領《ふじごりょう》の帝釈院《たいしゃくいん》に田地を寄付し、奥州出陣の成就を祈っている。ただ、頼朝に近侍していたためか、戦場では義時の姿は見えない。

・建久元年

建久元年（一一九〇）源頼朝は上洛し、同十一月七日入洛する。その先陣の随兵の中に義時が見える。同十一月十一日新大納言頼朝の六条八幡宮《ろくじょうはちまんぐう》や石清水八幡宮《いわしみずはちまんぐう》参詣にも従った。同十二月一日には頼朝の拝賀《はいが》の儀が行われるが、十一月二十八日随兵で対となる小山朝政《おやまともまさ》に甲冑の色目について打ち合わせしたという。準備に怠りがない几帳面な様子が伺われる。

・**建久二年**

建久二年正月五日の弓始《ゆみはじめ》には、頼朝の指示により和田義盛《わだよしもり》に禄（御弓箭）を執り継いでいる。同正月二十八日に頼朝が二所詣《にしょもうで》の精進のため由比浜《ゆいがはま》に出た際にも扈従した。そして同二月四日の頼朝の二所参詣出御には父と共に御後に供奉した。

同三月三日の鶴岡八幡宮法会への頼朝参宮に供奉し、同七月二十八日には新造なった御所への頼朝の移徙の儀にも供奉している。その後、同十一月二十一日の鶴岡八幡宮遷宮の儀には頼朝の御剣を持って側に祗候している。いずれも近習としての役割である。

・**建久三年**

建久三年五月二十六日、義時の嫡子金剛《こんごう》（のちの泰時《やすとき》）が歩いていたところ、多賀重行《たがしげゆき》が馬に乗りながらその前を通過したため所領を没収されるという事件が起きた。この時頼朝は重行に「金剛は汝ら傍輩に準じることはできない」と戒めたという。頼朝が義時を重用していたことが知られる。

この頃義時は、頼朝が建立する永福寺《ようふくじ》の工事（犯土や営作）の奉行として活動していた。同八月九日実朝が誕生したときには、義時以下六人が護刀を献上している。

同九月二十五日には、頼朝の計らいによって、比企朝宗《ひきともむね》の娘姫前《ひめのまえ》（幕府の官女）を妻に迎えた。義時はこの一、二年恋文を度々送ったが反応はなかった。頼朝がこれを聞き、仲介し、義時に離別しないとの起請文《きしょうもん》を書かせ、思いをかなえたという。のちに朝時《ともとき》・重時《しげとき》等の母になる。

同十一月二十九日には、父時政の沙汰で若君（実朝）の五十日百日《いかももか》の儀が行われ、義時は陪膳を勤めている。

・**建久四年**

義時は、この年正月元旦の垸飯《おうばん》には出席したが、その後病気により伊豆に下って養生していた。同三月十二日鎌倉に戻り、同二十一日から頼朝の主催する下野国《しもつけのくに》那須《なす》や信濃国《しなののくに》三原《みはら》等で行われた狩に参加し、五月八日から行われた富士野藍沢《ふじのあいざわ》の狩にも参加している。この時起きた事件が曾我兄弟の仇討ちである。

・**建久五年**

建久五年二月二日、幕府で義時の嫡男金剛（のちの泰時）の元服の儀が行われた。頼朝も参列し加冠役を勤め、一字を与えて頼時《よりとき》と名乗らせた。

同二月六日政子が義時亭を訪れ、同二月十八日には頼朝が大蔵観音堂《おおくらかんのんどう》参詣の帰途、義時亭を訪れている。

同八月八日頼朝が相模国日向薬師《ひなたやくし》を訪れた時も義時は供奉している。同十二月二十六日に行われた永福寺に新造された薬師堂の供養にも頼朝に従っている。

・**建久六年**

建久六年二月、源頼朝は東大寺《とうだいじ》供養に参列するため、妻政子をはじめ子供たちを伴って上洛するが、義時もこれに従っている。頼朝は、同三月十日に石清水八幡宮から南都《なんと》に着き、同十二日の東大寺供養に参列、同十四日帰洛、同二十七日参内、四月十五日石清水八幡宮社参、五月二十日天王寺《てんのうじ》に参詣するが、義時は随兵として従っている。

建久年間を見ると、源頼朝の近習として、側に仕えていた様子が垣間見られよう。

◉第三章

源頼朝の死と北条時政の台頭

1――源頼家の将軍就任

正治元年（一一九九）正月十三日、時の鎌倉殿である源頼朝《みなもとのよりとも》は急逝した。死因は飲水病とも落馬ともいわれている。頼朝の死没の影響は大きく、朝廷では頼朝の死没が伝わると神事などを中止した。これは天皇や上皇など社会的地位が高い人物の死穢が生じた際の対処と同様である。京の公家近衛家実《このえいえざね》の日記『猪熊関白記《いのくまかんぱくき》』正治元年二月十六日条に「天下の穢気了るなり」と記されるまで続き、武家・朝廷にとって影響の大きいことが伝わる。

頼朝の死後、幕府の体制は早速次の世代へと引き継がれることになる。正月二十六日、朝廷より源頼家《よりいえ》が左中将として父頼朝の遺跡を継ぎ、御家人に頼朝の時と同様に諸国守護を奉行するよう命じる宣旨が下されている。朝廷からの宣旨が到着する幕府政所の場には、中原《なかはら》（大江《おおえ》）広元《ひろもと》以下の官吏と有力御家人等が列席しており、義時《よしとき》の父時政《ときまさ》も加わっていた。なお、中原広元は建保四年(一二一六)大江姓に改姓するため、建保四年以前は中原広元と表記する。

頼朝の死後、混乱することなく頼家が跡を継ぐ宣旨を得られたのは、朝廷と幕府の間で既に頼朝の後継者として頼家を認めていたためである。頼朝は生前、鎌倉殿として二度上洛を行っているが、建久六年(一一九五)二月の二度目の上洛の際、妻の政子《まさこ》、娘の大姫《おおひめ》とともに頼家を連れていた。この上洛は東大寺の再建供養という主目的の他、大姫の入内など政治的な折衝もあり、頼家も六月三日に頼朝とともに後鳥羽天皇《ごとばてんのう》のもとに参内、目通りして御剣を下賜されている。こうして頼朝の後継として朝廷からも認められていたため、急な事態にもかかわらず速やかに宣旨が下されたのである。

頼家が父頼朝の跡を継ぎ最初に行ったことは、伊勢大神宮領六ヵ所地頭職の停止である。これは頼家の殊なる宿願だったという。また、御家人の裁判を所管する問注所を御所内から移して新造している。

このように頼家による執政が始まったばかりの四月十二日、頼家の直接の訴訟聴断を停止することが決まった。この決定は頼家が直接の聴断を止め、北条時政・義時を始め、中原広元以下十三人が話し合い、裁許を決め上申するもので、いわゆる十三人の合議制といわれている出来事である(コラム「十三人の合議制と鎌倉殿源頼家」参照)。

この十三人の合議制については、かつては宿老の合議により将軍の独断を防ぐと考えられ、将軍専制から合議制、そして執権政治へと移行する政治体制の指標とされていた。しかし、最近では、頼家による親裁自体を否定しているわけではなく、若い頼家の権力を補完する体制と評価する意見もあり、見直しが進んでいる。このメンバーの中に三十代の義時が加わっているのは異色であり、政子の存在があったからこそであろう。ともあれ、こうして北条義時は政治の表舞台へと登場するのである。表舞台といえば、もう一つ、頼家の社参の代理を義時が務めることが目立ってくる。正治二年（一二〇〇）三月三日や九月九日の鶴岡法会の奉幣使、翌年の正月四日の鶴岡への奉幣、建仁二年（一二〇二）九月十日の三島社への奉幣など、義時が代参となる例が多い。将軍の名代として、幕府の有力者の一人となっていたことがうかがえる役目である。

新しい体制が始まる際には、しばしば変化が起こるものである。宿老の一人で、侍所別当の梶原《かじわら》景時《かげとき》とその一族の滅亡も、頼朝から頼家へと体制が移る中で起きた事件といえよう。事の発端は、正治元年十月二十五日、宿老の一人、結城朝光《ゆうきともみつ》が亡き頼朝のために人別一万遍の弥陀名号（南無阿弥陀仏と唱えること）を傍輩に勧めさせることを提案したことに始まる。更に、忠臣は二君に仕えずといい、頼朝の治世を懐かしみ、今の治世を歎いたという話が伝わった。この話を聞きつけたためか、梶原景時が朝光を讒訴したと女房阿波局《あわのつぼね》が朝光に告げたことから、朝光が三浦義村《みうらよしむら》と相談して重大事へと発展、結局有力御家人六十六人による景時弾劾へと発展した。訴状を受け取った中原広元は、一度は頼家に取り次ぐことをためらったものの、和田義盛《わだよしもり》に詰め寄られて弾劾状を頼家に渡すことになった。頼家は梶原景時に弁明を求めたが答えず、息子の景茂《かげもち》を残し、他の子息を率いて鎌倉の家屋を破却し、相模国一宮《さがみのくにいちのみや》へ向かってしまった。翌年正月二十日、景時は一族とともに上洛したという風聞がたち、幕府では追討の兵を向け、駿河国清見関《するがのくにきよみがせき》で襲撃し、狐崎《きつねがさき》で合戦、一族三十三名は討たれた。それだけでなく、景時一類の所領は没収、同調して上洛しようとした武田有義《たけだありよし》も滅ぼされ、景時が就いていた侍所別当の職も和田義盛が還任することになった。

景時失脚には北条氏は表立って姿を見せていない。六十六名の連署状にも名を見せていない。しかし、そもそも結城朝光に讒訴の危機を知らせた阿波局は北条時政の娘、実朝《さねとも》の乳母でもある。天台座主慈円《じえん》の歴史書『愚管抄《ぐかんしょう》』には、景時は「一ノ郎党」と表現され、「鎌倉ノ本体ノ武士カヂワラ皆ウセニケリ」として、頼家を支える勢力がいなくなったと記されている。この時から既に頼家勢力と実朝を推す勢力とが対立していたことを思わせる。こうして景時の失脚が頼家を支える勢力を失わせることにつながった。景時排除の影響は、次の御家人間の対立へとつながるのである。

2――北条時政の遠江守叙任と比企氏の乱

梶原景時が失脚して二ヵ月余り、四月一日に北条時政が従五位下、遠江守《とおとうみのかみ》に叙任《じょにん》された。この時期、御家人が国司に任じられる例は少なく、わずかに平賀《ひらが》氏・足利《あしかが》氏など源家一門が任じられるのみであった。もちろん、遠江守叙任の背景には亡き頼朝の後家である政子の意思も反映されているだろう。五位、そして国守に任じられることで、格式において北条氏は他の御家人と異なる立場となったのである。ただし、他の御家人と比べて北条氏が突出していたというわけではない。北条氏は広い婚姻関係で有力御家人と結びついているものの、後世に見るような幕政を主導する立場にはなかったのである。例えば、鎌倉殿である頼家は、同年十月二十六日、左衛門督、従三位に叙せられた。これは単に位階を授けられただけではなく、公卿として公式に家政機関を設けることができるようになったのである。しかし、幕府から発給される将軍家政所下文や関東御教書の類にも時政の名は見られない。将軍の外祖父として政務を補佐する立場だったのである。こうした状況を変化させたのが、比企氏の乱である。

建仁三年（一二〇三）七月二十日、頼家は突然発病し、心神辛苦、ただごとではない様子になったという。すぐに病気平癒のための祈祷を行わせたが効果は無かったようで、頼家の不例を記す記事が『吾妻鏡《あずまかがみ》』には散見される。前兆はあった。三月十日に頼家は病悩に苦しんでおり、決して体調が万全ではなかったのだろう。前年七月には従二位、征夷大将軍、三年正月には正二位となり、父頼朝と同じ位になった矢先であった。

幕府の決断は早かった。八月二十七日、「御譲補沙汰」として、関西三十八ヵ国の地頭職を頼家の弟千幡《せんまん》（後の実朝）に、関東二十八ヵ国の地頭職と惣守護職を長子の一幡《いちまん》に譲るという決定を下した。この決定に憤ったのは、頼家の外祖父である比企能員《ひきよしかず》である。本来であれば、頼家の長子が継ぐはずだったものを弟と折半することになり、千幡やその外家である北条氏を滅ぼそうと企んだとされている。そこで、九月二日、能員は娘の若狭局《わかさのつぼね》を介して病床の頼家に地頭職を二分し、世に混乱を招く北条時政一族を追討することを訴えた。頼家は能員から知らされた事実に驚き、能員を病床に招いて追討を許可した。しかし、この一部始終を障子を隔てて聴いた北条政子は時政に知らせ、時政は中原広元に比企氏の追討を申し入れた。広元からは「誅戮や否や、よろしく賢慮あるべし」と半ば自制を求められたものの、それでも意思を変えず、時政は薬師如来像の供養に事寄せて能員を名越の時政邸に呼び寄せ、命を受けた天野遠景《あまのとおかげ》、仁田忠常《にったただつね》によって暗殺させた。比企能員が討たれたことが伝わると、政子の命令として、北条義時・泰時《やすとき》父子、小山朝政《おやまともまさ》以下の軍勢が頼家長子の一幡の館に籠もる比企氏の郎党を討滅し、一幡と比企氏、そして余党は滅び、所領は没収されたのである。

九月七日、頼家は出家することになる。病気が回復しないこと、幕政を治めるにあたって「始終もっとも危うき」ため、政子の命により急に行われたということである。代わりに新しい将軍として推挙されたのが、頼家の弟の千幡である。政子の居所より北条時政邸に移り、次の鎌倉殿となる準備を進めることになる。こうして比企氏の乱は、頼家勢力の失脚という形で終結を迎えることとなった。

『吾妻鏡』を中心に比企氏の乱について述べてきたが、頼家の地頭職の譲与や比企氏の北条氏追討の企ての露見、頼家の出家と千幡の推挙など、北条氏に有利にことが進んでいるため、北条氏の策謀によって比企氏が陥れられたとする見方もある。比企氏は頼家の外祖父であるとともに、頼家の近習にも多くの関係者がおり、有力な御家人たちとは対立しやすい関係にあった。また、当時の公家の日記（藤原定家《ふじわらのさだいえ》『明月記《めいげつき》』など）を見ると、頼家が九月一日に死去したと報じ、朝廷に実朝の将軍就任を要請しており、かなり計画的に頼家と比企氏一族を排除しようと思われる節も見られる。こうした決定には、政子の意思、関与も重要である。比企氏の企ての露見のきっかけを作り、能員の殺害の後、一幡と比企氏の追討を命じたのは政子であり、幕府の決定として軍勢を動員している。また、頼家の出家と千幡の推挙も政子の意思によって行われており、有力御家人たちがこの事件に反発しなかったのも、政子の意向が大きかったと思われる。

比企氏の乱の結果、時政は幕府の中で大きな影響力を持つことになる。時政の最初の仕事は、諸御家人に対し、所領を元の通り領掌すべしという文書を発給することだったという。鎌倉殿が改まったことにより、新たな将軍に代わり、混乱を収め、安堵を行うためであろう。実際に時政が「遠江守平」と署名して発給した関東下知状が残されている。この後、時政による幕府の公文書発給の事例がしばしば見られるようになり、政所別当として活動も行うようになっていく（コラム「北条氏と政所」参照）。こうして、幕府の役職に就いた時政は、「遠州下知」の沙汰と記録にも見え、以降幕政に大きな影響力を持つようになるのであった。

3――実朝の将軍就任

建仁三年（一二〇三）九月十五日、頼朝の次男の千幡を従五位下、征夷大将軍とする宣旨を伝える使者が到着した。新しい鎌倉殿の誕生である。一方、同月二十一日、頼家の身柄は物々しい軍勢に囲まれ、伊豆国修禅寺《いずのくにしゅぜんじ》へ移された。そんな前将軍を尻目に千幡は時政の名越《なごえ》邸で元服を遂げ、実朝と名乗ることになった。この儀に義時も雑具を持参する役を務めている。十月九日には将軍家政所始を迎えた。この政所始では、時政は中原広元とともに家司となり、時政は吉書を実朝の御前に持参、他にも甲冑始《かっちゅうはじめ》の儀では実朝の乗馬の扶持をするなど目立つ役を担っている。このように見ると、北条氏にとって順調に政権が移行しているように見えるが、問題も抱えていた。宣旨を伝える使者が到着した九月十五日、時政の娘の阿波局が政子に対し、次のような話をしている。千幡は時政邸にいらっしゃるが、時政の後妻牧方《まきのかた》が千幡に対して害心を抱いているので、乳母として何か起きないか不安であると訴えたのである。政子も実は牧方に対しては兼ねてより不安を抱いていたようで、早速、義時や三浦義村、結城朝光らに命じ、時政邸から千幡を引き取らせたのである。時政は子細を知らず、急な出来事に驚き、政子に謝罪したものの、政子からは成人するまでは自身のもとで育てたいと返事を受けた。新しい体制となったものの、時政の立場は実朝の外祖父であり、政子や実朝の存在に拠っていたため、こうした危うさも孕んでいたのである。

ここで、問題となった牧方について紹介したい。牧方は時政の妻ではあるが、後妻のため政子や義時にとっては義理の母となる。父は牧《まき》（大岡《おおおか》）宗親《むねちか》、兄弟に時親《ときちか》、政親《まさちか》がおり、叔母に平頼盛《たいらのよりもり》の母池禅尼《いけのぜんに》がいる。また、娘婿に頼朝の信任厚い源氏一門の平賀義信《ひらがよしのぶ》の息子朝雅《ともまさ》（頼朝猶子）がおり、後の牧氏事件の遠因となっている。牧氏の東国における拠点は駿河国大岡庄《おおおかのしょう》とされるが、京にも深いつながりがあり、牧方自身しばしば上洛していたようである。

実朝は元服の後、右兵衛佐（十月二十四日）、初めての鶴岡社参（元久元年正月五日）、読書始め（同正月十二日）、右近衛少将（同三月一日）、正五位下（元久二年正月五日）、右近衛権中将・加賀介（同正月二十九日）と順調に歩みを進めていく。実は、実朝が右近衛少将に叙任された時、義時は従五位下、相模守（「武家年代記」）に叙任されている。時政とともに国守となり、位としては他の御家人とは異なった立場に位置付けられている。

元久元年（一二〇四）七月十四日、実朝は突然痢病となる。突然の将軍の病に諸人は駆けつけ、鶴岡八幡宮寺で大般若経の真読（省略しないで読み通すこと）を行うなど、鎌倉中には不穏な空気が漂っていた。そんな中、十九日に伊豆国から飛脚が到着し、前将軍頼家の訃報が伝えられた。幽閉先の修禅寺《しゅぜんじ》で二十三歳の生涯を閉じたという。その後、二十三日には実朝の痢病は回復し、沐浴をしている。以上が『吾妻鏡』の記述であるが、『愚管抄』によると、「修禅寺ニテ又頼家入道ヲバ指コロシテケリ、トミニヱトリツメザリケレバ、頸ニヲ、ツケ、フグリヲ取ナドシテコロシテケリト聞へキ」として、頼家を刺し殺したこと、すぐに討つことができなかったので、首に紐をつけ無惨に暗殺されたことが記され、両者で記述が異なる。また、実朝の病気が回復した翌日の二十四日、義時は頼家の家人が謀反を起こそうとしていることが発覚したとして、義時の家人金窪行親《かなくぼゆきちか》を遣わして殺害させている。若き実朝が政所吉書始め、読書始めなどの儀式を経て着実に将軍としての道を歩み始めている一方で、頼家の近習が遠流に処され、或いは殺害されており、とても対照的に記されている。頼家の死によって頼家や比企氏の勢力は完全に葬り去られ、実朝を鎌倉殿とする北条政子と時政を中心とする体制へと移っていくのである。

4――畠山重忠の乱と北条時政の失脚

義時にとって大きな転機となった出来事の一つに、元久二年（一二〇五）六月の畠山重忠《はたけやましげただ》の乱がある。畠山重忠は秩父氏の流れを汲む武蔵国の有力な御家人で、武蔵国に影響力を伸ばしたい北条氏にとっては相容れない存在となっていた。こうした中で起きたのが、畠山重忠の乱である。伏線となる出来事は散見される。『吾妻鏡』によると、前年の元久元年十一月四日、京の平賀朝雅邸で酒宴が行われ、亭主朝雅と重忠の息子重保《しげやす》との間で口論になった。重保は実朝の妻となる坊門信清《ぼうもんのぶきよ》の娘を迎えるため上洛していたが、この場では周囲の取りなしもあり収まった。しかし、翌年の四月には鎌倉中が不穏なため、近国の者たちが武装して集まり、日頃は本拠に蟄居していたはずの稲毛重成《いなげしげなり》が時政の命令により家来を率いて赴いたという噂も流れてきていた。幕府はこうした情勢を受け、鎌倉にやってきた御家人たちを帰国させ、形ばかりは鎌倉は静謐となるものの、不穏な情勢の根本は払拭されていなかった。そんな中、稲毛重成は畠山重保を鎌倉に招き寄せている。

六月二十一日、時政が息子の義時や時房に対し重忠父子に謀叛の疑いありとして殺害についての計画を話し、意見を聞いている。実はこの話し合いの前、時政の妻、牧方が平賀朝雅の訴えを聞き入れ、重忠父子を討つための計略を練り、時政へ相談していた。昨年十一月の一件を根に持ち、牧方に訴え、牧方から訴えを聞いた時政は密かに策謀をめぐらしていたのである。時政からの話を受けた二人からは、重忠が忠直で叛逆を企むような人物ではなく、もし軽率に重忠を殺してしまえば後悔することになるため、謀叛の真偽を確かめて重忠父子の対応を検討すべきであると、時政を諫めた。『吾妻鏡』には、畠山重忠一族を滅ぼそうと謀る牧方と時政、冷静な対応を求める義時、時房兄弟と対照的に記されている。しかし、牧方の使いとして牧時親が重忠の謀叛はすでに明らかであり、聞き入れないのは牧方等を排除するためであろうと迫ったため、やむなく同意した。

翌日、鎌倉の由比ヶ浜《ゆいがはま》に軍兵がいるため、追討せよという命令が出され、命を受けた畠山重保は郎従を連れて由比ヶ浜に向かったところ、三浦義村の手勢に囲まれ、討たれてしまった。重保は騙し討ちに遭ったのである。

また、時政は鎌倉に向かっているという重忠を討つべく、討手を派遣していた。この軍勢の大手は義時が大将を務め、葛西清重《かさいきよしげ》を先陣に錚々たる面々が加わった。午刻、武蔵国二俣川《ふたまたがわ》（現在の神奈川県横浜市旭区保土ケ谷付近）で合戦となるも、多勢に無勢、遂に愛甲季隆《あいこうすえたか》の矢により落命した（二俣川の合戦）。義時は重忠の首を実検し、翌日に鎌倉へと戻った。義時は時政へ戦場の様子を報告するも、重忠方は多くの親類は他所におり、戦場に付き従った兵も百余騎で謀叛とはいえず、重忠を妬む者による讒訴であると時政に訴えた。すると、その日の内に、鎌倉中が騒動となった。榛谷重《はんがやしげ》朝《とも》父子、稲毛重成父子が三浦義村の手の者によって殺害されたのである。この時明らかになったのは、この合戦の発端は稲毛重成のはかりごとで、そもそも平賀朝雅が畠山一族に謀叛の疑いありと牧方に頻りに讒言を行い、それを聞いた時政が稲毛重成と示し合わせ、鎌倉中に兵乱が起こるという噂を流し、重忠を呼び寄せて道中で討とうとしたとのことであった。稲毛氏も榛谷氏も畠山氏とは親戚に当たることから、時政はこの計略を両氏と示し合わせたのだろう。こうして畠山氏とその親類は滅ぼされたのである。

このように見ていくと、畠山重忠の乱とはいいつつも、実際には時政が中心となり、重忠を陥れるための策を練り実行に移した事件であった。戦後処理として、畠山重忠とそれに与した者の所領は討伐に加わった御家人たち、そして政子の女房たちに与えられている。また、六月二十九日に義時は鶴岡の供僧に命じて大般若経の転読をさせている。『吾妻鏡』では、「御宿願」ありと記している。合戦の直後の出来事のため思うところがあったのではないか。

この事件には続きがあった。閏七月十九日、牧方が平賀朝雅を将軍に立て実朝を亡き者にしようと目論んだことが露見したのである。時政邸にいた将軍実朝は、政子の命により長沼宗政《ながぬまむねまさ》、結城朝《ゆうきとも》光《みつ》、三浦義村等によって義時邸に移され、その場にいた実朝を守護する御家人も義時邸へ警護に加わったという。後家である政子の命令は実朝が幼い今、鎌倉殿に代わるものであった。こうして時政は出家、翌日に伊豆国北条《ほうじょう》へ隠居し、義時が時政の跡を継ぐことになった（牧氏事件）。将軍と後家政子という後ろ盾を失った時政にとって、もはや復帰する機会はなくなったのである。

時政の政権は、一時は幕政を主導していたものの、実朝という玉がなくなると、途端に弱点を露呈するという脆さを抱えていて、実朝の将軍就任の時と同じ轍を踏んでしまったことになる。『吾妻鏡』には、この時出家したものの数は数えきれないと記しているので、連座したものも多く、事件の根が深かったことがうかがえる。もう一つの影響として、北条氏による武蔵国支配についても考える必要があるだろう。牧氏事件までの武蔵守には平賀義信、朝雅父子が補任されていたものの、朝雅が討たれたことで足利氏が武蔵守に就くことになる。そして、少し後のことになるが、承元四年（一二一〇）に義時の弟、時房が武蔵守に就いて以降、若干の例外はあるが、北条氏によって独占されることになる（コラム「北条氏と相模・武蔵両国」参照）。北条氏が権力を掌中に収める中で、武蔵国支配は相模国とともに重要な基盤となる。畠山重忠の乱、牧氏事件は北条氏の武蔵国支配の一つの要因となったのである。時政の突然の失脚により、北条義時が政治の表舞台へ立つことになる。

コラム

十三人の合議制と鎌倉殿源頼家

十三人の合議制といえば、大河ドラマにもその名が見える、鎌倉幕府を支える宿老たちによる政治体制を指し、鎌倉幕府による合議の象徴とされてきた。この合議制のきっかけとされる体制は、源頼家《みなもとのよりいえ》が将軍であった時期にあたり、本書の主人公である北条義時《ほうじょうよしとき》も、その一人として『吾妻鏡《あずまかがみ》』に見える。

しかし、近年の研究により、この「十三人の合議制」について評価が見直されてきている。こうした状況を踏まえつつ、史料を読み解きながら「十三人の合議制」とはどのようなものであったか、紹介したい。

1　史料にみえる十三人の合議制とメンバー

・『吾妻鏡』正治元年（一一九九）四月十二日条

十二日、癸酉、諸訴論の事、羽林（源頼家）直に聴断せしめ給うの条、これを停止せしむべし。向後大小事において、北条殿（北条時政）・同四郎主（北条義時）并びに兵庫頭広元朝臣（中原）・大夫属入道善信（三善康信）・掃部頭親能（中原）在京・三浦介義澄・八田右衛門尉知家・和田左衛門尉義盛・比企右衛門尉能員・藤九郎入道蓮西（安達盛長）・足立左衛門尉遠元・梶原平三景時・民部大夫行政（二階堂）等談合を加え、計り成敗せしむべし。

その外の輩左右無く訴訟の事を執り申すべからざるの旨これを定めらると云々。

（吉川本『吾妻鏡』原漢文）

この条文では、幕府に持ち込まれる相論《そうろん》（諸訴論）について、鎌倉殿である源頼家が直に裁許するのではなく、宿老十三人の面々が談合し、成敗をすること。その外の者が訴訟を取り次ぐことがないように定めている。今回、『吾妻鏡』の諸写本のうち、吉川本を用いた。別の写本には「羽林直に決断せしめ給うの条」と記され、写本により「聴断」と「決断」の異同が生じている。

聴断は訴えを聴き是非を判断する意味で、後の鎌倉幕府の法令の中では「直に聴断」や「庭中訴訟聴断」として直訴の際に用いられる言葉である。一方、決断は理非を判断する際に用いる言葉である。両者近い意味合いの言葉であるが、頼家が直訴を受け、裁許する「聴断」が妥当であろう。このように解釈すると、頼家自身が最終的な判断を下す（決断）ことを否定されたのではなく、直接訴訟を受けることを停止したと理解すべきであり、吉川本『吾妻鏡』を用いて紹介した。

十三人のメンバーを整理すると、次のようになろうか。

・北条氏

北条時政《ほうじょうときまさ》、北条義時

・有力御家人

三浦義澄《みうらよしずみ》、八田知家《はったともいえ》、和田義盛《わだよしもり》、比企能員《ひきよしかず》、安達盛長《あだちもりなが》、足立遠元《あだちとおもと》、梶原景時《かじわらかげとき》

・吏僚
中原《なかはら》（大江《おおえ》）広元《ひろもと》、三善康信《みよしやすのぶ》、中原親能《なかはらちかよし》、二階堂行政《にかいどうゆきまさ》

この十三人について解説したい。冒頭に「北条殿・同四郎主」として北条時政と義時父子が記されている。この二人は、頼朝・頼家にとっての縁者であるが、この時点では幕府の要職には就いておらず、また官位もない。この二人が冒頭に記されていること、時政・義時に対して「北条殿・同四郎主」と敬称を付けているのは、『吾妻鏡』という史料の性格によるものであろう。続いて、幕府の吏僚である、中原（大江）広元（政所別当）、三善康信（問注所執事）、中原親能（政所公事奉行人）が続く。しかし、中原親能が在京中とあり、京にいる者もメンバーに名を連ねていることから、十三人が一同に集まって合議したとは考えにくいだろう。この後に有力な御家人である三浦義澄（相模国）、八田知家（常陸国）、和田義盛（相模国）、比企能員（武蔵国）、安達盛長、足立遠元（武蔵国）、梶原景時（相模国）と続き、最後に吏僚の二階堂行政（政所別当）が記されている。侍所の和田義盛（所司）と梶原景時（別当）、比企能員は頼朝の乳母《めのと》である比企尼《ひきのあま》の猶子《ゆうし》で頼家の乳母、安達盛長は頼朝の流人時代からの側近とかなり多様なメンバーといえよう。

次に、この取り決めがされた時期はどのような状況か整理したい。正治元年（一一九九）は大きな変化の年であった。正月十三日に鎌倉殿源頼朝が急逝、二月六日には頼朝の嗣子である頼家が朝廷より左中将となり、前征夷大将軍頼朝の遺跡を継ぐよう宣旨を受けた。これにより若き鎌倉

殿、頼家により鎌倉幕府は率いられることになった。その後は「殊なる御宿願」として伊勢神宮の所領六ヵ所の地頭職を停止、問注所を御所の郭外に建てるなど、政務を進めていた。十三人の取り決めは、頼家の将軍就任からわずか二ヵ月後の出来事であったということは注意する必要があるだろう。

2 新たな鎌倉殿、源頼家

ここで、新たな鎌倉の主となった源頼家について、『吾妻鏡』を紐解き振り返ってみたい。頼家は寿永元年（一一八二）八月十二日に父頼朝と母政子《まさこ》の長男として生まれる。誕生に際しての儀式には有力な御家人たちが多く関わっていて、頼朝の初の男児を盛大に祝っている。十月十七日は比企能員が乳母夫として贈物をしている。これは能員の叔母である比企尼が頼朝の乳母であり、比企尼が頼朝に推挙したためと記されている。

その後七歳となり、文治四年（一一八八）七月十日、着甲始《ちゃっこうはじめ》が行われ、乳母夫平賀義信《ひらがよしのぶ》や乳母兄比企能員が若き頼家を扶け、多くの御家人が見守る中、儀式は滞りなく行われた。ちなみに北条義時は頼朝の御簾を上げる役を務め、頼朝近習として儀式に参加していた。

鎌倉殿となるためには、武人としての心得も必要となる。建久元年（一一九〇）四月七日には、「漸く御成人」として、弓の名手である下河辺行平《しもこうべゆきひら》を師として弓馬の芸を習わせ、同四年（一一九三）三月一日には由比《ゆい》の浦《うら》で小笠懸《こかさがけ》を行い武芸の鍛錬を積んでいたことが記されている。

同年五月に富士の裾野の狩倉で巻狩りが行われ、若き頼家も参加している。この巻狩りは曾我祐《そがすけ》成《なり》・時致《ときむね》兄弟が工藤祐経《くどうすけつね》を討つという曾我兄弟の仇討ちが行われたことでも有名である。頼家はこの狩りで鹿を獲り、頼朝は喜んで使者を遣わして政子にこの狩りの成果を伝えた。多くの御家人たちの参加する中で狩りを成功させたことは、次の鎌倉殿となるべき頼家の姿を御家人たちに強く意識させたに違いない。

また、同六年（一一九五）二月より頼朝が二度目の上洛を行うと、母政子や姉大姫《おおひめ》等と共に上洛している。主な目的は平重衡《たいらのしげひら》の焼き討ちによって焼失し、再建された東大寺大仏殿の再建供養への参加であったが、六月三日には頼朝・頼家父子は参内し、後鳥羽天皇《ごとばてんのう》に謁見している。この上洛には後継者を天皇に謁見させることで、次代の鎌倉殿を朝廷にも披露する目的もあったと思われる。この時、頼家は十四歳であった。このように頼家は次代の鎌倉殿として鎌倉の御家人、朝廷からも注目され、順調に成長していたのであった。しかし、上洛から四年後、頼朝が急逝したことにより、頼家は急遽頼朝の跡を継ぐことになった。

正治元年、新たな鎌倉殿となった頼家は、新たな体制の下に政務を進めていくが、気になる記述が見られるようになる。十三人の取り決めの直後の四月二十日、小笠原長経《おがさわらながつね》、比企宗員《むねかず》、比企時員《ときかず》、中野能成《なかのよしなり》等頼家の近習は、たとえ鎌倉中で狼藉をしても敵対してはならないという命を近隣の村に触れたり、彼ら五人の他は特に許しがないものは頼家の御前に上ることはできないという命を決めたりしたのである。また、七月には、頼家が安達《あだち》景盛《かげもり》（十三人の宿老の一人である安達盛長の子）の愛妾を召し出し、近習の家に棲まわせ、景盛が鎌倉に戻ってくると小笠原長経・比企宗員・和田《わだ》朝盛《とももり》・中野能成・細野《ほその》四郎《しろう》等に軍勢を集めさせ、景盛を討つように命じた。さすがにこうした目に余る行いを知った政子が安達邸へ向かい、使者を頼家に遣わして説得して事なきを得たが、頼家の手足となった近習たちの存在が大きくなっていく。この他にも、近習と蹴鞠に熱中して政務を怠った。念仏僧を禁断するため、頼家が念仏僧十四人を召喚した時には、比企時員が僧の袈裟を剥いで焼いたため人々は非難したという。頼家の近習は有力御家人の子弟であり、中には乳母である比企氏やその関係者も多く見られる。こうした頼家による近習の偏重は、十三人の取り決めに不満を持ち、宿老に対抗するために近習を重用したと考えることもできるが、頼家の近習には十三人の宿老の一人で乳母でもある比企能員の息子や外祖父北条時政の息子時房等もいる。宿老と対立して近習を重用したと単純に結論づけることはできないだろう。

頼家が鎌倉殿となる前と後とを『吾妻鏡』の記述を比較すると、鎌倉殿となった後の方が頼家に対して批判的な記事が多く見られるようになっている。頼家自身の資質による叱責もあると思われるが、『吾妻鏡』という編纂物であることを加味すると、頼朝の庇護下にあり、次代の鎌倉殿として祝われるべき存在であった幼い頼家と、北条氏が時に扶け、時に諫めながら幕府の実権を手にしていくという頼家執政期という差が、記述に表れているように感じる。新しい体制を築こうと模索する頼家に対する評価は、慎重に検討する必要がある。

3 「十三人の合議制」の実態

十三人の合議制の史料と鎌倉殿源頼家について述べてきたが、ここでは十三人の合議制の実態についてみたい。以前はこの十三人の合議制について、頼家の訴訟の親裁を停止し、代わりに有力な御家人によって取り決める体制を築き、前代の頼朝による将軍独裁の体制と比べ、執権政治の評定衆の原型とされるなど、合議の面が強調されてきた。頼朝の先例を覆し、御家人の信頼を失い、頼家は訴訟の親裁権を失ったと考えられてきたのである。

しかし、改めて史料に立ち返ってみると、疑問となる点が思い浮かぶ。そもそも、『吾妻鏡』に見えるこの十三人が定期的に集まって合議しているという記事が見られないのである。また、在京しているはずの中原親能が合議のメンバーに加わっていることも、全員が集まっていたわけではないということがうかがえるであろう。それだけではなく、『吾妻鏡』の中には、頼家が訴訟を親裁している記事もある。十三人の取り決めの翌年、正治二年（一二〇〇）五月、陸奥国葛岡《くずおか》郡新熊野社《いまくまのしゃ》領の境相論が起きた際、三善康信が取り次ぎ、頼家の元へと持ち込まれている。裁許は、境絵図を召し、頼家自らが絵図の中央に墨を引き界とし、今後の境相論が起きた際にもこのように成敗すると発言したとされる。このエピソードは頼家の悪評を物語る事例として有名であるが、理非はさておき、この事例からも十三人の取り決めは頼家自身の親裁を否定したものではなく、あくまでも頼家に直接訴訟を持ち込むのではなく、訴訟の手続きとして取次を限定したということを裏付けているといえるだろう。この他にも頼家が訴訟に関与している事例はあり、訴訟の最終的な責任者が将軍であったことは頼朝の頃より変わっていない。

では、十三人の取り決めはどのように考えたら良いのだろうか。前に述べた、問注所を御所の郭外に移すという記事と合わせて考えてみたい。実は問注所を移す記事は正治元年四月一日、十三人の取り決めは同月十二日と両者はとても近い出来事なのである。この時期に訴訟の仕組みを新しい形へと移していく中での取り決めであったと考えることができる。もう一つの疑問は、誰が、どのような意思でこうした取り決めをしたのだろうかということである。この時期の幕府は、頼家を将軍としていただいているものの、実質的には亡き頼朝の妻である北条政子が後家として大きな影響力を持っていた。安達景盛の愛妾の一件でも政子は頼家を諫めていたが、単に若い息子を諫めていたのではなく、頼朝亡き源家の後家として頼家に意見したのである。十三人のメンバーの中に北条時政・義時父子が並んでいるのも、政子の意思が入っていたと思われる。

十三人の合議制といえば、鎌倉幕府の政治史の中でも宿老による合議制として重要な意味を持つものであったが、頼家の独裁を抑制するために設けられたと考えるよりも、訴訟制度を見直し、頼家の権力を補完するものとして設けられたとする方がより自然な解釈ができるだろう。また、若い北条義時もメンバーの一人として加わっていることは、後の飛躍の一助となったといえよう。

◉第四章　北条義時と和田合戦

1――表舞台に立つ北条義時

父時政《ときまさ》が伊豆国北条へ追放された元久二年（一二〇五）閏七月二十日、『吾妻鏡《あずまかがみ》』によると、義時《よしとき》は「執権の事」をうけたまわり、時政の跡を受け継いだ。この「執権の事」とは、いわゆる政所別当とは考えにくい。まだ将軍実朝《さねとも》は、政所を開設できる従三位には達していないためである。この条は、時政の立場を継ぎ、政権の主導者となったことを意味しているのであろう。そして、すぐに時政の事件の後始末として、平賀朝雅《ひらがともまさ》の討伐を在京御家人に命じることを決定している。京都守護を兼ねていた朝雅は、追討使が派遣されたことを知り、身の暇を後鳥羽上皇《ごとばじょうこう》に願い、退出したところで軍勢と交戦、山内首藤《やまのうちすどう》持寿丸（通基）によって討ち取られた。こうしてクーデターの禍根を断ち、有力な源氏一門も足利氏を除いていなくなってしまった。藤原定家《ふじわらのさだいえ》の日記『明月記』閏七月二十六日条にはある説として、「時政嫡男相模守義時、時政に背き将軍実朝母子と同心し、継母の党を滅ぼす」という話を紹介している。実否は不明ながら、当時から義時と政子《まさこ》の計画とする見方もあったのである。平賀朝雅を討つ決定を下した評議は義時邸で行われており、この場には吏僚である中原広元《なかはらひろもと》と流人時代からの頼朝の近臣安達盛長《あだちもりなが》の息子、景盛《かげもり》が参加している。この他に後家である政子、義時の弟時房《ときふさ》と連携しながら政権を進めていくこととなる。

八月になると、宇都宮頼綱《うつのみやよりつな》の謀反が発覚したため、一族郎党を率いて鎌倉に来るといううわさが広まった。すぐに義時や中原広元らは政子邸で評議を開き、宇都宮氏と同じ下野国の有力御家人、小山朝政《おやまともまさ》を召し頼綱追討を命じた。実際には小山朝政が追討使を辞退したこと、頼綱がすぐに謀反の意思の無いことを書状に認めて郎従六十余人とともに出家、自身も鎌倉に赴き、髻を義時に献じて翻意の無いことを示した。宇都宮頼綱が当初、謀反を起こすつもりだったか不明であるが、時政と牧方《まきのかた》の娘と結婚し、泰綱《やすつな》を儲けていることから、時政の失脚の余波が大きかったことがうかがえる。こうした事件への対処は義時が中原広元や政子らと連携してことにあたっている。時政が失脚し、義時が「執権の事」を担うようになり、目下の政敵を排除することに成功した。

新しく鎌倉殿となった実朝といえば、和歌を思い浮かべる方が多いだろう。元久二年九月二日、「新古今和歌集《しんこきんわかしゅう》」が鎌倉にもたらされた。現在では三大和歌集の一つとして知られており、藤原定家ら六人の撰者が中心となって編まれた勅撰和歌集である。実朝がこの和歌集に興味を持った理由の一つに、亡き父頼朝の和歌も選ばれていたからとされている。実朝と京とのつながりには和歌の果たした役割が大きく、『新古今和歌集』の到来はそのきっかけなのである。北条氏も和歌と接点を持っていた。義時自身の作品は残っていないものの、息子の泰時《やすとき》は後に勅撰集にも収められている。話を戻すと、翌年二月四日には実朝が雪を観るため、名越《なごえ》の義時邸で和歌会を開いている。メンバーには和歌を得意とする北条泰時や東重胤《とうしげたね》、『新古今和歌集』を鎌倉に運んだ内藤朝親《ないとうともちか》らがいた。東重胤と義時といえば、建永元年（一二〇六）十二月二十三日、重胤が実朝の勘気を蒙り、許しを得られなかったため、義時に相談をしている。この時義時は、実朝に詠歌を献じることを提案し、重胤が当座で詠んだ歌を聞いて感心し、御所に一緒に行って取り成しをした。実朝もこの歌を気に入り、二、三回吟じて重胤を許したという。義時を始めとする北条氏も和歌をよく理解し、和歌を通じたつながりもあったのである。

2――北条義時の執政

義時の御家人に対する姿勢は、建永元年正月二十七日に、「頼朝以来拝領した土地は大罪を犯さない限り召し放つことはない」という御家人保護の方針を立てている。

承元三年（一二〇九）四月十日、実朝は従三位に叙される。これを機に正式に政所を開設することになる。現存する文書もこれに対応して、義時単署による関東御教書案（到津文書、承元三年十二月六日付）や政所職員の連署による将軍（源実朝）家政所下文案（詫間文書、承元三年十二月十一日付）などが散見されるようになり、古文書からも義時の政所別当としての活動を確認できるようになる。こうした文書は、主に御家人の所領給与や譲与安堵などに用いられ、御家人の御恩の根幹に関わる権利保障を行っていった。

しかし、全ての御家人に対し寛大であったわけではない。承元三年十一月二十日、諸国の守護人の職務怠慢を名目に、守護人の終身在職を改め、定期交替制にしようという提案があった。実際には鎌倉の近国の守護人、千葉《ちば》氏・三浦《みうら》氏・小山氏から、祖先からの職を持ち、頼朝《よりとも》からも認められた守護職であるので、手放すことはできないと激しい反発を招き、断念している。結果的には反対されるものの、伝統的な武士層に対し、既得権を否定するような政策も織り交ぜ、政務を進めていたことが垣間見られる事例である。

またこの頃、義時から、自身の年来の郎従（主達）を侍に準ずる扱いとして欲しいと実朝に願い出ている。義時の郎従ということは将軍にとっての陪臣にあたり、将軍家に奉公する御家人を侍身分として待遇してきた幕府の考えとは大きく異なる。これは実朝によって後難を招くものとして断られたが、執権の被官も無視し得ない存在となっていることがわかる事例である。幕府という組織ができ、時を経るに従い、幕府を支える体制が少しずつ変化している様を現している。

3——和田合戦

北条氏の歴史は他氏排斥の歴史でもある。前章で登場した梶原景時《かじわらかげとき》や比企能員《ひきよしかず》、畠山重忠《はたけやましげただ》もそうして退けられた一族である。義時が政務を主導する中で御家人と対立して、合戦に至ったのが和田《わだ》義盛《よしもり》である。相模国を拠点とする有力な御家人には、三浦氏、そして侍所別当の和田氏がいる。実は和田義盛には年来の願望があった。承元三年（一二〇九）、義盛は内々に将軍実朝に上総の国司（上総介）補任を望んでいる。実朝は政子に相談するものの、政子は頼朝の時以来、侍が受領になる例はないとして一蹴している。和田氏は相模国だけでなく、安房・上総国にも所領を持ち影響力が強かった。そこで、頼朝の挙兵以来数々の勲功を挙げ、最後の望みとして国司を所望したという。北条氏自身は時政が遠江守、義時は相模守と受領になっているので一見矛盾しているようにも思えるが、政子にとって北条氏は将軍家の外戚でもあり、一般の御家人とは異なると考えていたことになる。義盛の名乗りは「左衛門尉」であり、他の御家人にも「尉」を持つ者は多くいた。受領名を名乗るということは大きな意味を持っていたのである。

時は過ぎ、建保元年（一二一三）二月十五日、千葉成胤《ちばなりたね》が一人の法師を連れてきた。この法師の名は信濃国の阿静房安念《あんねん》といい、ある謀反の計画の使者であることがわかった。その計画とは、信濃源氏の泉親衡《いずみちかひら》が頼家の遺児千寿《せんじゅ》を将軍に擁立して北条氏を打倒する陰謀であり、この計画が露見したのである（泉親衡の乱）。計画に加担した張本は百三十余、伴類に至っては二百人に及ぶという大掛かりなもので、鎌倉にいるものは幕府によって捕まえられ、配流された。その中に和田氏の一族も見え、義盛の子の義直《よしなお》・義重《よししげ》、甥の胤長《たねなが》の名もあった。この泉親衡の乱は、和田氏以外のものは放免されているものがおり、親衡自身が生き延びていることから、和田一族を滅ぼす目的で義時が義盛を挑発した事件であったという意見もある。

話を戻すと、義直等が捕まったちょうどその頃、義盛は領地である上総国伊北庄《いほうのしょう》に下っており、事件を聞き急ぎ鎌倉へ戻った。三月八日、義盛は将軍実朝に息子義直・義重の赦免を嘆願、義盛の多年の勲功に免じて子息の義直・義重は赦免された。また、翌日、和田氏の一族九十八名を引き連れ、御所南庭に列座して甥の胤長の赦免を嘆願した。しかしこの歎願は、胤長は事件の張本人であるので許す事はできないという決定だった。この言葉を伝えたのは義時で、和田一族の面前で縛りあげた胤長を引き立て、預かり人の二階堂行村《にかいどうゆきむら》に下げ渡し、陸奥国岩瀬《いわせ》郡へと配流された。一族を引き連れての歎願も許されず、一族の面前で配流をした義時に対し、義盛は深い恨みを抱いたのである。しかも、配流された胤長の鎌倉の屋敷は実朝に願い、義盛は久野谷彌次郎《くのややじろう》を代官として屋敷に置いたところ、義時は突然、屋敷地を泉親衡の乱平定に功績のあった金窪行親《かなくぼゆきちか》・安東忠家《あんどうただいえ》に与えると決め、義盛の代官を追い出してしまった。こうした義時の挑発により、義盛は挙兵を決断する。この後、義盛の孫にあたる和田朝盛《わだともり》や実朝が使者を遣わし義盛に思い直すよう説得したが聞き入れず、義時も在鎌倉の御家人を御所に集めて義盛挙兵に備えるなど、鎌倉中が一触即発の空気となる。

五月二日、八田知重《はったともしげ》より中原広元のもとへ和田義盛挙兵の知らせが来る。知重は和田義盛の館に近く、義盛の館に軍兵が集まっているとのことであった。同じ頃、義時のもとにも三浦義村《みうらよしむら》より挙兵の報がもたらされている。和田氏と三浦氏は親戚関係にあり、義盛挙兵に際しては義村も義盛方に加わると起請文を書いてまで誓約した。しかし、八幡太郎義家《はちまんたろうよしいえ》以来、累代源家に仕えてきて主君に背くことはできないと、直前に心変わりして義時側についたのである。

義時は挙兵の報を受けると、御所にいる北条政子や実朝夫人を鶴岡別当坊に逃がし軍勢に備えていると、夕方の申刻義盛の軍勢百五十騎が三手に分かれ御所南門や義時邸に攻撃を開始した。幕府軍は防戦すると、義盛方は横大路に進み御所の西南の政所、酉刻には御所の四面を包囲して攻めかかり、火が放たれた御所は一宇を残さず焼けてしまった。幕府軍は義盛方の攻撃をかわしつつ、実朝を頼朝の墓所（法華堂）に逃がし、義時や中原広元も実朝を守りつつ御所から脱出することができた。この頃から徐々に両軍の形勢が逆転する。義盛方の奮戦していた武将が徐々に討たれる。恐らく、御所での決戦に勝負をかけていたのだろう。日も暮れ、軍勢を立て直すため義盛が由比ヶ浜《ゆいがはま》へ向かおうとすると鎌倉のあちこちで合戦が行われる。

戦いは日をまたぎ続く。翌三日の明け方の寅刻、由比ヶ浜に退いていた義盛は、武蔵国の横山時兼《よこやまときかね》と合流し、再び勢いを盛り返した。一方の幕府軍も、朝の辰刻、曾我《そが》・中村《なかむら》・二宮《にのみや》・河村《かわむら》などの相模・伊豆の御家人たちの軍勢が加わる。幕府軍は当初、この軍勢は敵か味方か分からず狼狽するが、中原広元と北条義時が連署して和田・土屋《つちや》・横山氏を討つべしという将軍実朝の仮名御教書を作成させ、軍勢に示すと一斉に幕府方に付いた。昼前の巳刻には、和田・横山方が再び鎌倉に突入。

北条泰時、時房らが守る若宮大路を中心に市街各所で激戦となった。『吾妻鏡』にも若宮大路《わかみやおおじ》、町大路《まちおおじ》、名越《なごえ》、大倉《おおくら》と鎌倉中に幕府軍が陣を敷いており、各所で合戦が繰り広げられていたことがわかる。そして、夜となる酉刻には、義盛の息子義直が伊具盛重《いぐもりしげ》に、義盛自身も江戸能範《えどよしのり》の郎党に討ち取られた。こうして鎌倉を舞台に二日間にわたって繰り広げられた戦いは終わった。幕府軍の勝利で終ったものの、御所は焼け、合戦の恩賞のため味方兵士の傷を実検すると、百八十八人もの人数がいたという。

五日になると、少しずつ戦後処理が進み、義盛が就いていた侍所別当には義時が補任されることとなった。六日には義時が侍所の所司を被官の金窪行親に任命、今回の合戦で亡くなったもの、捕虜になったものの名簿を提出。七日には論功行賞があり、合戦によって没収された所領を御家人たちに与えた。ちなみに、義時は相模国山内庄《やまのうちのしょう》と菖蒲、時房は上総国飯富庄《いいとみのしょう》、泰時は陸奥国遠田郡《とおだぐん》、中原広元は横山庄《よこやまのしょう》を拝領している。

和田合戦は、将軍を戴く義時・中原広元と和田・土屋・横山氏らの連合という形をとり、鎌倉の御所と市街地を巻き込んだ合戦であった。義盛方も相模・武蔵両国だけでなく、安房・上総国などからも合戦に参加しており、和田氏を中心に広い影響力を持っていたことが兵の動員からもわかる。こうした有力御家人たちを退けたことにより、北条氏は幕府内での権力を確立していくのである。源頼朝の後家政子や中原広元との連携が前提となるが、時政期とは異なり、政所と侍所を掌握し、名実ともに他の御家人とは一線を画す存在となったのである。和田合戦は、義時にとっての「三度ノ難」の一つに数えられる程の大きな困難であったが、同時に執権政治にとって一つの画期を迎えたのである。

4――北条義時の侍所別当就任と侍所・政所の拡充

和田合戦によって、義時が得たものの一つに侍所別当の職がある。一般的に執権は政所別当と侍所別当を兼ねると説明されるが、義時がその先例を作ったのである。ここで、侍所について解説したい（コラム「北条氏と侍所」参照）。鎌倉幕府にとって侍所は、政務や財務を担う政所、訴訟を取り扱う問注所と並ぶ、軍事・警察権を担う主要な役職であった。鎌倉幕府における侍所は、治承四年（一一八〇）十一月十七日に設置され、長官である別当は和田義盛、次官である所司は梶原景時が就任し、別当と所司が交替することもあったが、景時が失脚して以降、長い間和田義盛が別当を務めてきた。

それが和田合戦により、建保元年（一二一三）五月五日に義時が侍所別当、六日金窪行親が所司に任じられたのである。別当と所司を義時と有力な被官とが担うことで、侍所を掌握することができたのである。その後、建保六年（一二一八）七月二十二日、義時は侍所を改編し、侍所の職員を五人と定め、義時の息子泰時を別当、二階堂行村と三浦義村を御家人の事、大江能範を御所中の雑事、伊賀光宗《いがみつむね》を御家人供奉・所役の事を奉行するように定めた。こうして役割を分割することで、担当を明確にして御家人を統括する役所として機能を拡充させていった。また、泰時を別当に任ずることで、侍所別当が北条氏の世襲となることも示した。なお、承久元年（一二一九）七月二十九日、将軍や御所の警備を担当する小侍所が設置され、泰時の弟重時《しげとき》が別当に補任されている。

侍所から話を変え、和田合戦以後の建保年間の出来事について触れたい。将軍実朝は、その後も昇進を続け、建保四年（一二一六）には左近中将となり、亡き頼朝と同じ近衛大将を望んでいるということであった。若年の内からの急な昇進に対し義時も頭を悩ませ、大江広元に相談し、大将任官を思いとどまるよう説得して欲しいと頼んだ。広元も同意して、実朝に大将昇進について思いとどまるように説得したが、実朝からは諫言に同意しつつも、源氏の正統はここで絶え、子孫も継ぐものはいない。それならばせめて官職を帯びて源家の名を挙げたいと答え、源家の途絶を思わせる発言をしている。また、中国南宋の工人で、東大寺大仏の再建にも携わった陳和卿《ちんわけい（ちんなけい）》と対面し、和卿から「昔貴方様は宋朝医王山の長老であり、その時、私はその門弟に列していた」という前世の縁を告白された事を機に、医王山に行くため渡宋を思い立ち、造船を命じた。これには義時や広元は頻りに諫めるものの聞き入れられなかった。建保五年（一二一七）四月十七日には唐船が完成、船を由比浦《ゆいのうら》に浮かべたものの進むことなく、結局船は放置され朽ちていった。こうしたエピソードは、鎌倉殿として強い自負と、思うようにいかず思い悩む実朝の内面をよく現している。

文芸では、藤原定家から「万葉集一部」を贈呈（建保元年十一月二十三日）、坊門忠信《ぼうもんただのぶ》から「蹴鞠書一巻」を贈られる（建保二年二月十日）など、京とのやり取りがしばしば行われ、文化への関心を深め、「歌鞠之両芸」を究めようとしている。こうした書物のやりとりは実朝の興味関心によるものであり、京との関係、延いては後鳥羽上皇と連携を強めることにつながった。

幕政を主導する立場にあった義時と中原広元の位階について述べたい。和田合戦後、義時の位階は、建保四年（一二一六）には従四位下、翌年正月には右京権大夫（右京兆）、十二月に陸奥守となる。四位は諸大夫と呼ばれ、公卿に次ぐ地位となり、一般の御家人たちの侍身分とは異なる存在である。北条氏は以降特別な地位として他の御家人に臨むことになる。また、京職（京兆）や陸奥守は北条氏の一族が名乗る官職として受け継がれることになる。

中原広元は、建保二年（一二一四）に正四位下、建保四年に陸奥守に任官され、極位極官となる。陸奥守の任官は鎌倉幕府の中では初の例で、広元の陸奥守辞任により義時が任官されている。また、同年（建保四年）閏六月一日、大江姓に改めることを朝廷が許可し、大江広元となる。広元の中文には、大江維光と「父子の儀」があるため改姓を申請したとある。一般的には大江広元として知られているが、実は大江姓を名乗るようになったのはごく晩年で、中原姓の方がずっと長いのである。

この建保四年は、政所の職員も増員が図られている。今までの五名から九名に増員されているのである。増員された四名は、源頼茂《みなもとのよりもち》、大内惟信《おおうちこれのぶ》、源仲章《なかあきら》、そして大江広元である。その最上位に広元は署判を据えたのである。実は広元は建永元年（一二〇六）に政所別当職を退き、息子親広《ちかひろ》に職を譲っていた。それにも関わらず復職させたのは、義時の意向によるものであろう。この後、広元は眼病により出家、覚阿と名乗るが、吏僚としての活動は続けている。幕政を義時とともに主導するだけでなく、時に諫言をしたり、徳政・善政を求めたりと、実朝の身を案じ、時に厳しい態度で成長を見守ることのできる広元だからこそ、政所に復職させ、政務を任せたのだろう。

◉第五章 将軍源実朝の死と承久の乱

1——源実朝の暗殺

源実朝の右大臣任官

源《みなもとの》実朝《さねとも》は、建保六年（一二一八）十二月二日、在鎌倉《かまくら》のままに右大臣に補任された。この時二十七歳である。

実朝の、これ以前の官位は、二十歳の時の建暦元年（一二一一）正月五日に正三位に叙されて以降、同二年十二月に従二位、建保元年（一二一三）二月に正二位、同四年六月に権中納言、同六年正月に権大納言、同年三月に左近衛大将を兼任、同十月に内大臣に補任されるなど、順調に昇進してきた。特に建保六年以降の昇進は目を見はるものがある。摂関家の子弟並の昇進である。

この背景には治天の君である後鳥羽《ごとば》上皇《じょうこう》の意図があったと考えるのが普通であろう。この年、故源頼朝《よりとも》の後家である尼政子《まさこ》が熊野詣《くまのもうで》と称して上洛し、子のいない実朝の後継者について相談、上皇の皇子を鎌倉殿として迎えることになったことも影響した可能性が高い。政子は出家の身でありながら、上洛中の同年四月十四日に従三位、鎌倉に帰参した後の同年十月十三日に従二位に叙されている。昇進は実朝だけではなかったのである。また、後鳥羽上皇から実朝に対して、早く上洛せよとのシグナルであった可能性もある。

右大臣拝賀

建保六年（一二一八）十二月二十日、右大臣補任後初の政所始《まんどころはじめ》が行われた。政所別当北条義時《ほうじょうよしとき》及び令《れい》二階堂行光《にかいどうゆきみつ》、その他家司の源仲章《なかあき》・源頼茂《よりもち》・大江親広《おおえのちかひろ》・北条時房《ときふさ》・源頼定《よりさだ》・清原清定《きよはらのきよさだ》等が着座した。政所始とは、政所吉書始のことで、源実朝が右大臣昇進後、吉日を選んで初めて文書を見る儀式をいう。この日、清定が執筆した吉書を、義時が実朝のもとに持参し、実朝が一見を加えた後、義時が吉書を政所に持ち帰っている。

翌日、後鳥羽上皇から拝賀に用いる装束・車以下の調度が鎌倉に着いた。拝賀に参列する廷臣も翌年始めに鎌倉に下向しており、任内大臣の時と同様に、この時も後鳥羽上皇は拝賀の儀に協力を惜しまなかった。任右大臣の拝賀は、翌年正月鶴岡八幡宮《つるがおかはちまんぐう》にて行うことと定められた。前年六月二十七日、任左大将拝賀の儀を行ったばかりでもあった。

拝賀とは、慶賀とも奏慶とも言い、本来は除目の終わったのち三日以内に参内して任官を奏上する儀式であったが、この時期は治天の君及び天皇等に対し、任官の礼を言上する儀式となっていた。

実朝は、鶴岡八幡宮を内裏《だいり》に見たてたのであろうか。神前で拝賀を行った最初の人物である。『吾《あ》妻鏡《ずまかがみ》』には「神拝」と記載される場合もある。実朝の拝賀は、元久二年（一二〇五）に左中将に補任された時から始まり、建保四年（一二一六）に権中納言兼左中将への昇任、同六年三月に左大将を兼任した際にも行っている。任右大臣拝賀は四度目にあたり、初めてのことではなかった。

源実朝の暗殺

最初に『吾妻鏡』の叙述に従ってこの日の様子を述べてみたい。承久元年（一二一九）正月二十七日、拝賀の当日である。夜になり雪が二尺余降り積もっていた。源実朝は、酉刻（午後六時頃）御所を出る際に行列を組み、鶴岡八幡宮に向かった。鶴岡八幡宮の楼門を入る時、側で供をしていた北条義時が体調不良を訴え、御剣を源仲章に譲り渡し、退去して小町《こまち》の自亭に戻った。このことが、さまざまな憶測を生むことになる。

夜遅く、実朝が神拝を終え、退出しようとした時、公暁《こうきょう》が密かに石階段の際で実朝を殺害した。この時公暁は上宮の砌で「公暁が父の敵《かたき》を討つ。」と叫んだという。公暁は、源頼家《みなもとのよりいえ》の子で、この時鶴岡八幡宮別当であった。

この話を聞いた御家人は、雪下《ゆきのした》にある公暁の本坊を襲ったが公暁は見つからなかった。その頃公暁は、雪下北谷にある後見の備中阿闍梨《びっちゅうあじゃり》宅にいた。そこから使者を三浦義村《みうらよしむら》に遣わし、「今は将軍が欠けている。自分は関東の長である。早く逢って相談をしたい。」と伝えた。これは、義村の子駒若丸《こまわかまる》が公暁の門弟に列していたからとされる。

以上の北条義時と公暁の行動から、この事件の背景を次のように推察されている。
（1）北条義時は、この暗殺が起きることをすでに知っており、体調不良を理由に自宅に戻った。代わりに太刀持ちを勤めた源仲章が義時と間違われ討たれた。
（2）公暁の背景には三浦義村がおり、義村は北条義時が生存していることを確認し、公暁誅殺を行った。

一方、慈円《じえん》の『愚管抄《ぐかんしょう》』によるとこれとは違う叙述が見える。まず義時については、実朝は、太刀を持ち側にいた義時を八幡宮の中門に留め、宮中に伴わなかったという。太刀を持った武士が神拝に従うことはなかった。義時が太刀持ちを源仲章に交替したとする『吾妻鏡』の記事は疑問が残る。

その後、実朝は夜に奉幣を終えて、宝前（上宮）の石橋を下り、公卿の並び立つ前を挨拶しながら、下襲《したがさね》の尻を引き笏を持って進んでいた時、法師が襲い、下襲の尻に乗り、実朝の頸を打ち落とした。この時「親の敵をここに討つ。」と叫んだことは、そこに並んだ公卿が皆聞いたという。次に同じような法師が三四人出てきて供の者を追い払い、実朝の前の源仲章を北条義時と誤認して討ち取った。そこに居並ぶ公卿以下は散り散りに逃げ、鳥居の外にいた数万の武士は何も知らなかったという。

『愚管抄』の記述は、参列した公卿の話を聞いたためか、臨場感があり詳しい。公暁は実朝と共に義時を討つことも目的であったと考えてよいであろう。

公暁の横死

公暁の使者を受けた三浦義村は、使者に対し、あとで迎えの武士を遣わしますと返事した。義村は、使者が去ると、北条義時にこのことを告げ、義時はすぐに公暁を討つよう命じている。義村は、これを受けて長尾定景《ながおさだかげ》を討手に指名、定景は雑賀次郎《さいがじろう》以下郎従五人を伴って、公暁の在所に向かった。一方公暁は、義村の使者が遅いので、鶴岡八幡宮後方の峰を登り、西御門《にしみかど》の義村宅に向かった。その途中、公暁と定景が逢い、定景が公暁の首を討った。公暁はこの時二十歳であった。

義村は公暁の首を義時亭に持参し、義時は、被官の安東忠家《あんどうただいえ》の明かりで首実検したという。これを聞いた二位尼政子は、今夜中に公暁与党を糺弾するよう命じている。

同二十九日、与党の糺弾が行われ、同三十日、公暁の後見備中阿闍梨の雪下の屋地と武蔵国《むさしのくに》の所領が没収された。

実朝室（坊門忠信《ぼうもんただのぶ》娘）は、行勇《ぎょうゆう》を戒師として落飾、大江親広・横山時広《よこやまときひろ》・中原季時《なかはらのすえとき》・安達景盛《あだちかげもり》・二階堂行村《にかいどうゆきむら》・加藤景廉《かとうかげかど》等御家人百余人が出家した。実朝の遺体は勝長寿院《しょうちょうじゅいん》の傍に葬られた。『吾妻鏡』では公暁の持参した首が見つからず、五体不具は憚るため、首の代わりに実朝から宮内公氏《くないきみうじ》に賜った鬢が納められたとする。

2――実朝暗殺後の体制

後継将軍の選定

源実朝の死去の報せを受けた京都《きょうと》では、軍兵が出る大騒ぎとなったが、後鳥羽上皇の命により鎮静化したという。承久元年（一二一九）二月十四日、伊賀光季《いがみつすえ》が警固のため京都守護として上洛した。鎌倉では、次の将軍に後鳥羽上皇の皇子六条宮《ろくじょうのみや》（雅成親王《まさなりしんのう》）か冷泉宮《れいぜいのみや》（頼仁親王《よりひとしんのう》）の下向を奏請したが、後鳥羽上皇の意向は両人のうち一人を必ず下向させるが、今すぐではないということであった。二位尼政子は、早く皇子を下向させてほしい旨、上奏している。『愚管抄』によれば、上皇は京都と鎌倉に兄弟が並び立つことを容認しなかったという。

【摂家将軍関係系図】

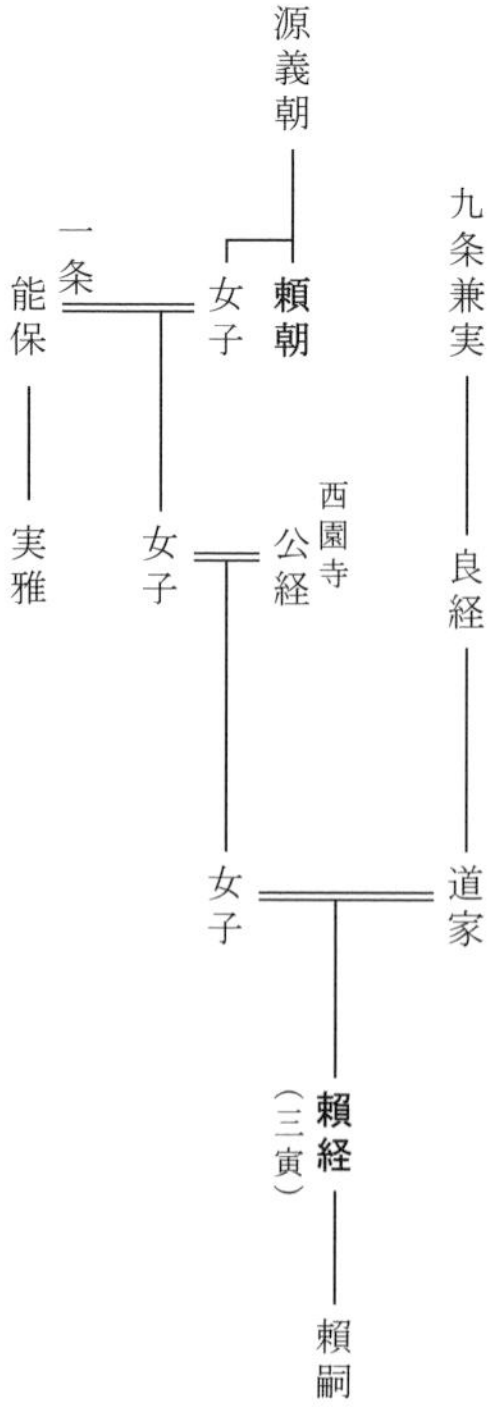

これに対し鎌倉では、三浦義村の建言もあり、故源頼朝の遠縁にあたる、九条道家《くじょうみちいえ》の子三寅《みとら》（のちの頼経《よりつね》）の下向を申請し、後鳥羽上皇の許しを得た。三寅は当時二歳、故源頼朝の妹（一条能《いちじょうよし》保《やす》妻）の娘（西園寺公経《さいおんじきんつね》妻）の娘（九条道家妻）の産んだ子である（前頁の「摂家将軍関係系図」参照）。上皇は同六月四日、三寅下向の宣旨を下している。鎌倉殿の継承には、朝廷の許可が必要だったのである。

若君（三寅）の鎌倉下向

三寅は、承久元年七月十九日鎌倉に到着し、北条義時の大倉亭《おおくらてい》に入った。事前に大倉亭の南部分に新造の御所が建てられていた。同日政所始が行われた。三寅はまだ無位無冠であるが、源頼朝没後も政所は常置の機関であったことが確認できる（コラム「北条氏と政所」参照）。

政所始では、三寅が幼稚の間は、二位尼政子が簾中で諸事を聞き、是非を判断することになった。すなわち、尼政子の御前で重臣の評議が行われ、実務は執権北条義時が担当する体制となったのである。

若君（三寅）着袴の儀

承久二年（一二二〇）十二月一日、義時の大倉亭で三寅の着袴《ちゃっこ》の儀が行われた。北条泰時《ほうじょうやすとき》・足利《あしかが》義氏《よしうじ》等の御家人が小侍に、一条実雅《いちじょうさねまさ》・北条義時・同時房《ときふさ》が弘庇に祗候した。儀式は、後藤基綱《ごとうもとつな》が装束を持参し、義時が腰紐を結び、尼政子が三寅を補助している。ここには吏僚の姿は見えず、武士の儀式であったことがわかる。

3――承久の乱への序曲

後鳥羽上皇の圧力

後鳥羽上皇は、源実朝とは友好的であり、実朝を通じて幕府を統制しようと考えていた。皇子の鎌倉下向はそれを前提に考えていた。それだけに源実朝の暗殺は、後鳥羽上皇に大きな衝撃を与えた。

承久元年三月八日、上皇は、近臣藤原忠綱《ふじわらのただつな》を勅使として鎌倉に遣わし、まず二位尼政子に弔意を示した。ついで執権北条義時を訪ね、上皇の愛妾亀菊《かめぎく》の所領である摂津国長江《せっつのくにながえ》・倉橋《くらはし》両荘の地頭職撤廃を要求した。なお、『慈光寺本承久記《じこうじぼんじょうきゅうき》』によると、長江荘地頭職は義時が故源頼朝から給わった所領とする。

これに対応し、幕府では、三月十二日に政子亭で評議が行われ、これを拒否することとなった。同十五日、政子は北条時房を使者として、千騎を従えて上洛させた。これは、故源頼朝が、文治二年(一一八六)十一月源義経《みなもとのよしつね》謀叛問題が起きた時、北条時政《ほうじょうときまさ》に兵を率いて上洛させたことに倣ったものであろう。後鳥羽上皇への圧力をかけたのである。しかし、上皇の強硬姿勢は変わらず交渉は不調に終わった。

この鎌倉殿継嗣や地頭職廃止の問題は、後鳥羽上皇と北条義時双方にしこりが残る結果となった。こうして朝廷と幕府の緊張はしだいに高まっていった。

後鳥羽上皇の挙兵

承久三年（一二二一）五月十四日、後鳥羽上皇は、近畿《きんき》の本所・領家荘園の武士および諸寺の僧兵を徴集した。また、幕府と密接な連絡を保っていた西園寺公経父子を幽閉した。その翌日の十五日には北条義時追討の宣旨を発した。宣旨は全国の五畿内及び七道諸国に対してのもので、別途、同日付の上皇の院宣が、諸国庄園の守護人・地頭等に下されている（コラム「後鳥羽上皇と北条義時追討宣旨」参照）。特に東国の有力御家人（三浦氏等）には、北面の武士藤原秀康《ふじわらのひでやす》の所従押松《おしまつ》が院の命を伝えるべく院宣を携帯して鎌倉に潜行した。

上皇の直轄する北面・西面の武士に諸寺の僧兵勢力を加え、それに幕府統制下の武士たちをできるだけ誘致して幕府に離反させ、その力によって北条義時を誅滅しようとしたのである。

同日、後鳥羽上皇は招請に応じなかった京都守護伊賀光季を討つよう命じた。これが承久の乱の戦端となった。

鎌倉の対応

後鳥羽上皇挙兵の情報は、幕府が京都に設置した情報網にキャッチされていた。院に軍兵が徴集されたという情報は、京都守護伊賀光季が同五月十五日午前に京を出た急飛脚によって十九日正午には鎌倉に届けられた。続いて、北条義時追討宣旨の発布と功と守護伊賀光季敗死の報せは、西園寺公経の家司三善長衡《みよしながひら》が同十五日午後に発した急使によって同十九日正午過ぎに鎌倉に届いている。

また、同十九日には鎌倉に潜入した後鳥羽上皇の使者押松も捕えられ、携帯した院宣やそれが届けらるべき御家人の名簿などが押収された。

さらに京都での出来事を目撃した一条能保の孫頼氏《よりうじ》は、自ら京都を発って下向し、同二十一日鎌倉に着き、政子にその詳細を報告した。こうした各所からの情報によって、幕府はこの事変の真相をすみやかに知ることができたのである。

こうした事態で幕府がもっとも憂慮したのは御家人たちの向背であった。実際、後鳥羽上皇挙兵の報に鎌倉の武士は大いに動揺していた。

北条政子はただちに御家人たちを集めて演説し、東国武士にとって最大の負担であった京都大番役の勤務期間を源頼朝が短縮した例をあげ、幕府の恩顧を説き、武士たちの利益を代表し、彼らの要求を実現するのに親身になって力を貸すのは京都の公家政権ではなく、鎌倉幕府であることを再認識させせようとした。

これに対して、相模国《さがみのくに》の有力御家人三浦義村が率先して幕府に対する忠誠を誓い、他の有力御家人もまたこれにならったので、御家人達の動揺は静まった。

幕府軍の鎌倉出立

さっそく大江広元《おおえのひろもと》の建議でただちに征討軍派遣が定まり、幕府は遠江《とおとうみ》以東の諸国の御家人動員を下命し、とりあえず同二十一日夜、北条泰時・時房を大将軍とする京都遠征軍（東海道軍）を鎌倉から出発させせた。

この時重視されたのは武蔵武士であった。政子の指示の言葉には「安保実光《あぼさねみつ》以下の武蔵国《むさしのくに》の軍勢を待ち、すみやかに参洛せよ。」とある。実光は、丹党《たんとう》流安保氏の当主で、北条泰時の妻の祖父にあたる。武蔵国武士は、故源実朝の指示によって北条時政の時から、北条氏の直接の指揮下に置かれていた。北条氏の軍団編制の核になる武士団であった。泰時配下の上洛軍の中にも数多くの武蔵武士が含まれていた。

幕府は、十九万騎にものぼる軍兵を東海《とうかい》・東山《とうさん》・北陸《ほくりく》の三道の各部署に分け、翌二十二日から順次鎌倉を進発させている。そのおおよその構成は左記の通りである。

東海道《とうかいどう》（従軍十万余騎云々）：北条時房、同泰時、同時氏《ときうじ》、足利義氏、三浦義村、千葉《ちば》胤綱《たねつな》
東山道《とうさんどう》（従軍五万余騎云々）：武田《たけだ》信光《のぶみつ》、小笠原《おがさわら》長清《ながきよ》、小山《おやま》朝長《ともなが》、結城《ゆうき》朝光《ともみつ》
北陸道《ほくりくどう》（従軍四万余騎云々）：北条朝時《ともとき》、結城《ゆうき》朝広《ともひろ》、佐々木《ささき》信実《のぶざね》
鎌倉の留守（宿老）：北条義時、大江広元、加藤景廉、八田《はった》知家《ともいえ》

戦いの経緯

承久三年（一二二一）五月二十九日、佐々木信実が、越後国《えちごのくに》加地荘《かじのしょう》願文山《がんもんさん》に拠る藤原信成《ふじわらののぶなり》の家人酒匂《さかわ》家賢《いえかた》を討った。これが東西両軍の最初の戦いという。北陸道は京方の勢力が多かったことを示している。

鎌倉では、留守を守る北条義時以下の宿老が祈禱を行い、また後詰めの兵を派遣したという。同五月二十六日鶴岡八幡宮において、世上無為を祈る仁王百講が始められた。また、若君（三寅）の属星祭や北条義時の祈禱である百日天曹地府祭《てんそうちふさい》も行われている。

北条泰時・同時房を大将とする東海道軍は西に進み、同六月五日には尾張国一宮《おわりのくにいちのみや》（真清田社《ますみたしゃ》）に陣し、官軍攻撃の部署を定めた。木曽川《きそがわ》を挟んで対峙することになったのである。

一方京都では、同六月三日、後鳥羽上皇が関東調伏のため、権少僧都蔵有《ぞうゆう》に命じ、法琳寺《ほうりんじ》に太元帥法修し、各方面に官軍を派遣している。

東山道軍は木曽川上流の左岸（東側）の大井戸《おおいど》まで進み、越河して戦いを始めた。京方の守将大《おお》内惟信《うちこれのぶ》等は敗走し、これに伴ってその下流の鵜沼《うぬま》・摩免戸《まめど》等の官軍も戦わずして退却していった。木曽川の渡場での戦いは幕府軍の勝利に終わった。

この報せは、同六月八日、藤原秀康《ふじわらのひでやす》・糟谷有長《かすやありなが》等が帰洛し、官軍敗北が上皇に奏上された。この前日の六月七日、上皇は、北条義時追討の祈禱として十一社に奉幣したところであった。敗北の報せを受けて上皇は、公卿である坊門忠信《ぼうもんただのぶ》・土御門定通《つちみかどさだみち》・源有雅《みなもとのありまさ》・高倉範茂《たかくらのりもち》以下の侍臣も出陣することとし、京方軍は宇治《うじ》・勢多《せた》・田原《たわら》等に向かっている。一方、後鳥羽・土御門・順徳《じゅんとく》の三院は仲恭《ちゅうきょう》天皇も伴って夕刻比叡山《ひえいざん》に御幸している。比叡山の僧兵を頼むためであった。しかし、よい返事はなかったようで、同六月十日には上皇以下三院と天皇は洛中《らくちゅう》の高陽院殿《かやのいんどの》に還御している。朝廷のあわてふためく様子が見て取れよう。

幕府軍は近江国野路《おうみのくにのじ》から手勢を分け、北条時房等は西の勢多に向かい、北条泰時等は南下して宇治方面から攻撃することになった。

同六月十三日勢多で戦いが始まり、翌六月十四日宇治で合戦が始まった。勢多の戦いは有利に展開し、この晩京方軍は夜陰の乗じて退却した。一方、宇治川を渡河する戦いは苦戦を強いられ、増水した川の影響もあって多くの御家人が流されて戦死している。北条泰時は、みずからの死を覚悟したという。どうにか河の浅瀬を捜索しようやく渡河して京方軍を破っている。同日寅刻（午前四時頃）、藤原秀康・三浦胤義は後鳥羽上皇のもとに参上し、敗戦と幕府軍が入洛することを報告した。

京方には九州《きゅうしゅう》を除く西国守護の大半が加わったが、総兵力二万数千に留まり、組織的動員力を欠く混成軍しか編制できなかったのが敗因であろう。

北条泰時は、宇治川の戦いで敵を討って功績のあった御家人や手負いとなった御家人、戦死した御家人の名を記した名簿を作成し、同十八日に鎌倉に送っている。その中には秩父平五郎《ちちぶへいごろう》・奈良高家《ならたかいえ》・押垂斎藤基時《おしたれさいとうもとときき》を始め約百二十人もの武蔵武士の名が記載されており、泰時軍の主力が武蔵武士であったことが分かる。

幕府軍の入京

勢多で勝利した北条時房は、六月十四日夜になって三条河原《さんじょうがわら》に宿していた。入京目前である。翌十五日、宇治川で勝利した北条泰時は北上し、深草河原《ふかくさがわら》（京都市伏見区）に陣を敷いた。ここに後鳥羽上皇の勅使が到着、泰時は武蔵武士の文博士藤田能国《ふじたよしくに》に読み上げさせた。院宣は「今回の合戦は自分の考えから起きたものではない。謀臣が行ったことである。今後は申請通りに宣下する。洛中で狼藉の無いよう下知せよ。」という内容であった。ここに幕府軍は朝敵ではなくなり、官軍として認められたことになる。

京都及びその周辺では、京方に付いた武士が宿所に火を放ち、幕府軍は各所で敗残兵を探しだすという掃討戦が行われていた。

同六月十六日、北条時房・同泰時は、賀茂川《かもがわ》左岸の六波羅《ろくはら》を拠点と定め進駐した。今後の方針としては、この度の戦いの残党に関しては、主謀者を除き和談して多くを許すことにしている。

乱後の処置

乱後幕府は、後堀河天皇《ごほりかわてんのう》の即位、後高倉法皇《ごたかくらほうおう》の院政を決め、後鳥羽上皇とその子土御門・順徳上皇の三上皇を各々隠岐《おき》・土佐《とさ》・佐渡《さど》に配流とした。北条時房・同泰時は六波羅に駐留して朝廷の監視と洛中の治安維持にあたることになった。この段階ではいわば戦時下の進駐軍である。その後平時に移行すると、二人は初代の六波羅探題となった。

承久の乱の張本とされる公家は幕府軍に引き渡され、多くが関東に送られる途中で処刑された。北条義時から泰時には、京都で処刑するよう指示があったが、泰時の判断で変更したという。また、張本とされる武士の逃亡した者は、多くは捕縛され処刑された。特に御家人で京方に加わった武士には厳しく、西面の武士後藤基清《ごとうもときよ》・五条有範《ごじょうありのり》・佐々木広綱《ささきひろつな》・大江能範《おおえのよしのり》等は引き渡され梟首《きょうしゅ》（さらし首）されている。

三千余ヵ所にのぼる京方からの没収所領には、戦功のあった東国御家人が新地頭に補任された。以降、東国武士による西国への大量移住の発端となっている。

この戦乱をきっかけに、幕府の西国支配は強化されることになった。さらに、京都の公家政権は、これ以後皇位継承含め幕府の干渉を受けることとなった。

ここで一例を紹介しておこう。仁治三年（一二四二）正月、後堀河天皇の子四条天皇《しじょうてんのう》が十二歳で崩御し、皇太子も無くこの皇統が途絶えてしまった。この時の摂政九条道家は、姉東一条院《ひがしいちじょういん》の子で甥にあたる順徳天皇の皇子忠成王《ただなりおう》を推挙した。しかし、執権北条泰時は、倒幕に積極的であった順徳天皇の子孫の復活を危惧し、代わりに土御門天皇の子邦仁王《くにひとおう》を推挙、後嵯峨天皇《ごさがてんのう》が即位している。以降、皇統は後嵯峨天皇の子孫に継承されることになったのである。

源実朝暗殺をめぐる北条義時

承久元年（一二一九）正月二十七日、鶴岡八幡宮《つるがおかはちまんぐう》で行われた右大臣拝賀《はいが》の時、源実朝《みなもとのさねとも》は甥の鶴岡八幡宮別当公暁《こうきょう》のため殺害された。この事件の背景については、北条義時《ほうじょうよしとき》の行動から様々な憶測がなされている。列記すると、ア、三浦義村《みうらよしむら》黒幕説、イ、北条・三浦ら鎌倉御家人共謀説、ウ、北条義時黒幕説、エ、後鳥羽上皇《ごとばじょうこう》黒幕説、オ、公暁単独犯行説等である。また、『吾妻鏡《あずまかがみ》』は、北条義時がこの事件の余波を受けなかった要因として、日頃の薬師信仰があることを前提として叙述していることも注意が必要である。

そこで、まず『吾妻鏡』の記述から北条義時の薬師信仰について述べ、ついで事件の経緯について述べてみたい。

①大倉薬師堂（覚園寺）の建立

北条義時は、建保六年（一二一八）七月八日、鶴岡八幡宮で左近衛大将源実朝の直衣始《のうしはじめ》（左近衛大将になって始めて直衣を着用する儀式）に参列した。その晩寝ていると、夢中に薬師十二神将のうちの戌神《いぬがみ》が枕元に立ち、「今年の神拝（左大将拝賀）は何事もなかったが、明年の拝賀の日は源実朝に供奉してはならない。」と語った。不思議な夢で、目覚めても義時にはその意味が分からなかったという。

翌日（同七月九日）、北条義時は鎌倉《かまくら》の大倉郷《おおくらごう》に行き、南の山際を卜して御堂を建立し、薬師像を安置することにした。これが大倉薬師堂である。のちに子孫の北条貞時が寺院として昇格させた。現在の覚園寺《かくおんじ》にあたる。

北条義時は信仰が篤く、この霊夢のお告げを信じ、日の善し悪しも考慮せず御堂を建立すると決めたのである。それを聞いた、弟の時房《ときふさ》、子の泰時《やすとき》はこれに反対した。その理由は「今年は実朝の神拝（拝賀）により殿上人《てんじょうびと》以下が鎌倉に下向し、御家人も土民も、その多くが財産を費やしている。その中で御堂の営作を始めることは撫民にならないのでは、」と。これに対し北条義時は、「この造作は自分一人の安全を願うものであって、百姓に負担をかけるつもりはない。どうして戌神のお告を無視できようか。」と言って、匠を召し、指図を始めたという。

同十二月二日、この日北条義時は、造営なった大倉薬師堂に薬師如来（雲慶《うんけい》作）を安置し、開眼供養を行った。義時夫妻が御簾の中に座し、弟時房、子の泰時・朝時《ともとき》が正面の広廂に座し、二階《に　かい》堂行光《どうゆきみつ》・同行村《ゆきむら》・加藤景廉《か　とうかげかど》以下の御家人が参列したという。

②『吾妻鏡』に見る源実朝の暗殺

まず『吾妻鏡』の叙述に従って事件の経緯を追ってみたい。

源実朝は、この日酉刻（午後六時頃）、降り積もる雪の中を御所を出立、行列を整えて鶴岡八幡宮に向かった。その行列は、約半年前に行われた左近衛大将拝賀の時よりも豪華となっており、京から下ってきた関東に縁の深い公卿が五人従っていた。路次の随兵は一千余騎だったという。

源実朝が鶴岡八幡宮の前で牛車を降り楼門を入る時、北条義時が体調不良を訴え、持っていた御剣を源仲章《みなもとのなかあき》に譲り、その場を退去して小町《こまち》の自亭に戻っている。

なお、当時の鶴岡八幡宮は、建久二年（一一九一）三月四日に起きた鎌倉の大火で、当初の鶴岡若宮《つるがおかわかみや》が焼失した。源頼朝《よりとも》は、早速再建に取りかかることにして、同三月八日若宮仮殿の造営が始まり、同十三日若宮仮殿の遷宮が行われている。

源頼朝の再建の構想は現在の鶴岡八幡宮に近いもので、若宮後方の山上に上宮（鶴岡八幡宮）を、石階段下の下宮（若宮）を配置するものであった。同四月二十六日には、山上に石清水八幡宮《いわしみずはちまんぐう》を勧請するために、宝殿の造作が始められた。同八月二十七日には、鶴岡若宮等の上棟が行われた。現在と異なり下宮にも廻廊があったことが確認できる。

同十一月二十一日、鶴岡八幡宮・同若宮等の遷宮が行われた。こうして、山上に上宮（鶴岡八幡宮）、石階段下に下宮（若宮）という現在の鶴岡八幡宮の形態が整っている。

さて、事件の経緯に話を戻そう。夜遅く実朝が上宮での神拝を終えて石階段を降りて来た時、密かに公暁が石階段の際まで来て、実朝に切りつけ殺害、首を刎ねたという。この時公暁は上宮の砌で「公暁が父の敵《かたき》を討つ。」と叫んだといい、居並ぶ公卿がこれを聞いている。ただ『吾妻鏡』には源仲章が共に殺された記述はない。

③『吾妻鏡』と『愚管抄』等の比較

ここで、北条義時の行動についての『吾妻鏡』と『愚管抄《ぐかんしょう》』等の比較をしてみたい。『吾妻鏡』は漢文であるが読み下し（現代の仮名遣い）にして、後ろに原文を付した。なお、以下、（　）内は筆者の補注である。

『吾妻鏡』承久元年正月二十七日条に「宮寺（鶴岡）の楼門に入らしめたまうの時、右京兆（右京大夫北条義時）俄かに心身の御違例のこと有り、御剣を仲章（源）朝臣に譲り、退去し給う。神宮寺において、御解脱の後、小町御亭に帰らしめ給う。」（令入宮寺楼門御之時、右京兆俄有心身御違例事、譲御剣於仲章朝臣、退去給、於神宮寺、御解脱之後、令帰小町御亭給、）」とある。『承久軍物語《じょうきゅういくさものがたり》』・『承久記《じょうきゅうき》』はほぼ同じである。一方『愚管抄』には、源仲章が切られた記事に続いて、「義時ハ太刀ヲ持テ、カタハラニ有ケルヲサへ、中門ニトヾマレトテ留メテケリ、大方用心セズ、サ云バカリナシ。」と、実朝が指示して義時を中門に留めている。『吾妻鏡』は後世の編纂物であるが、『愚管抄』は、参列した公卿の話を聞いた可能性があり、臨場感があり詳しい。

どちらも北条義時が太刀を持って源実朝に従っていたことは共通しているが、北条義時は、前者では体調不調を訴え、太刀を源仲章に譲り渡して小町の自邸に帰ったとするのに対し、後者では、源実朝が、傍に太刀を持っていた北条義時を中門に留めて宮中に入ったとしている。ここで疑問点が見えてくる。この拝賀（拝礼）には武士も宮中に入れたのかという疑問である。源実朝は右大臣兼左近衛大将で、公家である。宮中に入る前に武士である北条義時を留めたのは公家の考え方として当然のことではないのかと。まして、太刀を持った者を伴って神前に行くのかと。『愚管抄』の記載が興味深い点である。

④源仲章の被災

ここで、被災した源仲章のことに触れておきたい。『吾妻鏡』で源仲章が討たれたことは、同年二月八日条に見えるだけである。ところが、『承久軍物語』には源実朝が討たれた後に「もんしやうばかせなかあきら《（文章博士仲章）》、ほうきのぜんじもろのり《（伯耆前司師範）》もきられにけり、」と、『承久記』にも同じところに「又次ノ刀ニ文章博士仲章被切ケリ、次ノ刀ニ伯耆《（因幡カ）》前司モロノリ《（師憲）》、疵ヲカウフリテ翌日ニ失ヌ、」とある。おそらく二つの軍記物語は、京都周辺の人々の作になるものであり、武士（御家人）を中心に記述される『吾妻鏡』よりも、諸大夫に連なる公家のことも記載したと考えられる。

『愚管抄』はもっと詳細で、同じ部分を「ヲイサマ《（追い様）》ニ三四人ヲナシヤウ《（同じ様）》ナル者ノ出キテ、供ノ者ヲイチラシ《（追い散）》テ、コノ仲章ガ前駈シテ火フリ《（振）》テアリケルヲ、義時ゾト思テ、同シク切フセテコロシテウセヌ。」と記述する。源仲章は太刀持ちではなく、暗闇の中源実朝の足もとを照らす役を勤めていた。また、源仲章を討ったのは、公暁に従った三四人の僧体の者で、北条義時と間違われて討たれたことを指摘する。現場にいた公家の証言をもとにしているのであろう。

⑤公暁の誅殺

さて、事件の経緯に戻そう。源実朝を討った後の公暁の行動を『吾妻鏡』で追ってみる。公暁の所行と聞いた御家人たちは、雪下《ゆきのした》にある本坊を襲った。ところが本坊内に公暁の姿は見えなかった。その頃公暁は、雪下北谷にある後見の備中阿闍梨《びっちゅうあじゃり》宅にいた。そこから使者を三浦義村に遣わし、「今は将軍が欠けている。自分は関東の長である。早く逢って相談をしたい。」と伝えた。これは、義村が幼い頃の乳母夫であり、その子駒若丸が公暁の門弟に列していたからとされる。報せを受けた三浦義村は、公暁の使者に、「あとで迎えの武士を遣わします。」と返事し、使者が去ると、北条義時にこのことを告げている。（義村が義時の生存を確認したか？）北条義時はすぐに公暁を討つよう命じている。命を受けた三浦義村は討手長尾定景《ながおさだかげ》等を派遣する。一方公暁は、待ちきれず、鶴岡八幡宮後方の峰を越えて、西御門《にしみかど》の義村宅に向かった。その途中、公暁と定景が遭遇し、公暁は討ち取られた（二十歳）。

三浦義村は公暁の首を北条義時亭に持参し、義時はみずから首実検している。これを聞いた二位《にいの》尼政子《あままさこ》は、今夜中に公暁与党を糺弾するよう命じた。

このあたりの記述は他の史料もほぼ同じであるが、『承久記』は公暁が山から西御門の小屋の上に落ち、家主が盗人と思い撃ち殺したとする。『愚管抄』では、公暁が三浦義村宅近くまで来て討たれたとする。

⑥戌神の加護

源実朝暗殺事件後の同二月八日、北条義時は大倉薬師堂に参詣した。去る正月二十七日戌刻、北条義時が源実朝に供奉していた時、白い戌（犬）が傍に見え、その後、気分が悪くなり、源仲章に御剣を渡し退出した。そのため公暁の襲来を避けることができた。この時、戌神は堂中にいなかったという。『吾妻鏡』編纂の際の演出が感じられる。

コラム

後鳥羽上皇と北条義時追討宣旨

宣旨の衝撃と恐怖

次に示すのは、承久三年（一二二一）五月十五日に発給された北条義時《ほうじょうよしとき》追討の宣旨《せんじ》（『鎌倉遺文』二七四六号）である。承久の乱に際しての後鳥羽上皇からの宣戦布告と言えるが、形式的には天皇の命令を受けて朝廷として作成した公文書であり、その手順もこの中に示されている。すなわち、天皇の命を受けた内大臣（久我通光《こがみちみつ》）が上卿《しょうけい》（責任者の公卿）となって右弁官に作成させたものである。この弁官とは太政官《だいじょうかん》の内部に置かれた事務局で、左弁官《さべんかん》と右弁官《うべんかん》があり、凶事については右弁官が担当した。実際には右大弁《うだいべん》（藤原資頼《ふじわらのすけより》）が右大史《うだいし》（三善信直《みよしのぶなお》）に書かせている。

冒頭の「右弁官下す…」の次の行の「応…事」は事書《ことがき》と言って宣旨の要約が書かれている。北条義時を追討することと、諸国の守護人・荘園の地頭が院庁《いんのちょう》に参集し、裁断に従うように命令されている。宣旨の本文を読むと、幼齢の将軍（九条頼経《くじょうよりつね》）のもとで専権をふるい、皇憲（朝廷の法秩序）を軽んじている義時の行為は謀反《むへん》（天皇殺害・国家転覆）にあたると指弾している。

宛先は「五畿内・諸国」、すなわち全国である。その行政機関を介して守護人や地頭に義時追討の実行を命じており、守護・地頭という鎌倉幕府の組織を前提としている。すなわち、宣旨の目的が鎌倉幕府の打倒ではなく、北条義時の追討であった点には注意が必要である。宣旨によって国家的な追討の対象に名指しされた義時をはじめとする北条氏の衝撃と恐怖は大変なものであったに違いない。

【宣旨】

右弁官《うべんかん》下す　五畿内・諸国（東海・東山・北陸・山陰・山陽・南海・大宰府）

応《まさ》に早く陸奥守平義時朝臣の身を追討《ついとう》せしめ、院庁《いんのちょう》に参り裁断を蒙《こうむ》るべき、諸国庄園守護人地頭の事。

右、内大臣宣《せん》す。勅を奉《うけたまわ》るに、近會《さいつころ》関東の成敗と称し、天下の政務を乱し、纔《わずか》に将軍の名を帯ぶるといえども、猶《なお》もって幼稚の齢《よわい》に在り。然《しか》る間、彼《か》の義時朝臣、偏《ひとへ》に言詞《げんし》を教命《きょうめい》に仮《か》り、恣《ほしいまま》に裁断を都鄙《とひ》に致す。剰《あまつさ》へ己《おのれ》が意を耀《かがや》かし、皇憲《こうけん》を忘れたるが如し。之《これ》を政道に論ずるに、謀反《むへん》と謂《い》ふべし。早く五畿七道諸国に下知《げち》し、彼の朝臣を追討せしめ、兼ねて又、諸国庄園守護人地頭等、言上《ごんじょう》を経《ふ》べきの旨あらば、各《おのおの》院庁に参り、宜しく上奏を経べし。状に随い聴断《ちょうだん》せん。抑《そもそも》国宰《こくさい》竝《ならびに》領家等、事を綸綍《りんふつ》に寄せ、更に濫行《らんぎょう》致すなかれ。縡《こと》これ厳密にして、違越《いえつ》せざれ者《てえれば》、諸国承知し、宣により之を行へ。

承久三年五月十五日　大史三善朝臣

大弁藤原朝臣

院宣による幕府方分断の画策

宣旨が鎌倉に届いたことは『吾妻鏡《あずまかがみ》』に記されているが、『承久記《じょうきゅうき》』慈光寺本には同日付の院宣も載せられており、宣旨のほかに院宣も発給されたことが知られる。次に示したのがその院宣《いんぜん》である。院宣は宣旨と異なり、上皇（法皇）に近侍する院司《いんし》がその意を受けて発給する私的性格の強い文書とされる。ここでは最後に記載されている按察使（葉室《はむろ》）光親が院司である。

内容的には先に見た宣旨と殆ど同じであり、幼齢の将軍のもとで野心をもって政道を行う北条義時の奉行（政務執行）を停止して上皇の意に沿うことを命じ、義時やその与同者たちがこれに従わなければ命を奪えとしている。院宣の中には宛先は記されていないが、『承久記』慈光寺本には、武田信光《たけだのぶみつ》・小笠原長清《おがさわらながきよ》・小山朝政《おやまともまさ》・宇都宮頼綱《うつのみやよりつな》・長沼宗政《ながぬまむねまさ》・足利義氏《あしかがよしうじ》・北条時房《ほうじょうときふさ》・三浦義《みうらよし》村《むら》に宛てて下されたとある。いずれも鎌倉幕府の有力御家人であり、彼らに北条義時からの離反を求めたことがわかる。幕府方分断を意図しており、不特定多数の守護・地頭に対する宣旨との違いを見せている。

数多いる御家人の中で院宣がこの八人に下されたのは、彼らが義時に不満を持つと後鳥羽上皇側が認識したことに基づいており、その情報は三浦胤義《たねよし》ら上皇配下の御家人たちからもたらされたものであろうが、ここに弟の北条時房の名が見えることも大変興味深い。

【院宣】

院宣を被《こうむ》るに称《い》へらく、故右大臣薨去《こうきょ》の後、家人等偏《ひとえ》に聖断を仰ぐべきの由、申さしむ。仍《よ》って義時朝臣、奉行の仁たるべきかの由、思《おぼ》し食《め》すのところ、三代将軍の遺跡《ゆいせき》を管領する人なしと称して、種々申す旨あるの間、勲功の職を優ぜらるるによつて、摂政の子息に迭《か》へられ畢《おわ》んぬ。然而《しかれども》幼齢にして未識の間、彼《か》の朝臣、性を野心に稟《う》け、権を朝威に借れり。これを論ずるに、政道豈然《あにしか》るべけんや。仍って自今以後、義時朝臣の奉行を停止《ちょうじ》し、併《しかしながら》叡襟《えいきん》に決すべし。もし、この御定《ごじょう》に拘《かかわ》らずして、猶《なお》反逆の企あらば、早くその命を殞《おと》すべく、殊功《しゅこう》の輩《ともがら》においては、褒美《ほうび》を加へらるべきなり。宜しくこの旨を存ぜしむべし者《てへれば》、院宣かくの如し。これを悉《つく》せ。以て状す。

承久三年五月十五日　按察使《あぜち》光親　奉《うけたまわる》

後鳥羽上皇の戦略構想

文武にわたって非凡の才能を見せた後鳥羽上皇は朝廷の威信回復に努めていた。有名な『新古今和歌集』の選定も「世を治め民をやはらぐる道」（仮名序）の実践にほかならなかった。後鳥羽上皇はまた直属の武力を育成強化している。院の御所には従来より「北面《ほくめん》の武士」が置かれていたが、後鳥羽上皇はこれに加えて「西面《さいめん》の武士」を設置した。いつ設置されたかは不詳であるが、建永元年（一二〇六）には存在したという。院の警固のほか盗賊の追捕《ついぶ》や寺社の強訴への対応などに出動しており、もちろん承久の乱における上皇方の重要な兵力となった。この西面の武士には、院分国《いんぶんこく》（上皇が国守の推挙権を持つ国）・院領などを通じて上皇と関係の深かった武士ばかりでなく、後藤基清《ごとうもときよ》・五条有範《ごじょうありのり》・大江能範《おおえのよしのり》・佐々木広綱《ささきひろつな》ら当時都に常駐していた在京御家人も加わっていた。

すなわち、後鳥羽上皇は幕府御家人の一部を自らの武力に編成していたのである。承久元年（一二一九）七月に大内《おおうち》守護（内裏を守護した職）源頼茂《よりもち》の追討という奇妙な事件が起こる。頼茂が謀叛により将軍になろうとしたためとされるが、実は頼茂が後鳥羽上皇の策謀を知ってしまったために討たれたという説もある。注目されるのは、この時、頼茂を追討したのは幕府軍ではなく官軍であった。後鳥羽上皇が育成強化した武力はその実力を遺憾なく発揮したのである。そして、承久三年（一二二一）四月二十八日、流鏑馬揃《やぶさめぞろえ》を名目に一千余騎の軍勢が院御所に集結し、同年五月十五日、その召集に応じなかった京都守護伊《い》賀《が》光季《みつすえ》を討ち果たし、承久の乱の開戦を告げることになる。

このように幕府御家人を含む武力を自在に操る成功体験を持つ後鳥羽上皇の戦略は、先の宣旨と院宣に表れている。すなわち、幕府や将軍（鎌倉殿）ではなく、北条義時個人を追討対象とする宣旨を全国に発給して多くの武士たちを自陣に集め、院宣で有力御家人を懐柔し離反させれば幕府は瓦解すると考えていた。当時の武士たちにとっての宣旨や院宣の価値や威力を考えれば、それは成功する筈であった。

北条氏による反対命題

後鳥羽上皇の発給した宣旨や院宣は、押松《おしまつ》という院の下部《しもべ》に託され、承久三年（一二二一）五月十九日に鎌倉に到着した。同日、その他にも伊賀光季が討伐される直前に発遣した使者、親幕府派の公家西園寺公経《さいおんじきんつね》の家司《けいし》の使者、そして上皇方の三浦胤義が兄義村を誘引する書状をもつ使者が相次いで鎌倉に入った。光季や公経からの情報は幕府首脳部に大きな衝撃をもたらしたと思われるが、三浦義村がすぐに北条義時に報告したことが、押松の捕縛と宣旨・院宣の確保につながり、鎌倉中に動揺が広がる前に情報を一元管理できた。

それからの対応が迅速であった。その日のうちに、北条政子は鎌倉の御家人たちを邸宅に集め「皆心を一《いつ》にして奉《うけたまわ》るべし。是《これ》最期の詞《ことば》なり」に始まる有名な演説を行うのである。政子は義時の姉であり、亡き源頼朝の夫人であった。頼朝以来の御恩を説き、御家人たちの利益を代表するのは幕府であることを説いたのである。参集した御家人たちは感激の涙で返事もできないほどであったというから大成功であった。ここで注目すべきことは、政子が「京方ハ鎌倉ヲ責《せめ》（攻）給フ」（『承久記』）と言って、後鳥羽上皇に鎌倉幕府を打倒する意図があるように表現していることである。先に見たように、宣旨も院宣も追討対象は北条義時であって鎌倉幕府ではなかったが、巧みに論理をすり替えたのである。

その三日後の五月二十二日、北条義時の息子泰時《やすとき》がわずか十八騎を率いて京都に進発した。大軍を編成する時間を惜しんだことによる。それ以前には箱根・足柄で官軍を防ぐという防御策も幕府内部では検討されたというが、同様の理由で退けられた。時間の経過とともに、宣旨や院宣が幕府方の武士たちに浸透してしまうことを危惧した戦術であったと思われる。そして、その判断が正しかったことは歴史が証明することになる。

◉第六章

北条義時の死と伊賀氏の変

1——承久乱後の体制

戦後の課題

承久の乱後の関東下知状《かんとうげちじょう》（北条義時《ほうじょうよしとき》が奉じる上位下達文書）の内容を検討すると、九割以上が西国に関わる案件である（関東下知状についてはコラム「北条義時の発給文書」を参照）。幕府が西国の沙汰に重点を置いていたことが想定できる。

さらに、その内容を見ると、承久三年（一二二一）六月から十二月の間は、守護の補任や地頭職の宛行（給与）が多く見られ、乱後の処置が行われていたことを示している。

翌年貞応元年（一二二二）から北条義時が没する元仁元年（一二二四）五月までは、内容が変化し、新たに補任された守護の使者の現地への入部停止やこれも新たに補任された地頭による濫妨等の停止が増えている。また、訴訟が起こされそれに対する裁許（裁決）が増えている。これは、戦時の幕府軍による強制から通常（平時）の訴訟による解決に移行しつつあったことを示している。その意味でも六波羅《ろくはら》に進駐する二人（時房《ときふさ》・泰時《やすとき》）の役割が重要であったことがわかる。

新補地頭の問題

乱後の処置で、京方についた公家・武家の所領三千余ヵ所が没官され、戦功のあった御家人に与えられた（地頭職補任、新補地頭）。これによって幕府の手の及びにくかった公家領荘園にも徐々に幕府の支配が及ぶようになっていった。

幕府軍の中心のひとつであった武蔵武士の新恩地をみると、現在わかる範囲だけでも下記の九ヵ所がある。それは、①品河成阿《しながわせいあ》（近江国《おうみのくに》三宅郷《みやけごう》：滋賀県守山市）、②片山広忠《かたやまひろただ》（丹波国《たんばのくに》和智庄《わちのしょう》：京都府和知町）、③清久胤行《きよくたねゆき》（丹波国私市庄《きさいちのしょう》：京都府綾部市・福知山市）、④江戸重持《えどしげもち》（出雲国《いずものくに》安田庄《やすだのしょう》：島根県伯太町）、⑤安保実員《あぼさねかず》（播磨国《はりまのくに》須富庄《すとみのしょう》：兵庫県加西市）、⑥熊谷直時《くまがいなおとき》（安芸国《あきのくに》三入庄《みいりのしょう》：広島県広島市）、⑦高麗兵衛《こまひょうえの》尉《じょう》（紀伊国《きいのくに》岡田庄《おかだのしょう》：和歌山県海南市）、⑧藤田兵衛尉《ふじたひょうえのじょう》（淡路国《あわじのくに》塩田庄《しおだのしょう》：兵庫県津名町）、⑨足立遠親《あだちとおちか》（讃岐《さぬきの》国本山庄《くにもとやまのしょう》：香川県豊中町）等である。

彼らの本領の多くは祖先が切り拓いた所領であり、開発領主として地頭職以上の権限を持っていた。こうした東国武士が新たに給与された地を支配する際に本領と同じように支配しようとすれば、西国の人々との間に地頭職に対する認識に大きな差が生まれるのは必須であった。前述したような状態が生まれるのも自然な成り行きであったのである。

新補率法の制定

貞応元年（一二二二）四月、幕府は、守護と地頭の所務（仕事内容）を定めている。守護には、盗みや放火をした犯人は先例通り検非違使所の沙汰とすること、地頭には、元の下司・地頭の権限以上の沙汰はしないこと及び給分以外の押領を停止することなどを命じている。次いで五月には六波羅に駐在する時房・泰時に対し、西国の守護・地頭への指示を命じ、さらに二人が西国諸国を一国ごとに担当し、代官を派遣するよう命じている。守護・地頭への命令は、自分の本領のように預所や郷司等を追放しないこと、所当年貢を規定通り納めることであった。

翌貞応二年正月、二位尼政子《にいのあままさこ》は畿内西国の様子を調べるため、各国の在庁官人に対して、守護や地頭の仕事ぶりについて報告させるよう、北条義時に指示している。その半年後の同年六月地頭の新補率法に関する宣旨が全国に下された。おそらく鎌倉からの要求によるものであろう。これを受けた形で翌同年七月には、北条義時の奉じる関東御教書によって、六波羅の時房宛に指示が出された。その内容は、宣旨とほぼ同じであるが、言葉をわかりやすく宣旨を補完する役目を果たしている。すなわち、田畠各々十一町のうち、十町は領家・国司の分、一町は地頭分とし、他に段別に五升の加徴米を徴収することとし、新儀非法を停止するとしている。

なお、没収された所領の領主（下司や地頭）の権限・得分に先例のある場合は新地頭がそれを継承し、先例のない場合は新地頭にこの新補率法が適用されている。宝治元年（一二四七）に出された追加法には、前者は「承久兵乱以前の本地頭」と、後者は「兵乱以後の新地頭」と区別して記されている。

2――北条義時の死去

北条義時の急死

元仁元年（一二二四）六月十二日、北条義時は病に倒れた。日頃から脚気に霍乱《かくらん》（下痢）を併発していたがたいしたことはなかったという。翌十三日、若君（三寅《みとら》）の了解を得て出家し、その日のうちに亡くなった。六十二歳であった。同十八日葬送が行われ、墓所は、源頼朝《みなもとのよりとも》の法華堂《ほっけどう》（墓所）の東の山上に設けられた。

この報せが京都《きょうと》に着いたのは、同六月十七日で頓死とされている。翌十八日には源頼朝・同実朝《さねとも》と同様に三十日の穢れが定められた。

この義時の死去については、『吾妻鏡《あずまかがみ》』の記載以外に『保暦間記《ほうりゃくかんき》』は近習の小侍による殺害説がある。しかし、もっと衝撃的な話が後年の『明月記《めいげつき》』に記載されている。安貞元年（一二二七）六月七日、承久の乱後逃亡していた張本の一人二位法印尊長《にいのほういんそんちょう》が京都で捕縛された。捕縛の際自殺しそこなった尊長は、「早く首を切れ、さもなくば義時の妻が義時に飲ました薬を自分に飲ませろ、」と叫んだという。これを聞いた六波羅の北条時氏《ほうじょうときうじ》（泰時の子）・同時盛《ときもり》（時房の子）は仰天したという。

尊長は源頼朝の義弟一条能保《いちじょうよしやす》の子で、義時の娘聟実雅《さねまさ》の弟にあたる。尊長が実雅から聞いていた可能性が高いと考えられている。毒殺死が有力視されている。

「軍営の後見」

北条義時が没すると、二位尼政子は在京する北条時房・同泰時に鎌倉に戻るよう命じている。同六月十七日、京都を発った泰時は伊豆《いず》で状況を見つつ、同二十六日鎌倉の由比浜《ゆいがはま》に一泊、翌日鎌倉の小町亭《こまちてい》に入った。一方、時房は同十九日に京都を発ち、同二十六日泰時に先立って鎌倉に入っている。鎌倉では、泰時が弟政村を討つためという噂があったという。泰時の慎重な行動は、こうした背景があったからであろうか。

翌二十七日、二人は政子亭に参上し、政子から「軍営の後見」に補任され、二人協力して武家のことを執行するよう命じられた。これが執権《しっけん》・連署制《れんしょ》（両執権制）の発端となったと考えられる。

二人の分担は、泰時が鎌倉にあって幕政全体を見、時房は鎌倉・京都を往復しつつ、京都に派遣され、六波羅探題に就任した北条時氏（泰時の子）・同時盛（時房の子）の監督・指示を行うことになった。関東下知状の奉者を見ると、嘉禄元年（一二二五）に政子が没するまで泰時単署で発給されていることがこれを物語っている。

伊賀氏の変

元仁元年（一二二四）六月、北条義時の後家伊賀氏《いがし》・伊賀光宗《いがみつむね》兄弟の陰謀が露見した。在鎌倉の一条実雅（後家伊賀氏の娘聟）を将軍とし、嫡子政村《まさむら》を執権に据え、外戚である伊賀兄弟が幕府の実権を握ろうとしたのである。

同七月に入ると、伊賀光宗兄弟が三浦義村《みうらよしむら》（政村の烏帽子親）のもとにしばしば通っているという噂が流れた。同月十七日夜遅く、政子は西御門《にしみかど》の三浦義村亭を訪ねて決断を迫り、義村を翻意させている。閏七月一日、政子は若君（三寅）とともに泰時亭に移り、義村以下の宿老を招いて協力を確認している。

結果、一条実雅は京都に送られ、後に越後国《えちごのくに》に配流された。後家伊賀氏は伊豆国北条《いずのくにほうじょう》に籠居させられ、光宗は政所執事を免じられ、所領を没取され、後に信濃国《しなののくに》に配流された。その他、実雅に従って上洛した伊賀朝行《いがともゆき》・同光重《みつしげ》は鎮西《ちんぜい》に流されている。

この事件は、権力保持のため行った政子の陰謀とする考え方もあるが、同じ陰謀でも、時房・泰時政権の出船にあたって、政子没後の北条氏内部の対立を避けるため行ったとする見方もある。

3——北条泰時・同時房の体制

宇津宮辻子御所《うつのみやずしごしょ》の造営

嘉禄元年（一二二五）六月十日、大江広元《おおえのひろもと》（法名覚阿《かくあ》）が没した。七十八歳であった。ついで翌月の七月十一日、北条政子が没した。六十九歳であった。こうして、源頼朝に協力して鎌倉政権を成長させてきた第一世代の重鎮が次々とこの世を去っている。新しい時代への幕開けと言ってよいであろう。広元・政子の死は、幕府政治に画期をもたらしたのである。

北条泰時は叔父時房と協力して新しい政治体制を作り上げていく。泰時が最初に手をつけたのが、御所の造営と若君（三寅）の元服であった。目に見える形で改革を始めたのである。

宇津宮御所の造営と移転は、これまでの大倉御所《おおくらごしょ》を中心とした鎌倉の町が、鶴岡八幡宮《つるがおかはちまんぐう》とその参道である若宮大路《わかみやおおじ》という軸線を中心とした町へ変貌して行くことになった。

泰時は年内（嘉禄元年）に宇津宮辻子御所を造営することとした。一方、大倉御所は解体され更地となった。同十二月二十日、三寅の移徙《いし》の儀が行われ、同二十九日三寅は元服し頼経《よりつね》と名乗った。

翌嘉禄二年正月二十七日、頼経は征夷大将軍に就任し、正五位下右近衛少将に叙任された。

泰時は平行して幕政の改革を進めた。それは合議制と成文法の制定であった。前者は、三寅が新御所に入った翌日、評定始めが行われたことからも知られる。すなわち評定衆《ひょうじょうしゅう》の設置である。後者は『御成敗式目《ごせいばいしきもく》』の制定であった。これらが実際に完成し機能し始めたのは貞永元年（一二三二）のことになる。新しい執権政治の始まりであった。

北条義時の遺領

北条《ほうじょう》義時《よしとき》は、元仁元年（一二二四）六月十三日巳刻（午前十時頃）亡くなった。前日発病して危篤となり、この日寅刻（午前四時頃）出家している。突然の死であった。享年六十二である。この義時の急死については、後妻伊賀氏《いがし》による毒殺説がある。

義時没後、伊賀氏の兄政所別当伊賀光宗《いがみつむね》が三浦義村《みうらよしむら》と結び、故源頼朝《みなもとのよりとも》の甥一条実雅《いちじょうさねまさ》を将軍に、伊賀氏の生んだ政村《まさむら》を執権に擁立しようとする陰謀が発覚して、伊賀氏は伊豆国北条《いずのくにほうじょう》に幽閉され、兄光宗も失脚した。

①北条義時の遺領沙汰

同年九月五日、北条義時の遺領について、男女の子供たちに配分する沙汰が行われた。これは鎌倉時代、嫡子単独相続ではなく、嫡子の他、庶子や女子も相続する、分割相続が行われていたことによる。北条氏も例外ではなかった。

北条泰時《やすとき》は、京都から鎌倉に着いてすぐに、内々父義時遺領の配分案を作成し、ひそかに叔母である二位尼政子《にいのあままさこ》に見せていた。政子は、これを見て、「おおよそは殊勝である。ただ、嫡子（泰時）分がたいへん少ないのはなぜなのか。」と尋ねた。泰時は、「自分は執権職を継承した身である。所領等については競い望むつもりはない。ただ舎弟等に分与したいと思っている。」と答えた。政子は感涙を禁じ得なかったという。泰時の美談として紹介される話である。

この日、政子の沙汰として、泰時の作成した配分案が兄弟に披露された。皆、歓喜を上げ異議は出なかったという。

②御家人の所領継承

・御家人の負担

次に、鎌倉時代の父から子への所領継承のあり方について、簡単に触れておきたい。この時代、鎌倉幕府にとって御家人の所領相続は、税制の面から考えると重要な意味を持っていた。鎌倉殿と御家人の間には御恩と奉公という契約関係があったことはよく知られている。この奉公を御家人役ともいい、非常時の軍役や平時の京都大番役・鎌倉大番役・供奉随兵役・追捕活動等などの軍役と経済的負担である御公事《みくうじ》があった。もし、御家人やその所領が減少すれば、御家人役が納められなくなり、税制の欠陥が生じることになった。

幕府は、これを維持するため惣領制を導入し、幕府は把握した惣領に御家人役を宛課することとした。惣領は、庶子や自家から別れた女子等を把握し管理する体制がとられた。ところが、数世代を経た鎌倉時代中期以降になると、徐々に惣領が一族を把握することが難しくなっていった。

・譲状の作成（生前譲与の体制）

鎌倉幕府は、生前譲与の方法として譲状《ゆずりじょう》の作成を認めていた。譲状は、処分状ともいい、平安時代中期以降から見られるもので、所領や資材等の財産を子孫に譲渡する際に作成された証文のことである。その文中に、作成者が亡くなった後財産が相続者の所有となる旨の記載が必要になる。幕府は御家人領保護の観点からこれを認め、相続の際譲状があればその提出を求め、嫡子には将軍家政所下文、庶子等には関東下知状を下して譲与を認めて安堵した。ただ、嘉元元年（一三〇三）になると、譲状の右端の余白（この部分を袖とか端という）に直接安堵の文言を書くようになった。これを外題安堵と言った。

但し、子孫への譲与は親が悔い返しができることになっており、後に作成した譲状が、以前作成された譲状の効力を否定できた。これは現代と同じである。

・後家の権限

それでは、譲状が作成されず、当主が頓死したり急死した場合はどうなのであろうか。これを未処分と言い、源頼朝や源実朝《みなもとのさねとも》・北条義時の場合がこれに該当する。

未処分の場合、遺領の分与は残された後家《ごけ》の沙汰となることが一般的であった。

③源頼朝の遺領所分

源家の場合、正治元年（一一九九）、源頼朝が急死したため譲状は作成されていなかった。後家となった政子が、関東御領と呼ばれた夫頼朝の遺領を配分したのは数年後のこととなる。頼朝の場合、建久八年（一一九七）に長女大姫《おおひめ》が、頼朝没後の正治元年六月三十日に次女乙姫《おつひめ》（三幡《さんまん》）も他界したため、配分は保留されていた。配分の沙汰がなされたのは、源頼家《みなもとのよりいえ》が危篤となった時であった。その内容は、全国六十六ヵ国を二つに分け、関西三十八ヵ国の地頭職を弟千幡《せんまん》（実朝）に、関東二十八ヵ国の地頭職を頼家の長子一幡《いちまん》に譲与することと、頼家が宣旨で委任された惣守護職（家人を統率して諸国の守護を奉行すること）を一幡が継承するというものであった。源頼朝の意向を反映させた処置と考えられる。ただこれは実行されることはなく、北条時政《ほうじょうときまさ》のクーデターが起き、頼家の外戚比企能員《ひきよしかず》は暗殺された。

④源実朝の遺領配分

源実朝は、まだ若く、譲状を残さなかった一人である。後家となった御台所（坊門信清《ぼうもんのぶきよ》の娘）は公家の出であり、実朝暗殺後の承久三年（一二二九）正月二十八日落飾して以降、『吾妻鏡』には登場しない。実朝の遺領（関東御領）は、この後家の沙汰となれば、坊門家に所有権が移る可能性があったが、そうはならなかった。

別な見方をすれば、実朝の次に鎌倉殿となる予定だった三寅《みとら》（藤原頼経《ふじわらのよりつね》）が継承したという見方もできよう。ただ、三寅は実朝の養子ではない。元服後に故源頼家の娘（竹御所《たけのごしょ》）を御台所に迎えているが、これまでの経緯をみると彼女に相続権があったとも考えにくい。

おそらく、実朝の母、源家の家長である二位尼政子の支配下に置かれ、その指示を受けて政所が沙汰していたのではないだろうか。実質は、その政所別当の筆頭（長官）が執権別当北条義時であった。関東御領は、幕府の支配下に置かれ、北条時頼《ときより》の頃には得宗領化したのではなかろうか。

⑤北条義時の遺領配分

北条氏の場合も例外ではなく、故義時の後家伊賀氏が沙汰するのが普通であった。しかし、冒頭で述べたように別途配分案が作成され、二位尼政子の了解のもと、一族に披露され実施されている。すなわち、政子によって義時の跡継ぎとして京都から召還された泰時によって配分案が作成され、不在の鎌倉殿に代わって源家の家長であり、北条氏一族の長老でもあった政子がこれを承認したことになる。

その原因は、故北条義時が幕府の執権であったことに起因する。後家伊賀氏は、兄伊賀光宗を頼って遺領の処分を行おうとした。政所別当であった光宗は、三浦義村と結んで、義時の女婿である一条実雅を将軍に、伊賀氏実子の政村を執権にしようと目論み、幕府の実権を握ろうとした。源家の家長である政子の意思を無視したのである。

こうした動きは、北条泰時・同時房《ときふさ》が鎌倉に下向する時から予想された。二人は慎重に鎌倉に入り、政子に謁している。政子は、二人に「軍営の後見」を命じたのである。ここに両者の対立は表面化し、三浦義村を翻意させた政子が有位に立ち、後家伊賀氏及び伊賀光宗側が失脚する。

・北条泰時の所領

北条泰時は、前述したように、自分の相続分を減らし、兄弟に分与する方法をとった。政子にも、自分には所領を多く相続するつもりはないと述べている。これを美談として紹介することもある。逆にこの背景には、泰時はすでに多くの所領を所有していたとする見方もある。

幕府は、様々な合戦での御家人の活躍に対し、惣領ではなく戦功のあった御家人各々に対して勲功賞を宛行っていた。北条泰時は、比企《ひき》氏の乱に父義時に従って参戦し、和田合戦後には勲功賞として陸奥国遠田郡《むつのくにとおだぐん》（宮城県大崎市のうち旧田尻町、涌谷町、美里町一帯）を与えられている。承久の乱の際も主将として上洛し戦功を立てている。さらに戦後処理のため京都六波羅《きょうとろくはら》に在駐し、朝廷の監視や治安維持に務めた。泰時は、こうした恩賞として得た所領があり、さらに父義時からも生前に恩賞を分与されていた。すでに多くの所領を保有していたのではなかろうか。

第二部

北条義時をめぐる人々

◉第一章

将軍家（源家）の一族

北条義時《ほうじょうよしとき》の姉政子《まさこ》は源頼朝《みなもとのよりとも》に嫁ぎ四人の子を産んだ。大姫《おおひめ》・頼家《よりいえ》・乙姫《おつひめ》（三幡《さんまん》）・実朝《さねとも》は、義時の甥・姪にあたる。

義時は頼朝寝所近辺祗候衆の一人に選ばれ、源平合戦や奥州合戦等で活躍し、頼朝の二度の上洛にも従っている。ここでは、この頼朝を中心とする源家の一族について簡単に解説する。

源頼朝の家は、清和源氏《せいわげんじ》諸流のうち、河内《かわち》源氏の流れを汲む一族で、源頼義《よりよし》・義家《よしいえ》父子が、奥《おう》州《しゅう》における前九年の役（一〇五六〜六二）、後三年の役（一〇八三〜八七）で頭角を表し、東国武士との関わりを持った。頼朝の曾祖父義家（一〇三九〜一一〇六）は、受領を歴任し、位は正四位下まで至る、所謂諸大夫層に属していた。父義朝《よしとも》は、しばらく鎌倉《かまくら》にいたが上洛し、鳥羽上皇《とばじょうこう》に近づき、下野守《しもつけのかみ》に補任されている。保元の乱では後白河天皇《ごしらかわてんのう》方として活躍し、左馬頭《さまのかみ》に補任されている。

1——源頼朝（一一四七～一一九九）

諸大夫層の源家

源頼朝は、久安三年（一一四七）、父義朝、母熱田《あつた》大宮司藤原季範《ふじわらのすえのり》の娘との間に生まれた。母は尾張国《おわりのくに》熱田大宮司家の娘である。母の一族は上洛して鳥羽上皇の近くに仕えていた。おそらく生誕の場所は京都《きょうと》であろう。その関係もあり、異母兄に義平《よしひら》、朝長《ともなが》がいたが、義朝の嫡子として京都で成長している。その官位昇進は早く、保元三年（一一五八）二月三日、十二歳で皇后宮権少進に補任され、同四年正月二十九日には右近将監に補任。同年二月十三日に皇后宮（後白河上皇の妹統子《むねこ》内親王）への上西門院《じょうさいもんいん》の院号宣下により、皇后宮権少進から上西門院蔵人となり、同年六月二十八日には蔵人に補任されている。ここまでは順調な昇進であった。

平治の乱の敗北と伊豆流人

父源義朝に従って平治の乱（一一五九）に参加、その最中の同十二月十四日の除目で叙爵し（従五位下）、右兵衛権佐に補任された。ところが、父義朝がこの戦いに敗れたため、同年十二月二十八日に解官、捕縛された。平忠盛《たいらのただもり》の後妻池禅尼《いけのぜんに》（平頼盛《たいらのよりもり》の母）の命乞いによって、死一等を減じられ、永暦元年（一一六〇）三月十一日、伊豆国《いずのくに》に配流された。時に十四歳である。当時伊豆国は、平治元年十二月十四日から源頼政《みなもとのよりまさ》の知行国となっている。『吾妻鏡《あずまかがみ》』は、流人時代の源頼朝の生活が父母の追善供養に明け暮れた静かなものであったと伝える。頼朝の乳母比企尼《ひきのあま》は、頼朝を傅育するため夫比企遠宗《ひきとおむね》の領地武蔵国比企郡《むさしのくにひきぐん》に下向し、そこから仕送りをするとともに、女婿の藤九郎《とうくろう》盛長《もりなが》を頼朝の配所に派遣した。頼朝と比企氏の信頼関係は、こうした流人時代にも引き継がれていた。他に頼朝の乳母には、小山政光《おやままさみつ》の妻（寒川尼《さむかわのあま》）や三善康信《みよしやすのぶ》の叔母などがおり、これ以降彼らの一族は頼朝の忠実な側近となっていく。

平家追討の挙兵

治承四年（一一八〇）五月、以仁王《もちひとおう》の挙兵に従った、伊豆国の知行国主源頼政は宇治《うじ》で敗死し、平　時忠《たいらのときただ》が交代して知行国主となった。平清盛は、伊豆国にいた源頼政の嫡孫有綱《ありつな》を捕らえるため大庭景親《おおばかげちか》を板東に下向させたが、事件の顛末を見た源有綱は奥州の藤原秀衡《ふじわらのひでひら》のもとに出奔した。

以仁王挙兵に与同した関東の武士団は新たな盟主を源頼朝に見いだそうとした。これによって、頼朝周辺は緊迫した空気が漂うようになる。同八月十七日夜、源頼朝は伊豆国山木館《やまぎやかた》にいた目代平兼隆《かねたか》を攻めこれを討ち取った。

伊豆国の在庁工藤茂光《くどうもちみつ》等が、頼朝挙兵を見て参陣、頼朝勢は三百余騎に膨れ上がった。三浦氏と合流するため頼朝は相模国《さがみのくに》を東に向かおうとしたが、同二十三日、大庭景親・伊東祐親《いとうすけちか》の率いる討伐軍に阻まれ、石橋山《いしばしやま》で戦って敗れた。頼朝は一旦箱根山中に逃れ、のち真鶴岬《まなづるみさき》から安房国《あわのくに》に渡った。

鎌倉入城と東国平定

源頼朝は、安房国の在庁安西景益《あんざいかげます》以下、重代の家人が参陣したことによって軍勢を立て直すことが出来た。同九月十三日、頼朝軍は房総半島《ぼうそうはんとう》を北上し始めた。また、下総国《しもうさのくに》の千葉常胤《ちばつねたね》が国府を占領したことによって道は開かれ、武蔵《むさし》の国府を経て、同十月六日には相模国鎌倉《かまくら》に入った。

同年十月二十日、源頼朝は駿河国《するがのくに》黄瀬川に出陣し、富士川《ふじがわ》合戦で平維盛《たいらのこれもり》が率いる官軍が破れるのを見て、軍勢を返して常陸国《ひたちのくに》で独自の動きを示していた佐竹《さたけ》一族を金砂城《かなさじょう》に攻め落とした。この間、駿河目代 橘《たちばな》 遠茂《とおもち》を討ち取って駿河国に入った武田《たけだ》一族は頼朝と協調関係に入り、敗走する平家軍を追って駿河・遠江《とおとうみ》両国を制圧した。また、信濃国《しなののくに》で挙兵した木曽義仲《きそよしなか》は同十月十三日に、父義賢《よしかた》の地盤であった上野国《こうずけのくに》に入ったが、その後、源頼朝との緊張関係が高まったことにより、西上野の武士団を傘下にまとめて同十二月二十四日には信濃国に戻っている。その後、越後《えちご》にいた平家の有力家人城氏《じょうし》を敗って北陸道《ほくりくどう》に進出、越前国《えちぜんのくに》まで勢力を拡大させた。

源頼朝の政権は平家の勢力と直接接することがなかったことにより、政権を安定させるための体制づくりに入った。鎌倉の街のランドマークとなる鶴岡八幡宮《つるがおかはちまんぐう》の本格的な造営が始まるのも、この翌年である。

同十一月十七日、頼朝は和田義盛《わだよしもり》を侍所別当に補任した。同十二月、平家一門は京都の目前まで攻め寄せた近江源氏《おうみげんじ》と平知盛《とももり》を主将とする官軍との間で、近江国で激しい攻防戦が行われた。その最中、後白河法皇の近臣平親宗《ちかむね》が源頼朝に密使を送ったという噂が流れている。親宗の甥平時家《ときいえ》が流人として上総国にあり、上総介平広常《ひろつね》の婿となっていたことから、源頼朝への伝達ルートが開けていた。

後白河法皇との交渉

寿永元年（一一八二）、源頼朝は内乱が膠着状態に入ったのを見て、後白河法皇に対して和平を求めた密使を送り、源氏の棟梁としての存在を強くアピールした。

寿永二年七月、木曽義仲は平維盛率いる平家軍を加賀《かが》・越中《えっちゅう》両国の境倶利伽羅峠《くりからとうげ》で破り、追撃して入京をはたした。この時、雌伏を余儀なくされていた畿内や近江《おうみ》・美濃《みの》の源氏、遠江国で平家と対峙していた安田義定《やすだよしさだ》などが呼応して京都に進撃した。ただこの時木曽義仲の周囲には、武将としては優れた人材が集まっていても、後白河法皇と互角の折衝ができる政治・行政に通じた人材は少なかった。木曽義仲は、後白河法皇の仕掛けてくる政略と、瀬戸内《せとうち》に退いて態勢を立て直した平家との戦いに、次第に疲れを見せ始めた。

この間、頼朝は同十月九日に朝敵を解かれ、従五位下に復帰する。また、後白河法皇との間に密使を往復させ、寿永二年十月宣旨と呼ばれる宣旨を発給させることに成功した。この宣旨は、同時多発的な広がりを見せた内乱という非常事態のなかで、源頼朝に対して東海道《とうかいどう》・東山道《とうさんどう》・北陸道《ほくりくどう》諸国の国衙及び在庁官人に対する指揮権を付与するもので、源頼朝に当該地域の治安回復と収税の安定に対する責任を負わせるものであった。このなかに木曽義仲が上洛して勢力下においた北陸道や根拠地である信濃・上野を含む東山道が入っていた。義仲を恐れた後白河法皇は北陸道を除いたが、これが木曽義仲の後白河法皇に対する憤りを爆発させ、法住寺《ほうじゅうじ》合戦へと発展していく。源頼朝は木曽義仲が京都で孤立したのをみて弟の源範頼《みなもとののりより》・同義経《よしつね》を指揮官とする上洛軍を派遣、元暦元年

（一一八四）正月二十日に木曽義仲を近江国粟津《おうみのくにあわづ》で討取って入京を果たした。

平家との戦い――一谷合戦

元暦元年二月五日、源範頼・同義経は、摂津国一谷《せっつのくにいちのたに》の合戦で平家を敗走させた。これらの功績によって、頼朝は同年三月二十七日に従五位下から正四位下に叙された。位階五階を飛び越すという異例の昇進であった。さらに同年六月五日、源頼朝の申請によって、平頼盛《たいらのよりもり》・同光盛《みつもり》父子が権大納言・侍従に、その他国司には河内守《かわちのかみ》平保業《たいらのやすなり》・讃岐守《さぬきのかみ》藤原能保《ふじわらのよしやす》・三河守《みかわのかみ》源範頼・駿河守《するがのかみ》源《みなもとの》広綱《ひろつな》・武蔵守《むさしのかみ》平賀《ひらが》義信《よしのぶ》が補任された。このうち駿河・武蔵両国は源頼朝に与えられた知行国（関東御分国）である。木曽義仲を滅ぼし、平家に対する優勢が明らかになったこの時期から、源頼朝は御家人ではなく盟友として振る舞おうとする武田氏や源家一門に対する粛正をはじめる。同六月十六日の甲斐源氏《かいげんじ》一条忠頼《いちじょうただより》誅殺はその始まりである。

一方、平家一門を離れて京都の八条院《はちじょういん》のもとに身を潜めていた平頼盛が鎌倉に下ってくると、頼朝はこれを歓待し、平家の都落以前の官位に復帰できるように奏上した。池禅尼《いけのぜんに》の命乞いに対する手厚い恩返しである。頼朝は、流人時代に暖かい態度で接した人物や挙兵の初期の段階で命を落とした人々の縁者に対して手厚く報いる一方で、明確な上下関係に入ろうとしない人々を徹底して排除する冷酷さを見せた。この時期から、源頼朝は東国の武士団が担ぐ神輿から、鎌倉政権を動かす権力者に変貌していく。

平家滅亡

元暦元年八月八日、源範頼が平家追討のため京都を出て、山陽道《さんようどう》に向かった。鎌倉では幕府の組織整備が進められ、同八月二十八日には公文所（後の政所）を開設、同十月二十日には問注所が置かれた。これによって、鎌倉幕府を統括する政所・問注所・侍所の中核が整備されている。

文治元年（一一八五）二月二十二日、源義経が屋島合戦《やしまのかっせん》に勝利し、同三月二十四日には源範頼・義経が壇ノ浦合戦《だんのうらかっせん》で平家を滅ぼした。この時、三種の神器の内、宝剣が海中に没している。平家が滅亡して内乱が終結した四月二十七日、源頼朝は従二位に叙され、公卿となった。

一方で、寿永二年冬以来上洛軍に属した御家人のうち、源頼朝の推挙によらず任官した者を厳しく糾弾する意思を示している。これは基本的に弟義経に対する処置である。官位は朝廷が授けるもので、かつ全国的に通用する社会的地位の指標となる。鎌倉を中心とした新しい社会秩序の形成を考える源頼朝にとって、これを取り入れ、御家人を統制する方法として利用しようとしたのである。

平家の滅亡は、源頼朝・義経兄弟が共通して取り組むべき目的を失うことを意味していた。源頼朝は、朝廷が鎌倉政権に委譲する権限を最大にしようと、戦略的な判断をしながら平家との戦争を遂行していた。一方、弟義経は、平家に対する復讐に手段を選ばない過激さを持っていた。両者の考え方の違いは、義経と頼朝が派遣した軍奉行梶原景時《かじわらかげとき》の対立として表面化していたが、義経が後白河法皇に近臣として取り込まれ、独自の行動を取り始めたことにより、両者の対立は表面化していく。

源義経の都落ち

文治元年（一一八五）十月十八日、兄頼朝からの数々の圧力に耐えかねた源義経は、後白河法皇に源頼朝追討の宣旨を要求して挙兵した。しかし、義経のもとには軍勢が集まらなかったため、京都を離れ、西国に下ろうとした。

これに対し、源頼朝は岳父北条時政《ほうじょうときまさ》を京都に派遣する。本来であれば平家滅亡によって解除されるべき戦時体制を源義経追捕の名目で継続させることに成功したのである。これが鎌倉幕府の職制の基本である守護・地頭制度設置の原点となった。また、同十二月六日には、源義経と親しかった院近臣の解官を奏上し、摂関家の中で親鎌倉派であった九条兼実《くじょうかねざね》を推挙・協調して後白河院政を牽制しようとした。

朝廷との交渉

文治二年（一一八六）になると、鎌倉と京都朝廷との間に課題が見えてくる。内乱の時代に未納となっていた年貢の完済、平家没官領を中心に新たに任命された地頭による荘園経営への妨害など、多くの訴訟が惹起されている。また、平家・源義仲・源義経残党の追捕は各地で進められたが、義経とその側近については、同三年には奥州《おうしゅう》に逃れていたことが明確になり、頼朝の次の討伐対象は奥州の藤原秀衡《ふじわらのひでひら》に絞られていった。頼朝は秀衡の鎮守府将軍《ちんじゅふしょうぐん》に対する称号として奥州の蝦夷《えぞ》追討権をもつ征夷大将軍を望んだが、後白河法皇はこれを認めなかった。

奥州藤原氏の滅亡

同三年十月二十九日、藤原秀衡が卒去して嫡子泰衡《やすひら》が家督を継承すると、事態は変わっていく。泰衡は頼朝との妥協の道を探るか、義経を切札として対抗するかで路線が定まらなくなり、内訌が起きて弱体化していった。

同五年正月五日、源頼朝は正二位に叙された。同年二月二十二日、頼朝は泰衡が義経を匿っていることを理由に追討宣旨を下すことを申請するが、後白河法皇はこれにも応じなかった。その間、泰衡は義経と強硬派の弟忠衡《ただひら》を討伐し、奥州追討の理由を消滅させた。しかし、同七月十九日、これを聞いた頼朝は奥州進攻を決め、軍勢を北上させた。この合戦は、鎌倉軍の圧倒的優勢で展開し、奥州藤原氏は滅亡した。『吾妻鏡』によれば、頼朝は、過去の源義家の奥州合戦の先例にのっとり行動し、鎌倉草創のハイライトとなるイベントに仕立て上げている。

翌建久元年（一一九〇）正月、出羽国で、奥州藤原氏の家人大河兼任《おおかわかねとう》が主人の仇を討つと宣言して挙兵した。頼朝は、千葉常胤や比企能員《ひきよしかず》を筆頭に奥州に所領をもつ御家人を急派し、同三月十二日になってようやく鎮圧している。

源頼朝初度の上洛

建久元年十月三日、源頼朝は鎌倉を発って上洛した。十一月九日、後白河法皇と対面し、天下落居が宣言された。治承四年以来続いた戦時体制が解除されたのである。法皇の意向により、頼朝は権大納言に補任され、同二十四日に右近衛大将を兼任したが、鎌倉に帰る直前の同十二月四日に両職を辞任し、十二月十四日に京都を離れている。

征夷大将軍補任

鎌倉に帰った頼朝は、建久二年正月十五日、前右大将（源頼朝）家の政所始《まんどころはじめ》を行った。この時、鎌倉幕府の要職である政所別当、問注所執事、侍所別当・所司や公事奉行人が補任された。頼朝は、これまで発給した文書様式を改め、政所下文を軸にした文書大系に変更している。しかし、頼朝の花押の無い文書は、御家人に抵抗があり、なかなか進まなかった。

翌同三年三月十三日に後白河法皇が崩御すると、関白九条兼実によって、頼朝宿願であった征夷大将軍補任が申請され、同年七月十二日補任された。在職は建久三年～正治元年（一一九二～九九）である。

同年八月五日には、将軍（源頼朝）家政所始が行われている。この時、挙兵以来の功臣である千葉常胤や小山朝政《おやまともまさ》に対して、古い文書（安堵状カ）を提出させる代わりに、袖判下文を副えて政所下文を発給している。御家人との妥協がなった瞬間であった。

同四年五月、源頼朝は、嫡子頼家《よりいえ》を御家人に跡継ぎとして披露するために富士《ふじ》の巻狩《まきがり》を催している。この時起きたのが曽我《そが》兄弟仇討事件である。

この事件を契機として、頼朝は粛清を始めた。弟範頼の政子に対する発言を問題とし、処刑している。常陸国《ひたちのくに》では常陸大掾氏《ひたちだいじょうし》の一族多気義幹《たけよしもと》が殺された。同年十一月二十八日には、女性問題から安田義資《やすだよしすけ》を誅殺。同五年八月十九日には、その父安田義定《やすだよしさだ》が誅殺された。これによって源家一門内部の不穏分子は一掃されたが、将軍家に忠実な源氏一族として残ったのは足利《あしかが》・平賀（大内《おおうち》）・加賀美《かがみ》（小笠原《おがさわら》）の諸氏だけとなっている。

頼朝二度目の上洛

建久六年（一一九五）二月十四日、源頼朝は、東大寺供養《とうだいじくよう》に参列するため上洛した。この上洛には、妻政子や長女の大姫、嫡男頼家を伴っており、いくつかの目的があった。ひとつは大姫の入内問題である。後鳥羽天皇《ごとばてんのう》の後宮に大姫を入れ、外戚となることを目論んだのである。東大寺供養から帰洛した頼朝は、時の権力者丹後局《たんごのつぼね》に政子・大姫母子を引き合わせている。もうひとつは、嫡子頼家を天皇に引き合わせることであった。同六月三日、頼家が参内し、天皇から御剣を給わっている。

頼朝の眼には、将来鎌倉は嫡男頼家を置いて自らは上洛し、天皇の外戚となって権力を握るという構想が画かれていたのであろう。このことは、征夷大将軍と称するのをやめ、前右近衛大将と改称する背景に見え隠れする。

しかし、京都の情勢はそれを許さなかった。当時関白九条兼実に対抗しうる勢力として源通親《みなもとのみちちか》が台頭していた。兼実も通親も娘を後宮に入れていたが、兼実の娘（任子《にんし》）が女子を産み、通親の娘（在子《ざいし》）が男子を産んだことは、明暗をはっきりさせることになった。

翌同七年十一月、源通親は、関白九条兼実を罷免した（建久七年十一月の政変）。鎌倉にいた頼朝はこのことに対し何もできなかった。源頼朝晩年の大きな失策といえよう。

同九年正月、後鳥羽天皇は子の土御門天皇《つちみかどてんのう》に譲位し、院政を始めている。この後、京都の政局は後鳥羽上皇を補佐する源通親や高倉家《たかくらけ》が動かすことになった。

源頼朝は、東海道《とうかいどう》の相模川《さがみがわ》に架かる橋の新造落成供養に参列し、その帰途落馬し、間もなく亡くなったという。正治元年（一一九九）正月十一日出家し、同十三日没した。享年五十三であった。

2――大姫（一一七八～一一九七）

源頼朝と北条政子の間に生まれた。長女である。頼朝伊豆配流中の治承二年（一一七八）に誕生した。寿永二年（一一八三）頃、父頼朝と木曾義仲の和解がなり、義仲の長男義高《よしたか》が鎌倉にくると、その許婚《いいなずけ》となった。元暦元年（一一八四）正月、義仲の敗死後、義高は謀反人の子として斬殺された。大姫は悲嘆のあまり病床に就くことが多くなった。建久五年（一一九四）、頼朝・政子夫妻は、頼朝の甥にあたる一条高能《いちじょうたかよし》との縁組みを考えたが、大姫は承諾しなかった。建久六年二月、頼朝・政子の上洛に同行し、後鳥羽天皇の後宮に入る話が持ち上がったが成立せず、九条兼実失脚の一因となった。同八年七月十四日没した。その一生について、当時の鎌倉の人々は貞女の操行であるとしてほめたたえたいう。

3——源頼家（一一八二～一二〇四）

源頼朝と北条政子の間に、寿永元年（一一八二）八月十二日生まれた。長男である。乳母夫には、源家一門の重鎮平賀義信が就任した。文治四年（一一八八）七月十日、七歳で着甲始。建久元年（一一九〇）四月七日、九歳の時、秀郷《ひでさと》流《りゅう》故実に通じた下河辺行平《しもこうべゆきひら》が弓馬の師に付けられた。同四年五月十六日、十二歳の時、富士の巻狩において弓馬の芸を披露した。源頼朝が源家一門の棟梁にふさわしい英才教育を施した成果である。一方で、頼家の側近を乳母の縁者で固めたことは、頼家と北条氏との軋轢に発展していった。

源頼家を支持したのは、父頼朝が側近として付けた源家一門の平賀義信や加賀美遠光《かがみとおみつ》、比企尼とその養子の能員、比企氏と姻戚関係にある河越重頼《かわごえしげより》のほか、頼朝の側近であった梶原景時がいる。彼等は源頼朝の周囲にいた人々であるが、頼家の生母北条政子の縁者がほとんど見られない。北条時政を頼家の側からはずしたことによって、源頼家と北条家の対立の構図をつくる要因となったのである。

建久六年六月三日、源頼朝の上洛に供奉して参内し、後鳥羽天皇に謁している。同八年十二月十五日、従五位上右近衛少将に叙任されている。

正治元年（一一九九）正月二十日、左近衛中将に転任するが、この直前の同年正月十三日父頼朝が没した。同二十六日、頼朝の遺跡を継承する旨の宣旨を賜った。しかし、同年四月十二日には早くも、頼家の聴断を停止して宿老ら十三人が合議のうえ補佐するよう定められた。これが影響したのか、同年七月二十日、頼家は安達《あだち》景盛《かげもり》の妾を御前に召そうとして母北条政子と衝突する。

正治元年十月二十七日、政子の妹阿波《あわの》局《つぼね》の密告によって梶原景時弾劾事件が起き、翌年正月二十日、上洛途中の景時は駿河国で討たれた。頼家は、同二年正月五日従四位上に昇進、同十月二十六日、従三位に叙し、左衛門督に補任され、公卿に列した。建仁二年（一二〇二）正月二十三日、正三位に叙され、同七月二十三日には、従二位に叙されるなど、順調に昇進している。

建仁元年（一二〇一）七月六日から始まった御所での「百日御鞠」から、頼家は蹴鞠にのめり込んでいった。これを契機に、京都の後鳥羽上皇に、北面に伺候する者の中から蹴鞠に達者な者（鞠足）の下向を依頼し、同九月七日には鞠足紀《きの》行景《ゆきかげ》が鎌倉に到着している。行景下向後の同九月十一日に御所で蹴鞠会が行われ、以降同三年七月十八日に至るまで、蹴鞠の会が数多く催されたことは、『吾妻鏡』に記されている。ただし、建仁三年七月二十日以降、頼家は体調を崩し、同十八日を最後に蹴鞠会は行われなかった。

源頼家は狩猟や蹴鞠などを通じて独自に近習を組織した。そこには、比企《ひき》宗員《むねかず》・比企時員《ときかず》・小笠《おがさ》原《わら》長経《ながつね》・北条《ほうじょう》時連《ときつら》（のちの時房《ときふさ》）・和田《わだ》朝盛《ともり》・中野《なかの》能成《よしなり》・細野《ほその》兵衛尉《ひょうえのじょう》・壱岐《いき》判官《ほうがん》知康《ともやす》・紀行景・源《げん》性《しょう》・義印《ぎいん》といった、源家一門や比企氏・北条氏といった広義の親族集団に、蹴鞠に長じた一能の人々を加えた構成である。

同三年五月十九日、弟実朝の乳母夫阿野《あの》全成《ぜんじょう》が謀反の嫌疑が発覚し捕らえられ、後に配所で殺された。同七月、頼家は大江広元《おおえのひろもと》邸で倒れ、同二十日から重体となった。この隙を好機と見た北条時政は、同九月二日比企能員を謀殺し、北条政子の命によって比企氏一族は討伐された（比企氏の乱）。同九月五日、頼家は回復したが、同七日には北条政子の命によって出家させられ、その後伊豆国修《しゅ》善寺《ぜんじ》に幽閉された。元久元年（一二〇四）七月十八日同所で殺害された。時に二十三歳であった。

4――乙姫（一一八五～一一九九）

源頼朝と北条政子の間に、文治元年（一一八五）に生まれた。次女であるので乙姫と称された。字は三幡である。建久八年（一一九七）七月、姉大姫が死去すると、父頼朝は、乙姫を入内させようと画策するが、その矢先の正治元年（一一九九）正月に頼朝は急死した。乙姫も、同年三月より病気に罹り、六月三十日に死去した。享年十四である。亀谷堂《かめがやつどう》の傍らに葬られた。乳母夫であった中原親能《なかはらちかよし》は、急遽京都から鎌倉に戻り、出家している。

5——源実朝（一一九二〜一二一九）

源頼朝と北条政子の間に、建久三年（一一九二）八月九日に生まれた。幼名は千幡。頼朝の弟阿野全成と北条時政の娘阿波局に養育された。

建仁三年（一二〇三）五月に阿野全成が失脚すると、実朝の養育には北条時政・牧方《まきのかた》夫妻があたることになった。同九月二日、時政によって比企能員が誘殺され、同氏が滅亡すると、実朝は、同九月七日に従五位下征夷大将軍に叙任された。この時、後鳥羽上皇に名を賜り、実朝と名乗っている。十二歳であった。

実朝は、祖父時政の名越亭《なごえてい》に迎えられ、時政が実朝の養親として政権を掌握した。実朝の将軍在職期間（一二〇三〜一九）の前半は、時政専権の時代であったといえよう。同年十月二十四日右兵衛佐に補任された。

元久元年（一二〇四）正月五日、従五位上に叙される。同十二日、源仲章《みなもとのなかあき》が侍読に補任されて、読書始が行われた。同三月六日、右近衛少将に補任。同七月二十六日、北条時政と大江広元を御前に召し、政務の聴断を始めた。同八月四日、足利義兼《あしかがよしかね》の女の嫁娶の沙汰が行われるが、実朝の意向によって沙汰やみとなっている。同年十二月十日、実朝の正室として大納言坊門信清《ぼうもんのぶきよ》の娘が鎌倉に到着している。同二年正月五日、正五位下に昇進。同正月二十九日、右近衛権中将に転任し、加賀介を兼任した。

同閏七月十九日、畠山重忠《はたけやましげただ》の乱を経て時政の後妻牧方の陰謀が発覚し、実朝は母政子の命により、時政の名越亭から叔父義時亭に移された。この事件の結果、時政は出家して伊豆国に下り、義時が執権に就任している。

建永元年（一二〇六）二月二十二日、従四位下、承元元年（一二〇七）正月五日、従四位上、同二年十二月九日、正四位下と順調に昇進し、同三年四月十日従三位に叙され、公卿となった。時に十八歳である。摂関家の子弟と同様の昇進である。

同年五月十二日、和田義盛の願いを入れて上総介《かずさのすけ》に推挙しようとしたが、母北条政子の反対によってあきらめた。同七月五日、和歌二十首を住吉社に奉納、また和歌三十首の添削を藤原定家《ふじわらのさだいえ》に依頼している。

建暦元年（一二一一）正月五日、正三位、翌同二年十二月十日、従二位、建保元年（一二一三）二月二十七日、正二位と位階が昇進し、同四年六月二十日には在鎌倉のまま権中納言に補任された。同九月二十日、大江広元が源実朝任大将の願いを諫奏している。同十一月二十四日、中国の医王山《いおうさん》参詣のため渡宋の沙汰が行われた。

同六年から官職の急速な昇進が始まり、同正月十三日権大納言、同年三月六日には左近衛大将を兼任した。同十月九日、内大臣、同十二月二日には、右大臣に補任された。

承久元年（一二一九）正月二十七日、右大臣拝賀のため参拝した鶴岡八幡宮において、従兄弟の公暁（兄頼家の子）に暗殺された。享年二十八であった。

源実朝は、藤原定家の添削をうけながら和歌を学び、家集「金槐和歌集《きんかいわかしゅう》」を残した。京都から下向した正室坊門信清の娘との仲は良かったが子供には恵まれず、建保六年の北条政子上洛の時には後鳥羽上皇の皇子の鎌倉下向の交渉が行われている。

◉第二章 北条氏一族

1――謎が多い北条氏の出自

鎌倉幕府草創の頃、北条時政《ほうじょうときまさ》は江ノ島に参籠して子孫繁昌を祈願した。満願成就の日に弁財天が出現し、時政の「前世の善根」により、北条氏を七代に至るまで「日本の主」となすと約束すると、龍神に姿を変えて海中に姿を消した。時政は龍神が落としていった三枚の鱗を家紋（三鱗《みつうろこ》紋《もん》）とし、北条氏は九代高時《たかとき》に至って弁財天の利益を失い滅亡した。『太平記《たいへいき》』（巻五）にみえるエピソードである。北条氏は源家将軍の断絶後、事実上の幕府の最高権力者となったが、貴種である摂家将軍や皇族将軍を京都から迎え、自らが将軍の座に就くことはなかった。北条氏とは、いったいどのような一族であったのか。

『吾妻鏡《あずまかがみ》』は「上総介平直方朝臣《たいらのなおかたあそん》五代の孫、北条四郎時政主は当国の豪傑なり」と記すが、時政以前の北条氏の歴史ははっきりしない。諸系図も異同が多いが、桓武平氏貞盛《さだもり》流の直方《なおかた》の子孫という点は共通している（図版1）。時政が六十歳過ぎまで無位無官であったのに対し、時政の甥（または従兄弟）とみられる時定《ときさだ》は四十代で兵衛尉《ひょうえのじょう》・左衛門尉《さえもんのじょう》に任官しており（『吾妻鏡』時定卒去の略伝）、本来は時兼―時定系が嫡流であったとみられる。直方の子孫を称することについて、時政と源頼《みなもとのより》朝《とも》の関係を、直方が源頼義《よりよし》を婿となして鎌倉の館を譲り、義家《よしいえ》が誕生した故事になぞらえたものだとする見解もある。

北条氏の本拠である伊豆国田方郡《いずのくにたがた》（静岡県伊豆の国市）には南条《なんじょう》・北条《ほうじょう》・中条《ちゅうじょう》など古代の条里制に由来する地名があり、このうち北条が北条氏の名字《みょうじ》の地である。鎌倉時代に時政以前に分派した一族の活動がみられないことからも、三浦《みうら》氏や千葉《ちば》氏・小山《おやま》氏のような豪族的武士団に比べるとずっと小さな勢力であったようだ。ただ、北条の地は伊豆の国府のある三島に近く、北条氏が在庁官人であったことは間違いないだろう。また、狩野川《かのがわ》水系を利用して広域の流通を支配し、中央の情勢に通暁していた可能性も指摘される。時政の後妻牧《まき》の方《かた》は京都の貴族社会所縁の女性であり、北条氏を単なる伊豆の小武士団と決めつけることもできない。「史跡北条氏邸跡」（国史跡）からは、中国製の高級陶磁器や京都系の大量のかわらけ（清浄さを重んじた、使い捨ての素焼きの皿）が出土している。その東隣には、時政が奥州合戦の戦勝を祈願して創建した願成就院《がんじょうじゅいん》（境内は国史跡）があり、発掘調査で浄土様式の伽藍《がらん》がかつて存在したことが明らかになった。文治二年（一一八六）運慶作の阿弥陀如来坐像・不動明王立像など国宝仏五体も伝えられ、時政の富裕さがうかがえる。嘉禎二

【図版1　北条時政関係系図】

北条氏系図一覧表

北条氏諸系図	初代	2代	3代	4代	5代	6代	7代	備考
「尊卑分脈」	直方	聖範	（時直）	**時家**	時方	時政		時直に「或本無シ」、時家に「聖範子云々」と注記。
「桓武平氏系図」（続群六上）	直方	維方	時方	時政				維方の兄弟に聖家。時方に「伊豆守」の注記。
「北条系図（1）」（続群六上）	直方	維方	（聖範）	時方	**時家**	時政		時方の兄弟に聖範を載せ、時方に「実聖範男」「祖父為子」と注記。時家の兄弟時兼（北条介）の子に時定（時政とは従兄弟）。
「北条系図（2）」（続群六上）	直方	維方	（聖範）	時方	**時家**	時政		時方に「祖父為子」と注記。
「系図纂要」	直方	維方	**時方**	時家	時政			維方の兄弟に聖範。時政の兄弟時兼の子に時定（時政の甥）。
野津本「北条系図、大友系図」	直方	雲範	時直	**時家**	時方	時政		直方と雲範の間に余白あり。
前田育徳会所蔵「平氏系図」	直方	**時方**	時家	時政				時方の兄弟に聖範。
入来院家所蔵「平氏系図」	直方	維方	時方	時家	時兼	**時政**		維方の兄弟に聖範。時家と時政を結ぶ罫線あり。時兼に「北条四郎父」の注記。
妙本寺本「平家系図（1）」	直方	維方	盛方	時家	時兼	**時政**		維方の兄弟に聖筑。
妙本寺本「平家系図（2）」	直方	時家	時方	時政				
「指宿文書平姓指宿氏系図（1）」	直方	維方	**時方**	時兼	時家	時政		維方の兄弟に聖家。
「指宿文書平姓指宿氏系図（2）」	直方	維方	時方	**時兼**	時家	時政		
正宗寺本「北条系図」	直方	維方	盛方	**時家**	時方	時政		
野辺本「北条氏系図」	直方	維方	盛方	聖範	**時家**	時兼	時政	
「桓武平氏諸流系図」	直方	（維方）	聖範	**時家**	時兼	時政		聖範に「或直方子」と注記。

※聖範の注記に「阿多美禅師」とあり、熱海の走湯山（現、伊豆山神社）と北条氏の関係がうかがえる。
※**太字**は、注記に初めて「北条」を冠する人物。

「尊卑分脈」

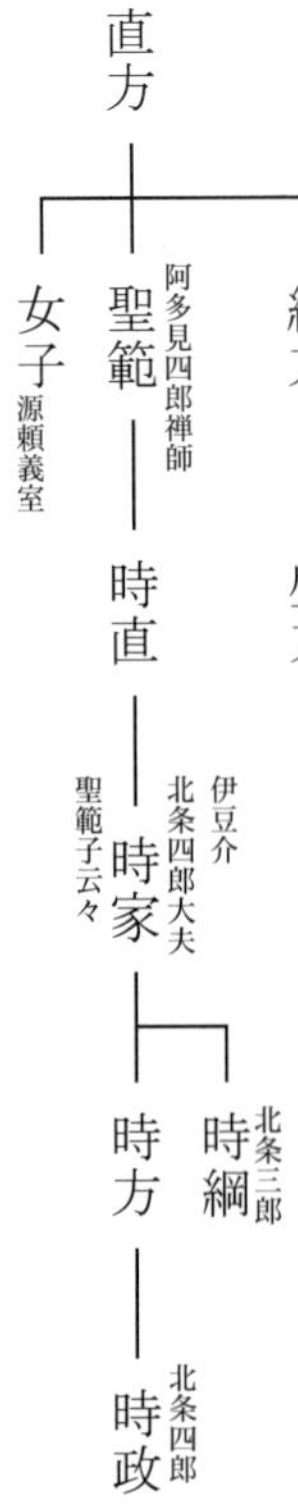

「北条系図(1)」「北条系図(2)」(「続群書類従」六・上)

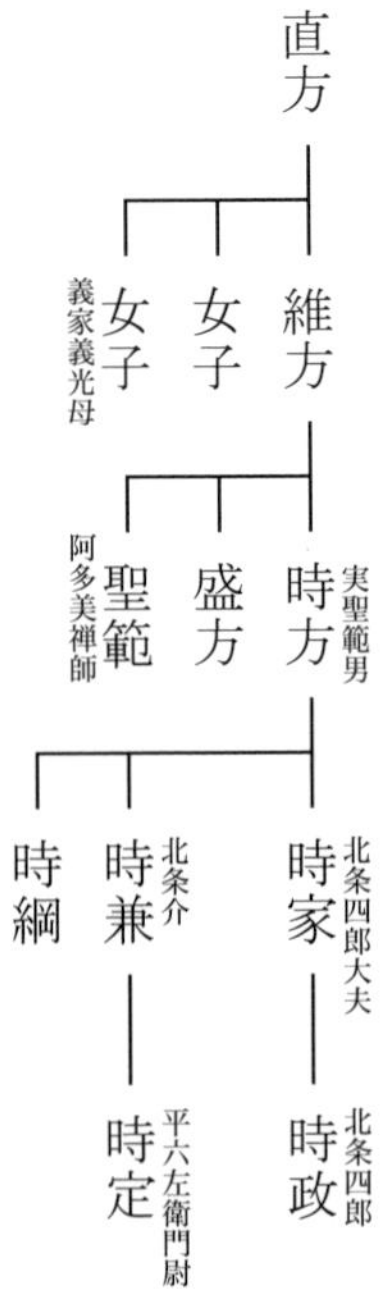

入来院家所蔵「平氏系図」

年（一二三六）、北条泰時《やすとき》は願成就院で父義時の十三年忌を営んだ。これを最後に北条氏邸はその役割を終えたようだ。鎌倉時代の北条氏は嫡流の得宗家を中心に、義時の子に始まる朝時《ともとき》（名越《なごえ》）流や重時《しげとき》（極楽寺《ごくらくじ》）流、政村《まさむら》流、実泰《さねやす》（金沢《かねざわ》）流、義時の弟の時房《ときふさ》（大仏《おさらぎ》）流など多数の庶子家を分出して栄えた。全国に展開した所領は、特に日本列島の南西部と東北地方に集中し、列島を縦断するように海上交通の要衝を押さえていた。冒頭のエピソードも、そのような北条氏の特性を物語るものといえよう。

2——義時の父時政と弟時房

〈北条時政・保延四年～建保三年（一一三八～一二一五）〉

父は北条時家《ときいえ》（時方・時兼とも）、母は伊豆掾《いずのじょう》伴為房《とものためふさ》の娘。その前半生は不明な点が多いが、『北条九代記』の「九代」にみられるように、後世には北条氏の祖と認識された。源頼朝が伊豆に流されると監視役を務めたが、娘の政子《まさこ》が頼朝と結婚したことで一族の命運が大きく転換していくことになろうとは、その時の時政には思いもよらなかったであろう。

治承四年（一一八〇）八月に頼朝が挙兵した時、「真実の密事」を知るのは時政だけであったという。続く石橋山《いしばしやま》の合戦で大敗を喫し、時政は次男義時とともに逃れ、嫡男宗時《むねとき》は別行動をとることで一族の生き残りをはかった。宗時は伊東祐親《すけちか》の軍勢に討たれてしまうが、時政と義時は無事に逃れ、頼朝の使者として甲斐に赴いた。そして、甲斐・信濃の源氏の軍勢とともに南下し、再起した頼朝と富士川で参会した。その後の時政は鎌倉にあり、目立った活動は見られない。ただ、寿永元年（一一八二）十一月、頼朝の女性問題から時政も巻き込む大騒動が起こった。時政の後妻牧の方に頼朝の愛妾亀《かめ》の前《まえ》の存在を教えられた政子は激怒し、牧の方の父牧宗親《まきむねちか》に命じて亀の前が住む屋敷を破却させた。これに頼朝が怒り、宗親の髻《もとどり》を切るという恥辱を与えた。今度は時政が舅への仕打ちに憤り、伊豆に退去してしまった。時政の示威行動だが、義時は行動を共にせず頼朝を安堵させている。

　文治元年（一一八五）十一月、時政は頼朝の代官として千騎の軍勢を率いて入洛《じゅらく》し、源義経《よしつね》追捕《ついぶ》を名目に段別五升の兵粮米の徴収など、いわゆる文治の守護・地頭の設置を後白河法皇に認めさせた。九条兼実《くじょうかねざね》が日記『玉葉《ぎょくよう》』に「近国等、件《くだん》の武士（時政）の進止《しんし》たる可き」と記したように、時政は相当な権限を掌握したが、翌年三月には北条時定らを残して鎌倉に下向した。頼朝の時政への警戒心が働いた結果であろうか。建久四年（一一九三）五月の富士の巻狩では、駿河守護の時政が狩場の設営にあたった。曾我《そが》兄弟の仇討が起きたのはこの時である。工藤祐経《くどうすけつね》を討ち取った兄弟は、激しい雷雨と闇の中で多くの御家人を殺傷し、兄の祐成《すけなり》は討たれたが、弟の時致《ときむね》は頼朝の宿所に迫り、捕らえられて梟首《きゅうしゅ》された。時致の烏帽子親《えぼしおや》が時政であったことから、時政が事件の黒幕であったとする見方もある。頼朝のもとで時政が幕政に関わる機会は意外と少なく、それが不満であったというのである。

正治元年（一一九九）正月、頼朝が没した。新将軍源頼家《よりいえ》は親裁を停止され、十三人の宿老による合議制が採用されると、時政は義時とともに名を連ねた。頼家は時政の外孫だが、比企氏との関係が深かった。頼朝が乳母《めのと》比企尼《ひきのあま》との縁から比企能員《よしかず》夫妻に頼家の養育を託し、頼家は能員の娘若《わか》狭局《さのつぼね》を妻として長男一幡《いちまん》を儲けていたからである。親裁停止に不満を募らせた頼家はますます比企ファミリーを恃み、時政や母政子との関係は悪化した。

将軍の「一ノ郎等」（『愚管抄』）であった梶原景時の滅亡は、頼家の政権基盤に打撃を与えた。時政は景時弾劾の連判状に署名していないが、上洛を企てた景時一行が駿河（守護は時政）で地元の武士たちに討ち取られたことなどからみて、事件への関与は疑いない。翌二年元旦、時政は初めて垸飯《おうばん》役（主君を饗応する年頭行事。この役を勤める順序は幕府内の序列を示した）を務め、四月には従五位下遠江守に叙任《じょにん》された。源氏一門以外で初の国守就任で、政子の意志によるものであろう。時政の政治的地位は大きく向上した。

建仁三年（一二〇三）八月、重態に陥った頼家の家督について、一幡が日本国惣守護職と関東二十八ヵ国地頭職を、頼家の弟千幡《せんまん》（後の源実朝《さねとも》）が関西三十八ヵ国地頭職を相続することとなった。回復してこれを知った頼家は激怒し、能員と時政追討を謀議していたところ、政子が障子越しにこれを聞いて時政に通報した。時政は仏事に事寄せて能員を自邸に招き寄せて謀殺し、比企一族を攻め滅ぼした。『吾妻鏡』のこの記述はでき過ぎたストーリーであり、政子の支持を得た時政のクーデタとみるべきである。頼家は伊豆の修禅寺《しゅぜんじ》に幽閉され、翌年死去した（『愚管抄』は暗殺されたと記す）。時政は大江広元《おおえのひろもと》と並んで政所別当となり、新将軍実朝の意を奉じた単署の下知状《げちじょう》で御家人所領を安堵した。事実上の執権就任である。十月には、武蔵国《むさしのくに》の御家人は時政の指揮に従うべき旨の実朝の命令が、侍所によって沙汰された。

　時政が武蔵国を支配する上で畠山重忠《はたけやましげただ》（時政と前妻の娘婿）の存在が邪魔になった。元久二年（一二〇五）六月、時政は牧の方の讒言を容れ、謀叛の疑いで重忠を討滅しようとした。義時は父の軽挙を諌めたが聞き入れられず、やむなく武蔵二俣川《ふたまたがわ》で鎌倉を目指す重忠勢を迎え撃った。わずか一三四騎の重忠一行に謀叛の心はなかったという義時の抗議に、時政は返答できなかったという。後妻牧の方やその縁者との関係を重視する時政に、義時と政子は警戒心を強めた。牧の方唯一の男子政範《まさのり》は前年に十六歳で夭折したが、従五位下に叙されたのは二十六歳年長の兄義時と同時期であり、生きていれば義時と家督を争う存在となったはずである。重忠滅亡直後、時政と牧の方が実朝を暗殺して娘婿の平賀《ひらが》朝雅《ともまさ》を将軍に立てようとしているとの風聞が流れた。政子は時政の名越《なごえ》邸にいた実朝を奪い返して義時邸に迎え入れ、御家人らもこれに従った。孤立した時政は出家（法名は明盛）して牧の方と伊豆の北条に隠棲し、朝雅は京都で誅殺された（牧氏の変）。藤原定家《ふじわらのさだいえ》が「時政嫡男相模守義時、時政に背く。将軍実朝母子と同心し、継母の党を滅ぼすと云々」（『明月記《めいげつき》』）と記したように、時政と牧の方に対する、義時と政子連携のクーデタであった。建保三年（一二一五）正月六日、時政は煩っていた腫瘍が悪化し、七十八歳で没した。時政には多数の娘がいて、その嫁ぎ先は広範囲に及び（図版2）、時政や牧の方の人脈の広さがうかがえる。牧の方は時政の死後上洛し、安貞元年（一二二七）正月、娘婿の坊門国通《ぼうもんくにみち》邸（朝雅室の再嫁先）で時政の十三回忌の法要を行っている。

【図版2　時政女子と姻戚関係】

北条時政
- 政子（源頼朝室＝A）
- 阿波局（阿野全成（頼朝の弟）室＝A）
- 稲毛女房（稲毛重成室＝B）
- 女子（足利義兼室＝A）
- 女子（畠山重忠室＝B・のち足利義純室＝A）
- 女子（坊門忠清室＝C）
- 女子（河野通信室＝D）
- 女子（大岡時親（牧の方の兄弟）室＝D）

北条時政＝牧の方
- 女子（平賀朝雅室＝A・のち坊門国通室＝C）
- 女子（三条実宣室＝C）
- 女子（宇都宮頼綱室＝B・のち藤原師家妾＝C）

※A＝源氏一門　B＝東国武士　C＝公家　D＝その他

※Bが北条氏の本来の婚姻範囲であり、Aは政子が頼朝と結婚した結果である。Cは平頼盛の家領駿河国大岡牧を預かる牧氏出身である後妻牧の方の、京都とのネットワークによるものと考えられる。

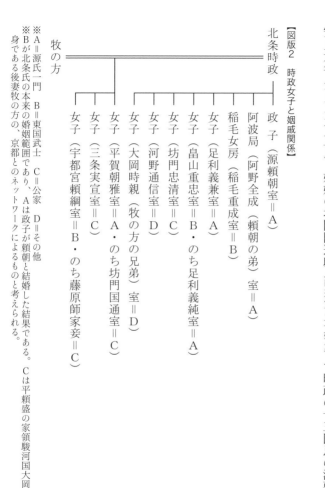

〈北条時房・安元元年～仁治元年（一一七五～一二四〇）〉

時政の三男で義時の弟。母は未詳。初名は時連《ときつら》。文治五年（一一八九）に十五歳で元服し、この年の奥州合戦が初陣《ういじん》であった。二代将軍頼家の蹴鞠《けまり》に祗候《しこう》するなど側近として活動しているが、頼家や比企氏の動向を探る目的があったようだ。元久二年（一二〇五）の畠山重忠の乱では、義時とともに父を諫めたが容れられず、和田義盛《わだよしもり》とともに一方の大将軍として戦った。同年八月叙爵し、父の失脚により遠江守を継承し、さらに駿河守・武蔵守となった。父時政や兄義時（相模守）に次ぐ国守就任である。承元二年（一二〇八）と建保六年（一二一八）、尼御台《あまみだい》政子の熊野山参詣と上洛の供をし、二度目の上洛では政子離洛後も留まり、仙洞《せんとう》の鞠庭に祗候して後鳥羽上皇の叡感に与った。承元四年、政所別当に加えられ、建保元年（一二一三）の和田合戦で勲功賞として上総国《かずさのくに》飯富荘《おふのしょう》を拝領した。承久元年（一二一九）三月、後鳥羽上皇の地頭職改補要求の拒否回答と皇族将軍奏請のため千騎を率いて上洛し、皇族将軍は実現しなかったが、九条道家《みちいえ》の子三寅《みとら》（後の摂家将軍藤原頼経《よりつね》）を伴い鎌倉に下向した。

承久の乱では甥の泰時と東海道軍を率いた。ところが、慈光寺本《じこうじぼん》『承久記』には義時追討の院宣発給対象の一人に「相模守時房」の名が見える。上皇は在京機会の多かった時房に、義時からの離反を期待したのであろうか。上洛した時房は泰時とともに進駐軍司令官として戦後処理にあたり、六波羅探題（南方）となった。鎌倉からの文書は主として時房宛であり、時房が「執権探題」として政務を主導した。嘉禄元年（一二二五）、執権泰時のもとで初代連署となった。仁治元年（一二四〇）正月二十四日、六十六歳で卒去。法名は称念、大仏殿《おさらぎどの》と称された。長年コンビを組んだ泰時の信頼は厚く、泰時が後任の連署を任じることはなかった。一方で、両者は「最強のライバル」であったという評価もある。執権就任後も泰時は時房を上位に据え、元日の垸飯《おうばん》も主に時房が勤めた。義時の死後、時房が事実上幕府ナンバー1の座にあったことを示している。時房には時盛《ときもり》（佐《さ》介《すけ》流）・時村《ときむら》・資時《すけとき》・朝直《ともなお》（大仏《おさらぎ》流）ら多数の子女がおり、朝直の子孫から執権と連署が出ている。

3——北条義時の子どもたち

〈北条泰時・寿永二年～仁治三年（一一八三～一二四二）〉

義時の長男で母は未詳。通称は江間《えま》太郎・相模太郎。第三代執権として合議制導入や御成敗式目制定、撫民政策などに努め、その治世は室町幕府の「建武式目」において、父義時とともに武家政治の理想と評価された。建久五年（一一九四）二月、十二歳で元服。頼朝が烏帽子《えぼし》親《おや》を勤め、三浦義澄《よしずみ》の孫娘（義村の娘）との婚約も取り持った。建仁元年（一二〇一）九月、二代将軍頼家が政務を忘れ、蹴鞠《けまり》に熱中する様子を見かねた泰時は近習を介して諫言し、不興を買って伊豆の北条で謹慎した。その間、飢饉に苦しむ領民に対し、借用証文を焼き捨て、酒食を下賜するなどの徳政を行った。建保元年（一二一三）、三代将軍実朝のもとで芸能に堪能な者で編制された学問所番の一番筆頭に選ばれた。泰時は和歌にも優れ、勅撰集に二十首余りが入集していて、『新勅撰和歌集《しんちょくせんわかしゅう》』は「父義時死後の明月の夜」の題で、これも歌人として有名な御家人宇都宮頼綱との贈答歌を載せる。

（泰時）山の端《は》に隠れし人は見えもせで　入りにし月はめぐり来にけり

（頼綱）隠れにし人の形見は月を見よ　心の外にすめる影かは

建保元年五月の和田合戦では、弟朝時《ともとき》や叔父時房とともに戦った。『吾妻鏡』は祝勝の宴で、泰時が「和田方が攻めてきた時、甲冑を着て馬に乗ったが、二日酔いで朦朧としていたので、今後は断酒しようと誓った。ところが、合戦で喉が渇いて水を求めたら葛西《かさい》六郎が酒を持参したので思わず飲んでしまった。人間の性とはそのようなものだが、深酒はやめようと思う」と告白したという、泰時らしからぬエピソードを伝えている。

承久の乱では父義時の命で嫡男時氏《ときうじ》ら十八騎を率いて直ちに出撃した。幕府軍は東海道・東山道・北陸道の三手に分かれて京都を目指し、瞬く間に十九万騎という大軍に膨れ上がった。叔父時房と東海道を進んだ泰時は、上皇方が木曽川に敷いた防衛ラインを突破し、勢多《せた》合戦・宇治合戦にも勝利して入京した。そして、後鳥羽ら三上皇の配流など戦後処理にあたり、初代の六波羅探題北方（南方は時房）に任じられた。『吾妻鏡』は二人が義時の「爪牙耳目《そうがじぼく》」となって「治国の要計を廻らし、武家の安全を求め」たと記す。

元仁元年（一二二四）六月十三日、父義時が急死した。十六日に知らせを受けた泰時は翌日早暁に京都を発したが、伊豆で後続の時房らの到着を待ち、二十七日に鎌倉入りした。翌日、尼御台政子の許を訪れた泰時と時房は、政子から「軍営の御後見として武家事を執り行うべき」ことを要請された。この世代交替に際して、いわゆる伊賀氏の変が起きた。泰時は家政の整備と一族の融和に努め、家令職を新設して尾藤景綱《びとうかげつな》を任じ、遺領配分では弟らを優遇した。翌嘉禄元年、宿老大江広元と尼御台政子が世を去った。泰時は時房を連署に迎え、有力御家人や法曹官僚を評定衆に任命して合議制による幕政の安定を図った。寛喜の飢饉では撫民に努め、貞永元年（一二三二）八月に最初の武家法となる「御成敗式目《ごせいばいしきもく》」五十一ヵ条を制定した。『吾妻鏡』はこれを「関東の鴻宝《こうほう》（大きな宝）」と讃える。

しかし、私生活では不幸が続いた。最初の妻である三浦義村《よしむら》の娘（矢部禅尼《やべぜんに》）とは離別し、武蔵国の御家人安保実員《あぼさねかず》の娘を後妻に迎えたが、次男時実《ときざね》（母は安保氏）は十六歳で家人に殺害され、嫡男時氏（母は矢部禅尼）も二十八歳で病死した。泰時は時氏の遺児経時・時頼兄弟の成長に期待した。仁治元年（一二四〇）、時房も亡くなり、泰時の単独執権制となった。四条天皇夭折による皇位継承問題では、九条道家《みちいえ》ら朝廷が推す順徳《じゅんとく》上皇の皇子忠成王《ただなりおう》の即位を拒絶し、土御門《つちみかど》上皇の皇子邦仁王《くにひとおう》（後嵯峨《ごさが》天皇）の即位を実現した。しかし、心労のためか翌仁治三年四月に病を得て出家し（法名観阿）、六月十五日に六十歳で没した。泰時の娘は矢部禅尼を母とする足利義氏《あしかがよしうじ》室と母未詳の藤原実《ふじわらのさね》春《はる》室、三浦泰村《みうらやすむら》室、大仏《おさらぎ》流の北条朝直《ともなお》室らが知られる。『吾妻鏡』の泰時像は、泰時を理想化する意図もみえるが、『百錬抄《ひゃくれんしょう》』や『保暦間記《ほうりゃくかんき》』などの歴史書も泰時への賛辞を惜しまない。無住の説話集『沙石集《しゃせきしゅう》』も「まことの賢人」であり、人が道理を言えば涙を流して感心し、民の歎きを我がことと考える「万人の父母」であったと泰時を賛美している（「訴訟人の恩を蒙る事」）。

〈北条朝時《ともとき》・建久五年〜寛元三年（一一九四〜一二四五）〉

義時の次男で、母は正室の比企朝宗《ともむね》の娘。祖父時政の名越《なごえ》邸を継承して名越流の祖となった。十九歳の時、御所の女房に艶書《えんしょ》を送って誘い出すというスキャンダルを起こして実朝の勘気を蒙り、父からも義絶されて駿河国《するがのくに》に蟄居《ちっきょ》した。翌年、和田合戦の直前に呼び戻され、和田義盛の三男で猛将の朝比奈義秀《あさひなよしひで》と激闘を演じ、負傷したものの勇猛さを賞賛されて汚名を返上した。承久の乱では、北陸道大将軍の一人として上洛した。義時が死去すると、兄泰時が在京中であったため、弟の重時や政村らと葬儀を執り行っている。

嘉禎二年（一二三六）、評定衆に加えられたが直後に辞任した。正室の長子であることのプライドからか、泰時より格下の評定衆では不満だったようである。朝時は次第に泰時と距離を置き、将軍藤原頼経《ふじわらのよりつね》との関係を深めていった。仁治三年（一二四二）五月、病気で出家した泰時にならって出家（法名は生西）した時は、世間を驚かせたという。泰時は六月に死去し、朝時も寛元三年（一二四五）四月六日、五十二歳で病死した。朝時の子孫は得宗家の対抗勢力となり、翌四年の宮騒動で時頼に敗北し、文永九年（一二七二）の二月騒動で時宗によって粛清された。

〈北条重時・建久九年〜弘長元年（一一九八〜一二六一）〉

義時の三男。六波羅探題や連署を歴任し、同母兄の朝時とは異なり、得宗家を支える一門の重鎮として活躍した。鎌倉の極楽寺に山荘を営み、子孫は極楽寺流と称された。

承久元年（一二一九）七月、御所の宿直や将軍出御《しゅつぎょ》の際の供奉人の催促などを行う小侍所《こさむらいどころ》の初代別当に任じられた。寛喜二年（一二三〇）三月、六波羅探題北方（執権探題）となる。御成敗式目制定の際、泰時が重時に書状を送り、朝廷側から非難があった場合の対応を指示したことは有名である。四条天皇夭折による皇位継承問題では泰時の意向を受け、前内大臣土御門定通《つちみかどさだみち》（妻が重時の同母姉妹）と協力して、後嵯峨天皇即位を実現させた。宝治合戦（一二四七年）後に呼び戻され、時房死後欠員となっていた連署に就任した。在京は十七年に及び、後嵯峨上皇は法勝寺《ほっしょうじ》の御八講御幸《ごこう》を取り止めて別れを惜しんだ。

重時の連署就任は、二十一歳の執権時頼が大叔父の政治手腕に期待しての起用であった。幕府の評定所や小侍所は重時邸に置かれていて、この時期に幕政を主導したのが重時であったことを物語る。時頼《ときより》は重時の娘（葛西殿《かさいどの》）を正室に迎え、嫡男時宗《ときむね》が誕生した。重時は時頼とともに引付衆を新設して訴訟制度を整え、後嵯峨上皇の皇子宗尊《むねたか》親王を皇族将軍に迎えた。康元元年（一二五六）三月、五十九歳になった重時は連署の職を異母弟政村に託して出家した（法名は観覚または親覚）。時頼も病気のため出家し、重時の嫡男長時《ながとき》が新執権に就任した。『吾妻鏡』は「家督（時宗）幼稚の程眼代《がんだい》也」と記す。弘長元年（一二六一）十一月三日、極楽寺山荘において六十四歳で死去した。

重時の評価は同時代にも高く、幕府から弾圧された日蓮も「極楽寺殿はいみしかりし（立派な）人」と評した。また、重時は「六波羅殿御家訓」と「極楽寺殿御消息《ごしょうそく》」という、現存最古の武家家訓を残した（「御消息」は確証を欠く）。高位の武家としての振舞いを説く前者は、重時の壮年期に後任の六波羅探題となった長時に、信仰面の教訓が多い後者は、出家した晩年に六波羅探題として上京する時茂《ときもち》に対して与えたものと考えられている。そのうち、「御消息」第五十四・五十五条は惣領と庶子双方の心構えを説き、嫡男長時を中心に次男以下が結束することを願うとともに、得宗家を支えるべき極楽寺流の立場を訓戒したものである。重時の妻は苅田義季《かりたよしすえ》の娘（荏柄尼《えがらのあま》西妙）と桓武平氏高棟《たかむね》流の平基親《もとちか》の娘（将軍家の女房治部卿局《じぶきょうのつぼね》）が知られ、子は基親の娘を母とする嫡男長時（赤橋《あかばし》家）と時茂（常葉《ときわ》家）のほか、義季の娘を母とする為時（長男だが疱瘡の後遺症のため廃嫡）や妾腹の業時《なりとき》（普恩寺《ふおんじ》家）・義政《よしまさ》（塩田《しおだ》家）らがいる。極楽寺流は重時の遺訓通りに得宗家を支え続け、赤橋家と普恩寺家からは執権が出ている。

〈北条政村・元久二年～文永十年（一二〇五～一二七三）〉

義時の四男（実際は五男）で、義時の後妻伊賀の方の長子。建保元年（一二一三）十二月、九歳で父に次ぐ実力者の三浦義村を烏帽子親《えぼしおや》に元服し、相模四郎政村《まさむら》と号した。かなり早い元服は、五歳年長の庶兄有時より早く元服させ、嫡系の仮名《けみょう》である「四郎」を名乗らせるためであったようで、「相州（義時）鍾愛《しょうあい》の若公」（『吾妻鏡』）であった。元仁元年（一二二四）六月、父義時が急死すると、伊賀の方は兄伊賀光宗《いがみつむね》と謀って娘婿の一条実雅《いちじょうさねまさ》を将軍に、政村を執権に擁立しようと企てたが失敗した（伊賀氏の変）。政村は兄泰時の厚情により連座を免れ、この時の経験はその後の政村の重厚な性格や慎重な行動につながっていった。

延応元年（一二三九）、評定衆に就任し、翌年からは評定衆筆頭となった。泰時は二人の息子を失っていて、後継者は孫の経時《つねとき》と時頼であった。弟のうち朝時《ともとき》は泰時と疎遠であり、泰時は重時と政村の二人を恃みとした。政村は兄の期待に応えて経時政権や時頼政権を支え、北条光時（朝時の嫡子）と前将軍藤原頼経による時頼排斥の陰謀（宮騒動）や宝治合戦で時頼の勝利に貢献した。引付衆が新設されると一番頭人《とうにん》を兼任し、康元元年（一二五六）には兄重時の後任として連署に就任した。弘長元年（一二六一）に重時が、同三年に得宗時頼が、文永元年（一二六四）に執権長時（重時の嫡男）が相次いで病死した。時頼の嫡子時宗はまだ若年であったため、一門の長老政村が執権となり、時宗は連署に就任した。政村は皇族将軍宗尊《むねたか》親王廃位と京都送還、惟康《これやす》親王の将軍擁立などの処理にあたった。

文永五年（一二六八）閏正月、蒙古の国書が到来すると、政村は十八歳になった時宗に執権職を譲って再び連署に就任した。執権経験者の連署再任は他に例がない。同九年、反得宗勢力とみなされた時宗の庶兄時輔《ときすけ》（六波羅探題南方）が京都で、名越《なごえ》流の時章《ときあき》・教時《のりとき》兄弟（朝時の子ら）が鎌倉で粛清された二月騒動においても、政村は老練な手腕を発揮した。同十年五月、病が重くなって出家し（法名は覚崇。または定崇）、二十七日に六十九歳で没した。公家の吉田経長《つねなが》は日記『吉続記《きつぞくき》』に「関東の遺老也、惜しむ可し、惜しむ可し」と記し、朝廷は議定《ぎじょう》を延期して弔問の使者を派遣した。

政村は和歌に優れ、勅撰集に計四十首が入集している。政村の本妻は将軍藤原頼経に仕えていた女房で中将と呼ばれ、新妻は三浦重澄《しげずみ》（または三浦胤義《たねよし》）の娘で出家して大津尼と号した。政村の子女は多く、嫡男時村（母は大津尼）は連署を務め、子孫も執権・連署を務めるなど重用された。子女らの姻戚関係は得宗家や極楽寺流・金沢《かねざわ》流など一門から、安達氏や長井氏・二階堂氏など幕政の有力者に及び、政村の政治力の基盤となった。

〈北条実泰・承元二年～弘長三年（一二〇八～一二六三）〉

義時の五男（実際は六男）で、母は伊賀の方。武蔵国六浦荘《むつらのしょう》（横浜市金沢区《かなざわく》）を領し、子孫は金沢《かねざわ》氏と称された。寛喜二年（一二三〇）、兄重時の後任として小侍所《こさむらいどころ》別当に就任したが、文暦《ぶんりゃく》元年（一二三四）に「狂気自害」を図り、小侍所別当を十一歳の嫡子実時に譲って出家した。弘長三年（一二六三）九月、五十六歳で卒去。実時は金沢文庫《かねざわぶんこ》を開いたことで知られる。

〈北条有時・正治二年～文永七年（一二〇〇～一二七〇）〉

母は伊佐朝政《いさともまさ》の娘。政村や実泰より年長だが、母が側室であったため「陸奥六郎」と二人の下位に置かれた。承久の乱では兄泰時に従って出陣し、仁治二年（一二四一）に評定衆に加えられた。しかし、間もなく所労と称して出仕しなくなり、文永七年（一二七〇）三月に七十一歳で死去した。陸奥国伊具荘《むつのくにいぐのしょう》を領し、子孫は伊具氏と称された。

〈その他の義時の男子と女子〉

男子二人と女子数人が確認される（生没年はいずれも未詳）。七男は時尚《ときひさ》で、母は伊賀の方。尚村ともいった。その他、時経（小四郎）が一部の系図にのみ見える。

女子は次の通り。①中原季時《すえとき》（親能《ちかよし》の子）室。②藤原（西園寺）実有《さねあり》室。③一条実雅《さねまさ》室。母は伊賀の方。伊賀氏の変後、唐橋通時《からはしみちとき》に再嫁。④通称は竹殿。京都守護の大江親広《ちかひろ》（広元の子）に嫁したが、承久の乱で上皇方となった親広が逐電し、源（土御門《つちみかど》）定通に再嫁した。以上は『吾妻鏡』に見える女子で、他に系図にのみ見える女子が数人いる。

4――北条義時の妻たち（図版3）

長男泰時の母は『鎌倉年代記《かまくらねんだいき》』などによれば御所の女房阿波局《あわのつぼね》というが、北条政子の妹（阿野全成《あのぜんじょう》室）の通称も阿波局なので疑問である。

〈比企朝宗《ひきともむね》の娘・生年未詳～承元元年（?～一二〇七）〉

「姫の前《ひめのまえ》」と呼ばれた源頼朝お気に入りの女房で、「容顔はなはだ美麗」であった。義時は一年以上も恋文を送り続けたが相手にされず、見かねた頼朝が義時に離別しない旨の起請文《きしょうもん》を書かせた上で取り持った。建久三年（一一九二）九月に婚儀が行われ、朝時《ともとき》と重時を生んだが、比企氏の乱（一二〇三年）の直後に離別された。上洛して源具親《ともちか》に再嫁して輔通《すけみち》を生んだ。その死後も朝時・重時兄弟と具親父子との親交は続き、具親の次男輔時《すけとき》が朝時の猶子《ゆうし》となっていて、輔時も彼女の子と思われる。

〈伊賀朝光《ともみつ》の娘（伊賀の方）・生没年未詳〉

義時の後妻。父朝光は秀郷《ひでさと》流藤原氏（佐藤氏）で、蔵人所《くろうどどころ》の下級官人から頼朝に仕え、伊賀守に

【図版3　北条義時とその妻子】

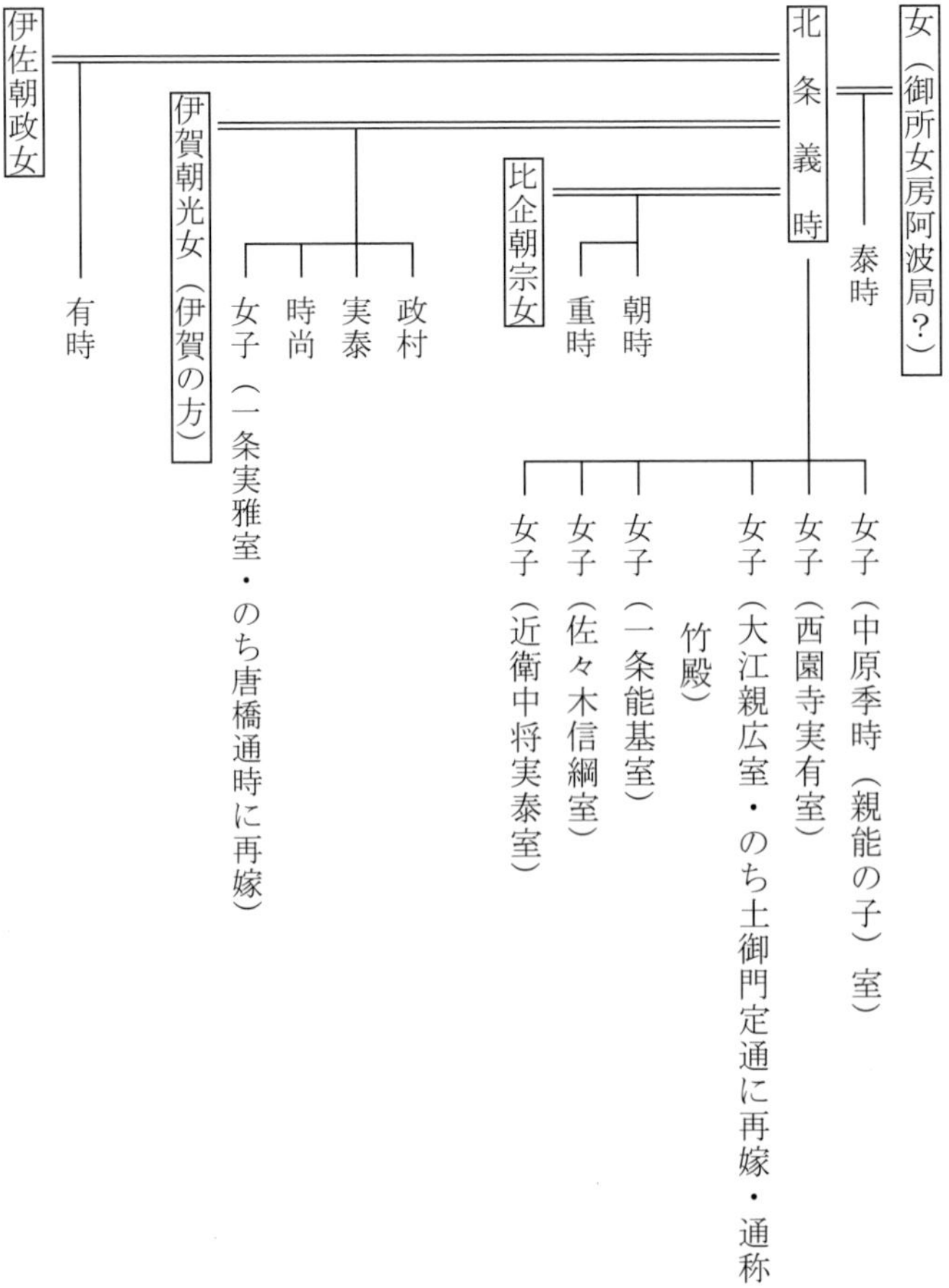

任じられて伊賀氏を称した。元仁元年(一二二四)、夫義時が急死すると、政所執事の兄光宗らと謀って三浦義村を抱き込み、女婿の一条実雅を将軍に、わが子政村を執権に立てようと画策した。しかし、尼御台政子によりこの企ては阻止された(伊賀氏の変)。伊賀の方は伊豆の北条に幽閉され、光宗は信濃に、公卿《くぎょう》である実雅は京都送還の上で越前に配流された。同年十二月、伊賀の方危篤の報が鎌倉にもたらされている。

義時の死因は『吾妻鏡』によれば脚気と霍乱《かくらん》だが、伊賀の方の毒殺説や被官による刺殺説(『保暦間記』)もある。藤原定家の日記『明月記』は義時死去の三年後、承久の乱の首謀者の一人尊長《そんちょう》が捕らえられ、拷問に耐えかねて「義時の妻が義時に飲ませた薬で早く殺せ」と叫んだと記す。尊長は実雅の実兄であることから、一概に虚言とも決めつけ難い。

伊賀氏の変は、北条氏の後妻勢力が排除されたという点が牧氏の変と共通する。尼将軍と称された政子もそうだが、一家における後家の存在は大きかった。急死した義時に後事を言い残す余裕はなく、長男泰時は六波羅にあったから、家長の権限を代行できるのは伊賀の方であった。政子の果断な行動で陰謀は未遂に終わったというのが通説である。しかし、『吾妻鏡』は泰時下向は弟らの討伐のためだという風説に怯え、政子による「軍営の御後見」指名を家督継承への干渉だと憤る伊賀氏側の心理を描写する。双方が疑心暗鬼になって風説が飛び交う中で、政子が「風説」を「陰謀」と判断して伊賀氏側を処断し、実家北条氏から後妻勢力を排除したという解釈も成り立つ。一方の泰時は、「陰謀」を「風説」と否定することで事態の穏便な収拾を図った。政村は事件の責任を問われず、光宗も政子が死去すると赦免されて鎌倉に帰参し、後に評定衆に加えられて復権している。

5――北条義時を支えた側近（被官）たち

〈金窪行親《かなくぼゆきちか》・生没年未詳〉

比企氏の乱で勲功をあげ、建保元年（一二一三）には源頼家の遺児千寿丸《せんじゅまる》擁立の陰謀（泉親衡《ちかひら》の乱）の究明を命じられた。一味として摘発された和田義盛の甥胤長《たねなが》を、安東忠家と捕縛したまま和田一族の面前に引き出し、ともに胤長の屋敷地を分与された。義盛に対する義時の露骨な挑発である。和田合戦後、義時が侍所別当に就任すると、所司《しょし》（次官）に任じられた。これにより、御家人の統制が義時の被官によって行われるようになった。承久元年（一二一九）、駿河国で挙兵した阿野《あの》全成《ぜんじょう》（頼朝の弟）の遺児時元《ときもと》を誅殺した。

〈安東忠家・生没年未詳〉

和田合戦後、義時の命で行親とともに死者や生虜《せいりょ》者の交名《きょうみょう》を作成した。将軍実朝を殺害した公暁の首実検では指燭《しそく》を取った。その後、忠家は義時の命に背いて駿河国で蟄居《ちっきょ》していたが、承久の乱が起こると北条泰時の陣に赴いた。命を棄てる覚悟だと述べて強引に従軍し、増水した宇治川を芝田兼義に続いて敵前渡河し、勲功を挙げた。

北条義時の姉妹と娘たち

この項では北条時政《ほうじょうときまさ》の娘たち（義時《よしとき》の姉妹）と北条義時の娘たちについて、その嫁ぎ先や動向について説明する。管見の限り、義時の姉妹は十二名、娘は七名の存在が知られている。生没年や生母は知られている場合のみ言及する。

義時の姉妹

又、かの時政に、女（むすめ）三人有。一人は、先腹にて、二十一なり。二・三は、當腹にて、十九・十七にぞなりにける。中にも、先腹二十一は、美人のきこへ有。

という書き出しで始まる記事が『曽我物語《そがものがたり》』にある。時政の三人娘のうち、長女は先妻の子、二人は後妻の子だという。ある日、十九歳の娘が高い山に登って月と太陽を取って袂に収め、橘の三つなった枝を髪に差すという夢を見たことを姉に話すが、姉はこれが本当は吉夢であると知っていたので、妹に悪い夢であると告げ、動揺した妹からその吉夢を買う、という話である。この姉こそが、源頼朝《みなもとのよりとも》の妻となった北条政子《まさこ》である。のちに鎌倉幕府初代将軍源頼朝の妻となり、子宝に恵まれることを示唆するようなエピソードである。実際には時政には政子のほか十一人の娘がおり、一人を除いて他家に嫁いでいる。以下順番に述べたい。

①北条政子（一一五七～一二二五）は、「野津本」によると長女である。母について真名本《まなぼん》『曽我《そが》物語《ものがたり》』では伊東祐親《いとうすけちか》の娘とされているが、他の系図には記載がなく真偽は不詳である。もし祐親の娘が母であれば、義時と同母姉弟である。源頼朝の妻となり、大姫（一一七八頃～一一九七）・頼家（一一八二～一二〇四）・三幡（一一八五頃～一一九九）・実朝（一一九二～一二一九）の四子をもうけている。大姫・頼朝を失い頼家も亡き後実朝が将軍職に就くと政治の表舞台に立つことが増し、実朝が暗殺された後将軍となった頼経を尼将軍として補佐した。

②北条時政娘（足利義兼妻）は、「野津本」によると二女で、子に義氏がいる。『吾妻鏡《あずまかがみ》』に、養和元年（一一八一）二月一日、頼朝の命により足利義兼に嫁いだとある。義兼の母は熱田《あつた》大宮司《だいぐうじ》季《すえ》範《のり》娘で、頼朝の母の妹であり、祖父義国《よしくに》は、頼朝の祖父為義《ためよし》の弟にあたり、父方・母方どちらも頼朝と親戚関係にある。この娘の婚姻以降、後述の⑥の妹をはじめ北条氏の娘が度々足利氏に嫁いでおり、そのきっかけと言えるだろう。『吾妻鏡』文治三年（一一八七）十二月十六日条には、病に倒れた妹を政子が見舞ったという記事もあり、関係の深さが見られる。この娘の名前については、栃木県足利市法玄寺にある北条時政女の墓の解説に「北条時子」と名が記されており、市の文化財も「伝北条時子姫五輪塔」と登録されているが典拠は不明である。

③阿波局《あわのつぼね》（阿野全成《あのぜんじょう》妻）（?～一二二七）は、「野津本」によると三女。夫の阿野全成は頼朝の異母弟（母は常盤御前《ときわごぜん》。義経《よしつね》の同母兄）で、自身も実朝《さねとも》の乳母であることから頼朝・政子にとって関係が

深く、子に三条《さんじょう》公佐《きんすけ》妻と時元がいる。また、彼女から政子への密告がその後の政情を動かしたことがある。『吾妻鏡』によると、一度目は、正治元年（一一九九）十月二十七日、彼女が、結城《ゆうき》朝光《ともみつ》に梶原景時《かじわらかげとき》の讒言を告げた事がきっかけで、三浦義村《みうらよしむら》はじめ御家人が景時を訴える連署状を出したことである。二度目は建仁三年（一二〇三）九月十五日に実朝に同行した時政亭にいた阿波局が、牧方《まきのかた》の害心を政子に告げたことから、実朝が再び政子のところに戻ったという出来事である。阿波局は、建仁三年五月、謀反を企てたとし捕らえられた阿野全成に連座して処罰されそうになるが、姉政子のとりなしによって許されている。『吾妻鏡』には安貞元年（一二二七）十一月十四日阿波局が死去した際、執権北条泰時が叔母（父義時の妹）であったため三十日間喪に服したことが書かれている。

④稲毛女房（稲毛《いなげ》重成《しげなり》妻）（?～一一九五）は「野津本」によると四女。「桓武平氏諸流系図」に稲毛重正《しげまさ》の母であると記載があるほか、綾小路師季《あやのこうじもろすえ》に嫁した娘がいる。『吾妻鏡』建久六年（一一九五）六月二十八日条に、頼朝の上洛に同行した帰路、妻が危篤であるという連絡を受けた夫の稲毛重成が、頼朝から駿馬を賜って急いで帰っているという記述があり、七月四日、武蔵国《むさしのくに》で亡くなっている。彼女亡き後、重成は義父・時政による畠山重忠《はたけやましげただ》誅殺に加担したことが露見したため、元久二年（一二〇五）大河戸行元《おおかわどゆきもと》に討たれたことが『吾妻鏡』に見える。

⑤北条時政娘（平賀朝雅《ひらがともまさ》妻）は、「北条系図A」及び『愚管抄《ぐかんしょう》』に母が牧方との記載がある。「野

津本」によると五女。夫の平賀朝雅は源義光《みなもとのよしみつ》の子孫で、頼朝の乳母・比企尼《ひきのあま》を祖母に持ち、母は頼家の乳母であるが、両親による朝雅将軍擁立の陰謀が露見したため朝雅は自害し、その後源国通《くにみち》の妻となった。

⑥北条時政娘（畠山重忠妻）は「野津本」によると六女。畠山重忠に嫁ぎ重保《しげやす》をもうけたが、元久二年（一二〇五）六月に重忠親子が誅されたため、姉（②）の夫である足利義兼《あしかがよしかね》の子義純《よしずみ》に嫁ぎ、泰国《やすくに》を生んだ。「北条系図ＡＢ」によると、この再嫁により泰国が畠山氏の遺跡を継ぎ、子孫は畠山と号している。

⑦北条時政娘（三条実宣《さんじょうさねのぶ》室）（？～一二一六）は、『明月記《めいげつき》』によると母は牧方である。「野津本」によると七女。三条実宣に嫁し、『吾妻鏡』建保四年（一二一六）三月三十日条に同年三月二十二日に亡くなったとある。

⑧北条時政娘（宇都宮頼綱《うつのみやよりつな》妻）は、『吾妻鏡』・「北条系図ＡＢ」に母が牧方との記載があり、⑤と⑦と同母姉妹である。「野津本」によると八女。同系図及び『尊卑分脈』によると宇都宮頼綱に嫁し、女子（藤原為家《ふじわらのためいえ》妻）と泰綱《やすつな》を生んだ。のち、藤原師家《もろいえ》の妻となる。

⑨北条時政娘（坊門忠清《ぼうもんただきよ》妻）は、「野津本」によると九女。坊門忠清に嫁いだことは『系図纂要』・「野津本」に記載があるが、それ以外の動向は知られていない。なお、源実朝の妻・西八条禅尼（坊門信清《のぶきよ》娘）は忠清の姉妹である。

⑩北条時政娘は「野津本」では十女とする。「正宗寺本《しょうしゅうじぼん》」や『尊卑分脈《そんぴぶんみゃく》』に記載の注記のない「女子」も同一人物と推定した。

⑪北条時政娘（河野通信《こうのみちのぶ》妻）は、河野通信に嫁した。通政《みちまさ》・女子・通末《みちすえ》・通久《みちひさ》の母。この女子は「河野系図」によると、「美乃局」と呼ばれ、竹御所の母とあるが真偽は不詳である。

⑫北条時政娘（大岡時親《おおおかときちか》妻）は、牧方の兄弟・大岡時親に嫁いだ。「北条系図AB」にのみ知られる。

義時の娘

❶北条義時娘（一条実雅《いちじょうさねまさ》妻）は、義時の娘で唯一母が分かっている娘で、母は伊賀朝光《いがともみつ》娘である。『吾妻鏡』（国史大系）の頭注によると義時の嫡女。以下、『吾妻鏡』によると、承久元年（一二一九）十月二十日、頼朝の妹の夫である一条能保《よしやす》の末子実雅に嫁し、翌同二年八月六日に男子を出産している。承久三年再び妊娠したため数回祓を行い、翌貞応元年（一二二二）二月十二日に女子を出産している。元仁元年（一二二四）六月十三日に父義時が亡くなるとすぐ、母が三浦義村を巻き込んで夫実雅を将軍にし、息子の政村を執権に、叔父の伊賀光宗に権力を握らせようとの画策に加担したため、実雅は同年十月十日越前国《えちぜんのくに》に配流された。そのためのちに唐橋通時《からはしみちとき》に嫁ぎ、通清をもうけている。

❷北条義時娘（一条能基《よしもと》妻）は、『系図纂要』北条氏系図にのみ見られる。『吾妻鏡』承久三年

十一月二十三日条に記載のある女子がこの人物に相当するのではないかとの指摘がある。

❸北条義時娘（宇野《うの》則景《のりかげ》妻）は、家範《いえのり》の母。赤松系図と有馬系図にのみ名が記される。

❹北条義時娘（大江《おおえの》親広《ちかひろ》妻）は、『尊卑分脈』に竹殿と号したとの記載がある。鎌倉幕府初代別当であり、頼朝の側近であった大江広元の子・親広に嫁し、その没後源定通に嫁した。

❺北条義時娘（西園寺《さいおんじ》実有《さねあり》妻）は西園寺公経《きんつね》の息子・実有の妻となった人物で、子に公持《きんもち》・公藤《きんふじ》がいる。公経は頼朝の妹の娘全子の夫であり、実有は九条頼経の伯父にあたる。

❻北条義時娘（中原《なかはらの》季時《すえとき》妻）は、中原季時の妻となった。

❼北条義時娘は、一切動向が知れないが、「野津本」にのみ存在が記される。

以上時政の娘と義時の娘について述べた。時政の娘たちの嫁ぎ先は源氏一族（源頼朝、足利義兼、阿野全成、平賀朝雅）、武蔵武士（稲毛重成、畠山重忠）、御家人（宇都宮頼綱、大岡時親、河野通信）、京都の公家（三条実宣、坊門忠清）に分類できるだろう。鎌倉幕府の御家人である北条氏の婚姻相手としては武蔵武士や同じ御家人が順当であろうが、政子が頼朝と婚姻関係を結んだことにより源氏一族である足利氏や阿野氏、平賀氏との縁ができたと言える。また、牧方の娘のうち一人は京都の公家と、一人は源氏一族であり京都守護として京都に邸宅を構えた人物と婚姻関係を結んでおり、京都との関係を重んじた牧方の意思を感じる。

また、義時の娘と一条実雅との婚姻も、伯母政子の頼朝との婚姻によって可能になったのである。時政の娘の婚姻先は三つのグループに分類できると述べたが、義時の娘たちの夫は御家人である宇野則景以外は全員公家であり、実朝亡き後源氏の嫡流が絶え、京都から九条頼経を将軍として迎え入れることになる幕府の路線を表すような婚姻関係が見て取れる。

北条一族の官位

一　北条時政の出自と立場

日本の中世社会は、朝廷がつくりあげた官位制の秩序を、社会秩序として使っていた。位階は社会的地位の指標であり、官職補任のためには満たさなければならない必須の条件であった。また、従三位以上の位階にあるもの及び参議以上の官職にあるものを「貴」、四位・五位を「通貴」、正六位上以下を「卑」、官位のないものを「凡下」とし、身分を区別した。「侍」という言葉は、正六位上の位階にあって貴人の側に仕える者を指すので、武士を意味してはいない。

朝廷の官位は、太政官・神祇官といった朝廷の組織だけではなく、院宮や公家の家政機関の役職、僧官僧位とよばれる僧侶の官位とも相関性を持っている。鎌倉幕府もまた、朝廷や公家・寺院と交渉を行う以上は、朝廷が定める官位制の秩序に適合する組織をつくる必要があった。鎌倉幕府は、朝廷に守護・地頭の役職や御家人の社会的地位を認めさせたが、それは、新しい組織と身分を中世国家に組み込むもので、新しい秩序をつくるものではなかった。平安時代の官位制度は、身分や社会的地位を示すものとして継続している。これが、前提である。

静岡県伊豆の国市の御所の内遺跡から、平安時代後期の北条氏の館で使われた遺物が出土している。井戸の底から出土したこと、狩野川《かのがわ》に隣接していることなど、木製品が多く残りやすい遺跡である。生活用品や儀式で使う消耗品が出土しているので、頼朝挙兵以前の北条氏は中規模の地方豪族であったと推測できる。『吾妻鏡《あずまかがみ》』治承四年四月二十七日条は、初出の北条時政《ほうじょうときまさ》を「当国豪傑也」と説明する。豪傑は個人の武勇を強調する人物表現で、多くの郎党を率いる騎馬武者には「一騎当千」が使われることが多い。『吾妻鏡』にみえる北条時政の表現は、北条氏に実力以下の印象を与える。頼朝と関わる前のことを書きたくないという意図を読み取っていいのかもしれない。

北条時政の父は伊豆国在庁北条介時家《ときいえ》、母は伊豆掾伴為房《いずのじょうとものためふさ》の娘である。北条介を継承する北条氏の嫡流は、時家・時兼・時定と継承される。時政は、時家の庶子である。時政は、伊東祐親《いとうすけちか》と共に流人源頼朝《みなもとのよりとも》を預かって監視しているのであるから、伊豆国衙と関係していないとは考えがたい。在庁官人や国侍と考えないと、間尺があわない。ところで、『吾妻鏡』は北条家が伊豆国有力在庁北条介であることを記していない。光厳天皇《こうごんてんのう》を当今と記す「鎌倉年代記」は、時政を北条介時家の子と明記する。『吾妻鏡』の文脈から考えると、北条時政は伊豆国《いずのくに》で武勇に優れた小豪族に過ぎない。しかし、御所の内遺跡や他の史料は中規模の豪族であることを伝える。本稿は、国衙とつながりをもつ伊豆国の中規模豪族という想定で書き進んでいく。

菊池紳一氏は「北条氏系図考証」（『吾妻鏡人名総覧』吉川弘文館　平成十年）で『尊卑分脈《そんぴぶんみゃく》』に代表

される鎌倉時代後期以後の北条系図は、時政以前の事績が見いだせないと結論づけている。北条系図は、千葉氏の関係説話を収録した『平家物語《へいけものがたり》』の異本『源平闘諍録《げんぺいとうじょうろく》』巻第一「桓武天皇《かんむてんのう》より平氏の一胤の事」が伝える家伝と「北酒出本北条系図」がある。こちらは、北条氏は伊勢平氏の庶流で、伊豆国在庁北条介に婿入りしたという家伝を伝える。『吾妻鏡』は、北条氏が平氏の庶流であるという事を語らないためには、北条介を語らないと推測できる。その代わりにもってきたのが、『吾妻鏡』に記された平忠常《たいらのただつね》追討のために鎌倉を拠点に定めた平直方《なおかた》の子孫であるとする家伝である。直方は源義家《みなもとのよしいえ》を婿として鎌倉の館を譲っているので、鎌倉時代中期以後に系図を書き換えた可能性は極めて高い。

二　北条時政の官位・役職と待遇

北条時政は源頼朝長子頼家《よりいえ》の外祖父、北条政子は頼家の母として、鎌倉幕府で高い待遇を受けていた。『吾妻鏡』は北条政子の通称を「御台所《みだいどころ》」で通しているが、政子が二代将軍頼家・三代将軍実朝《さねとも》の母として後室（後家）の地位を手に入れた結果を過去まで反映させたもので、信用はできない。北条政子による頼朝夫人排除は、亀前《かめのまえ》事件（寿永元年）・貞暁《ていぎょう》上洛（文治二年）など、激しいものがある。北条政子が正室なら、相手を妾として格下に観ることができるが、政子は亀前も貞暁母も強烈に排除しようとしている。同格だから、激しい競争になると考えざるをえない。五位の位階を持つ源頼朝が、無位無官の地方豪族の娘を正室に迎えることは、当時の慣習として考えがたい。「をのこはめがら」（『栄《えい》華《が》物語《ものがたり》』）と考える京都で育った頼朝である。生涯、源頼朝は正室を迎えなかった。

北条氏は、源頼朝の家族であるが故に、鎌倉幕府の儀礼では高い席次を与えられた。しかし、鎌倉幕府の役職には就いていない。源頼朝は、石橋山《いしばしやま》合戦で討死にした工《く》藤介《どうのすけ》茂光《もちみつ》の恩義に報いるため、その子狩《か》野介《のうのすけ》宗茂《むねもち》に伊豆国衙を委せている。北条時政が無位無官であったことは、文治元年十一月に源頼朝の使者として朝廷に派遣された時、九条兼実が時政を「北条丸」と日記『玉葉《ぎょくよう》』文治元年十一月二十八日条に記していることからわかる。朝廷の官位があるなら、人物の名前は官職で表記する。朝廷は無位無官の者が多い鎌倉幕府の御家人を使う時にどう処遇するか困って、正六位上の位階に相当する「侍品」の待遇を与えた。文治元年はまだそのような取り決めがないので、北条時政は無位無官の凡下である。中納言吉《よし》田《だ》経房《つねふさ》は後《ご》白河《しらかわ》院《いん》の命令だから頼朝の舅ということで応対したが、通常なら、多分を憚る政治上の駆け引きをするための面談がゆるされる身分差の範囲ではない。伊豆国衙に関係しているが、北条時政は朝廷が任命した正式の官位を持っていないのである。

北条時政が初めて官位を授かるのは、二代将軍源頼家の外祖父となった正治二年四月一日である（『吾妻鏡』）。この日、北条時政は従五位下の位階を授かり、遠江守《とおとうみのかみ》に補任された。国司補任は、源氏の一門に準ずる待遇である。源頼朝の時代は、北条氏は頼朝の後継者となる長子頼家の実家として鎌倉幕府の儀式で高い席次は与えるが、政治権力を持つことになる官職・役職は与えなかった。

三　北条義時の官位・役職と待遇

北条義時は、通称を江間殿《えまどの》という。江間は、北条氏の館がある伊豆国田方郡北条の狩野川を挟んだ対岸である。北条から江間の一帯が、頼朝挙兵以前の北条氏の本領とみてよい。江間は北条より土地が低く、狩野川が決壊すれば洪水は江間に流れ込む。一番安全な土地は本家が占めるので、江間を与えられた義時は分家を成立させたと考えてよい。

北条時政の嫡子は治承四年の石橋山合戦で討死にした三郎宗時《むねとき》と考えられるが、平氏家人伊東氏を母とする先妻の子供達を嫡子にはできない。時政が嫡子と考えていたのは、源頼朝が恩人と考える池禅尼《いけのぜんに》藤原宗子《ふじわらのむねこ》の姪牧《まき》の方《かた》を母とする政範《まさのり》であろう。

北条時政が建仁三年の比企氏の乱で政権を掌握した翌年、元久元年四月一日に北条義時は従五位下に叙され、相模守《さがみのかみ》に補任された（『吾妻鏡』）。まだ十六歳の北条政範は、同年十一月五日に従五位下左馬権助で亡くなる（『吾妻鏡』）。同じ位階で、役職の序列によって義時が上席に座るだけで、昇進の早さは比較にならない。時政は、池大納言家の縁者牧の方を母とする政範を嫡子と考え、昇進させていた。

元久元年に政範が早世し、翌元久二年に牧氏事件で北条時政が失脚したことで、分家であった北条義時は北条家の家長となる。この段階になると、義時の母が平氏家人伊東氏の娘であることを問題視する人はいないであろう。

義時は、北条時政が北条家の家長として率いる集団から、早くに離脱し、源頼朝の寝所番など頼朝側近としての動きを示している。元暦元年の平氏追討の際、北条時政は源《みなもとのよしつね》義経率いる四国遠征軍に入るが、北条義時は大宰府まで進攻した源範頼の山陽道遠征軍に加わっていた（『平家物語』）。源頼朝は北条氏が時政の家と義時の家に分かれたと認識しているので、別の軍勢につけている。

建仁三年に成立した北条時政政権のもとでは、北条家は時政・牧の方夫妻と先妻の子政子・義時が対立しており、それぞれが独立した家として国司を出していると理解するのがよいだろう。鎌倉幕府の中では、一族の惣領家三浦氏と鎌倉幕府の重職について権力を持つ和田氏の関係、平氏政権のもとでは平清盛《たいらのきよもり》・宗盛《むねもり》を中心とした惣領家と八条院《はちじょういん》の重臣として距離を取る池大納言家の関係が類似の例であろう。北条氏とて、一枚岩ではない。頼朝との間に微妙な亀裂のある時政の惣領家と頼朝の側近として活動した江間四郎義時が、別の家になってもおかしくはない。

元久二年七月、北条時政が牧氏事件で失脚すると、北条時房が地下《じげ》の顕官式部丞《けんがんしきぶのじょう》に補任された。式部丞は、任期を勤めると式部巡で国司を申請する権利を給わることができる。時房は、翌承元四年正月に武蔵守に補任された（『関東評定衆伝』）。式部丞を勤めた功労式部巡で国司を申請することは理運の昇進で幕府に申請する必要がなく、武蔵守は将軍家の知行国なので鎌倉幕府が推薦権を持つことから、将軍源実朝の判断で国司推挙が可能である（『吾妻鏡』）。北条時政の娘婿として牧氏事件で討たれた京都守護平賀朝雅《ひらがともまさ》の後任の補任である（『吾妻鏡』）。

国司は、国務を執って国衙領の年貢を朝廷に納入し、朝廷が賦課してくる臨時課税を納入していれば、管理の仕方は知行国主や受領国司に任される。信頼できる人物を目代に補任して派遣しても、現地を管理する在庁官人に指示をだすだけでも問題はない。

国司は、太政官の官職のように朝廷の儀式で役を割り振られたり、年中行事の運営に人を出したりと京都を離れられない官職ではない。鎌倉に居ながら勤められる官職なので、北条氏には都合がよかった。また、国司は従五位下から正四位上の位階まで勤めることができる。官位相当により、位階が上がれば転任しなければならない在京を求められる官職とは違うので、重任で何年でも勤められる。北条氏は、将軍御所の殿上人として四位まで昇進するので、転任の心配がない国司は勤めやすい官職であった。

◉第三章 その他の人々

ここでは北条氏《ほうじょう》を支えた大江広元《おおえのひろもと》・三浦義村《みうらよしむら》・安達景盛《あだちかげもり》、北条氏に滅ぼされた梶原景時《かじわらかげとき》・比企《ひき》能員《よしかず》・畠山重忠《はたけやましげただ》・和田義盛《わだよしもり》を取り上げる。彼らと義時《よしとき》をはじめとする北条氏との関係を中心にみていくことにしたい。なお、『吾妻鏡《あずまかがみ》』を多く引用するので、特に断りがなければ『吾妻鏡』の引用と考えていただきたい。

1――大江広元

広元とはどのような人物なのだろうか。広元はもともと朝廷に仕える下級官人《かきゅうかんじん》であったが、一族の中原親能《なかはらちかよし》の影響もあり鎌倉に下向し、頼朝《よりとも》に仕えるようになった。そして事務官人として幕府を支えた人物である。

広元と北条氏との関わりを具体的にみていこう。二代将軍頼家《よりいえ》による個人決済を抑えるために、幕府の有力御家人《ごけにん》・事務官人からなる「十三人の合議制」が成立し、その一人に広元が選ばれた（正治《しょうじ》元年（一一九九）四月十二日条）。「十三人の合議制」には義時も参加していたので、広元と義時は幕府の最高幹部として幕府を支えていくことになった。

建仁《けんにん》三年（一二〇三）の比企能員の乱では、広元は時政《ときまさ》から能員追討に関する相談を受けた際に消極的な態度をとった。その理由として、多くの御家人が連帯した行動ではなかったこと、優劣が即座に判断できなかったこととの指摘がある（岡田　二〇一九）つまり、広元は全面的に北条氏を支持していたのではなく、冷静な判断をしていたのである。

しかし、建保《けんぽう》元年（一二一三）の和田合戦では和田義盛の軍勢《ぐんぜい》は義時の屋敷と同時に広元の屋敷を襲撃している。このときが広元の生涯にとって最も危機的な状況であったという指摘（上杉　二〇〇五）がある。これは北条氏に敵対する者にとって、広元は北条氏との結びつきが強固であり、少なくとも北条氏の味方として見られていたということだろう。義盛による広元襲撃の背景には義盛が望んだ上総介《かずさのすけ》任官《にんかん》に広元が反対したという個人的な恨みの要因もあったという（上杉　二〇〇五）。

また、広元が義時の使者として三代将軍実朝《さねとも》の官位昇進を諫める場面がある（建保四年（一二一六）九月二十日条）。ここから実朝に対して広元と義時が協調していることが窺える。

建保五年（一二一七）、広元は病気となり、その後出家をしているので、病状は重かったものと推測できる（同年十一月八・九・十日条）。そして広元は陸奥守《むつのかみ》を辞任し、義時が陸奥守を兼任したことがわかる（同月十七日条）。ここから、広元の権限を義時が引き継いだことが確認できる。広元と義時との関係を考えるうえで最も注目すべきは承久《じょうきゅう》三年（一二二一）、後鳥羽上皇《ごとばじょうこう》の義時追討《ついとう》の院宣《いんぜん》に端を発する朝廷と幕府との戦いとなった承久の乱である。この乱における広元の役割として最も重要であるのは積極的に京へ攻め上るべきだとする積極論を展開したことである（同年五月十九・二十一日条）。朝廷に敵対することに躊躇していた義時を勇気づける広元の姿が見える。

また、乱の最中に興味深い出来事があった。義時の館に落雷があり、義時はこれを不運の前兆ではないかと広元に相談した。これに対して広元は頼朝《よりとも》の奥州征討《おうしゅうせいとう》でのエピソードを挙げ、落雷を吉兆として義時を励ました（同年六月八日条）。義時の不安を除こうとする広元の配慮が垣間見える。承久の乱という鎌倉幕府にとって未曾有の事態に対処した義時を精神的に支えた人物が広元であった。

このように、広元と義時とは協調して幕府を支えていた様子が確認できるが、なぜ両者の協調関係は継続したのだろうか。その理由として広元が武士ではなく事務官人としての立場を維持し続けたからではないだろうか。すなわち、頼朝を支えた有力御家人たちは北条氏と対立し、最終的にその多くが滅ぼされることになった。しかし、事務官人である広元は事務能力に優れていただけではなく、京との人脈もあり、朝廷の内情にも詳しかったので北条氏にとっても一目置く存在であったのだろう。承久の乱のときに広元は七十三歳、義時は五十八歳であった。「義時にとって広元は有能な文官官僚であるのみならず、精神的な支えともなるかえがえのない宿老であった」という指摘（上杉　二〇〇五）があり、まさにその通りであろう。義時の父時政が元久二年（一二〇五）に失脚して以降、広元が義時の「父親代わりの存在」として支えていたのだろう。

2――三浦義村

義村とはどのような人物なのだろうか。相模国《さがみのこく》三浦（神奈川県三浦市）を本拠とする武士で、有力御家人の一人であった。母方の縁で義時とのつながりがあるという。また、義時の「義」の字に注目し、義時は三浦氏嫡流が烏帽子親ではないかとする指摘がある（細川　二〇一一）。この点からも義時と三浦氏との結びつきの強さがわかる。それでは次に義村と北条氏との関係をみていくことにしよう。

建仁《けんにん》二年（一二〇二）、義時の子泰時《やすとき》が義村の娘と婚姻している（同年八月二十三日条）。この婚姻に義時と義村の同意があったことは明らかであり、義村には北条氏と縁戚関係を結ぶ目的があった。それは義時との関係強化という側面だけではなく、三浦氏の将来における権力基盤を強化する意図もあっただろう。

義村と北条氏との関係で見逃せない出来事が四つある。一つ目は義時の父時政と後妻牧《ごさいまき》の方《かた》による謀反未遂《むほんみすい》事件の牧氏の乱（平賀朝雅《ひらがともまさ》の乱）である。元久《げんきゅう》二年（一二〇五）、牧の方が実朝を廃して平賀朝雅（源氏一族、牧の方の娘婿）を将軍に据えようとする風聞《ふうぶん》があった（同年閏七月十九日条）。このとき義村には義時の姉である北条政子《まさこ》からの命令があり、時政ではなく義時に味方した。他の御家人たちも同様の行動をとり、結果的に時政は失脚することになった。

二つ目は有力御家人和田義盛の反乱、和田合戦である。建保元年（一二一三）五月二日条に和田合戦の詳細が記されているが、ここでは省略し、この合戦における義村の行動と義時との関連を示すことにしたい。

当初義村は同族である義盛に味方することを起請文《きしょうもん》で約束していた。しかし、義村は「肉親に味方して主君と敵対すれば、天罰は免れないので味方する」と義時に伝えた。

義村が義時に味方した理由について、義時が義盛と義村との三浦氏内部の溝につけこんだという指摘（細川 二〇一二）がある。これだと、義村が対立関係にあった同族の義盛を北条氏の手を借りて滅ぼしたということになる。

三つ目は実朝の暗殺であり、承久元年（一二一九）正月二十七日条にその詳細が記されている。実朝が右大臣拝賀《うだいじんはいが》（右大臣就任を神仏に御礼を申し上げること）のために参詣した鶴岡八幡宮（神奈川県鎌倉市）で兄頼家の子公暁《こうきょう》によって暗殺された。義村は実朝暗殺にどのような関わりがあるのだろうか。

実朝を暗殺したのち、公暁は義村を頼ってきた。義村の子が公暁の門弟《もんてい》であり、義村と公暁とは以前からつながりがあった。しかし、義村は公暁に味方せず、すぐに義時に報告し、義時の命令によって公暁を討ち果たした。公暁に頼られた義村は実朝暗殺の協力者として疑念を持たれる可能性があった。この状況に義村は義時に通報して北条氏に協力することでこの危機を脱した。

四つ目は承久の乱である。承久三年（一二二一）五月十九日条には承久の乱に関する記事がある。それでは承久の乱において義村はどのように義時と関わるのだろうか。

義村の弟胤義《たねよし》は当時在京中であり、京方（後鳥羽方）となっていた。そして義村に対して京方に味方するように促す手紙を送ったが、義村はこれを義時に提出し、鎌倉にいる御家人として最も早く義時に味方した。その後は東海道から京に進撃する幕府軍として活躍した。承久の乱における義村の行動を大きく評価する指摘（野口　二〇一九）もある。

つまり、義村は弟の胤義よりも義時を選択したのである。義村が義時に味方することで鎌倉にいる御家人の合意が形成され、幕府を勝利に導いたといえるだろう。別な視点をもつと、義村が幕府方に、弟の胤義が京方につくことで三浦一族の血脈を残そうとする考えがあったのかもしれない。

このように、義村は敗者と運命をともにする可能性が何度かあったが、一貫して北条氏に味方することで生き残ることができた。そして、三浦氏は北条氏と比肩するほどの有力御家人の一つとして台頭することになり、義村はその繁栄の基礎を築くことになった。

3――安達景盛

景盛とはどのような人物なのであろうか。父盛長《もりなが》が頼朝の側近として活躍した縁で、景盛も早くから頼朝に仕え、その後は鎌倉幕府を支えた有力御家人の一人である。

景盛と北条氏との関係を考える上で、挙げるべきは正治《しょうじ》元年（一一九九）の出来事である。

景盛が使節として三河《みかわ》（愛知県東部）に下向《げこう》すると、頼家は以前から景盛の妾《めかけ》に好意を伝えるも承諾されなかったので、この妾を奪いとり、北向御所に移り住ませてしまった（同年七月十六・二十・二十六日条）。

ここまでみると、景盛の妾を主人である頼家が奪っただけのことであるが、これだけでは終わらなかった。その後、景盛が鎌倉に戻ると、妾を奪われた景盛が頼家を恨んでいると讒言《ざんげん》する者があり、頼家が景盛誅殺《ちゅうさつ》を命じる事態へと発展する（同年八月十八・十九日条）。

この事態を収拾したのが政子であった。政子が頼家を説得し、軍勢を解散させることに成功した。その一方で、広元が朝廷での過去の事例を挙げ、その後の対策を頼家に助言した（同月十九日条）。広元の意見を受けた政子が景盛に起請文の提出を勧め、頼家に提出することでこの一件は解決した（同月二十日条）。

このように、景盛には幕府内に政敵が存在した。また、景盛の危機を救ったのが政子と広元であり、両者の助けがなければ、景盛は頼家によって誅殺されていただろう。この出来事は頼家の愚行を示すエピソードとして有名であるが、景盛が政子や広元に恩義を感じることになり、安達氏と北条氏との関係をより強固なものにしたと想像できる。こののち景盛を頼家に讒言した人物が梶原景時だと判明する（同年十月二十七日条）。

建保六年（一二一八）、景盛は出羽《でわ》（権《ごん》）介《のすけ》＝秋田城介《あきたじょうのすけ》に任じられる（同年三月十六日条）。このあと安達氏が秋田城介を世襲していくことになる。

この任官が北条氏の意向であることは明らかであり、北条氏が景盛を信頼している証でもあった。

大江広元の項でも触れたが、義時は病気の広元に代わり陸奥守を兼任した。鎌倉幕府の東北支配が義時と景盛によって担われていたことになり、義時が景盛に対する絶大な信頼があったからこそ実現したのだろう。こうして景盛と義時との友好関係はこの後も維持されていくことになり、景盛をはじめ安達氏と北条氏との結びつきはその後も強固なものになっていくことになる。

4――梶原景時

景時とはどのような人物であったのだろうか。早くから頼朝を支えた有力御家人の一人であり、幕府成立後は御家人を統率する侍所《さむらいどころ》の所司《しょし》（次官）として活躍した。

頼朝死後に二代将軍頼家の独裁を抑えるために、幕府の有力御家人・事務官人からなる「十三人の合議制」が成立するが、その一人に景時が選ばれた（正治元年四月十二日条）。「十三人の合議制」には義時も参加していたので、景時と義時は幕府の最高幹部として幕府を支えていくことになった。

正治元年（一一九九）十月、有力御家人の結城朝光《ゆうきともみつ》が「忠臣は二君に仕えず」と発言した。景時はこの発言を頼家に讒言し、朝光が誅殺されようとしていることが幕府の女房である阿波局《あわのつぼね》（時政の子、政子の妹）から朝光に伝えられた。驚いた朝光は三浦泰村に相談し、和田義盛なども集め、景時に対する連名訴状を作成することが話し合われた（同月二十五・二十七日条）。

この出来事から、景時が他の御家人を排除しようとしていたことがわかる。また、安達景盛の項でも紹介した景盛妾の一件からも、頼家が景時の讒言を信頼していたことがわかる。つまり、景時は頼家寵臣の一人であった。

興味深いことに讒言の対象が景盛や朝光など北条氏以外の人物であった。『吾妻鏡』編纂の際に北条氏に対する配慮がなされた可能性は否定できないが、景時は北条氏に対して一定の気配りをしていたものと推測できる。景時は北条氏と敵対しないように注意していたのかもしれない。

しかし、北条氏以外の御家人たちは景時への怒りを爆発させる。三浦義村・畠山重忠・結城朝光・安達景盛ら六十六人の御家人が連名で景時弾劾の訴状を作成し、広元に提出した（同月二十八日条）。しかし、訴状を受け取った広元はすぐに頼家へ提出せず、義盛から叱責される様子がみえる（同年十一月十日条）。訴状を受けて景時は弁明が一切できずに一族を率いて相模国一宮《いちのみや》（神奈川県寒川町）に下向した（同年十一月十三日条）。

景時はなぜ多くの御家人から弾劾されることになったのだろうか。理由として頼家と御家人たちとの間の対立を想定する指摘（奥富　二〇〇三）や、景時が西国御家人の意見を代弁する立場をとったとする指摘（永井　二〇一七）がある。また、景時の弾劾状に北条氏が現れないことに対して、「この時期の北条氏は、御家人相互間の対立の圏外に立っていた」「最初から表面に出ず、傍観者的立場を持しつつこの有力な政敵の没落を見守った巧妙な態度は、政治家としての見通しの深さを示す」いう指摘（安田　一九六一）がある。

景時追放は、景時を頼家の寵臣とすれば頼家勢力の削減であり、西国御家人の代弁者とすれば東国御家人の西国御家人弾圧政策の一つとみることもできる。

御家人たちは景時に対して次なる行動に出た。連名の訴状を受けて審議が重ねられ、景時の鎌倉追放が決定し、家屋も破却された（同年十二月十八日条）。

翌年の正治二年（一二〇〇）、景時の謀反《むほん》と上洛《じょうらく》するとの風聞が鎌倉に伝わり、追討《ついとう》の軍勢が派遣されるが、景時一族は駿河国清見関《するがのくにきよみがせき》（静岡県静岡市）で同国の御家人らと戦いとなり、狐崎《きつねざき》（静岡県静岡市）で討ち取られた（同年正月二十日条）。鎌倉から軍勢が派遣されるのとほぼ同時に清見関で合戦が起きているので、前々から景時追討が決まっていたのだろう。景時粛清の背後に時政の存在があり、景時が駿河で討たれたのも時政が駿河守護に就任していたことに関係するという指摘（石井一九六五）があり、景時追討の黒幕は時政ということになる。

それでは景時と北条氏はどのような関係にあるのだろうか。先に挙げた景時を弾劾する六十六人の御家人の中に北条氏の名前は見えず、景時追討のために派遣された軍勢の中にも見えない。これは推測ではあるが、景時の言動はある程度北条氏が容認していたのではないだろうか。もしくは北条氏の意図通りに行動していたのかもしれない。これは北条氏が大豪族抹殺の基本方針をもち、頼朝以来の均等化政策を忠実に踏襲していたという指摘（奥富一九八〇）があるが、その実行部隊として景時が暗躍していた可能性があるだろう。

景時の死後に、法華堂《ほっけどう》で仏事が催されている（承元《じょうげん》三年（一二〇九）五月二十日条）。北条氏の政治方針を実現する実行部隊であったが切り捨てられた景時のために仏事が行われたのかもしれない。

このように、景時は北条氏のために活躍する実行部隊であったが、最終的には北条氏により切り捨てられるという非業の最期を迎えることになった。追善することが北条氏にできるせめてもの供養であったのではないだろうか。

5――比企能員

能員とはどのような人物なのだろうか。武蔵国《むさしのくに》比企郡《ひきぐん》（埼玉県東松山市ほか）を本拠とした武士で、養母の比企尼《ひきのあま》は頼朝の乳母《めのと》として流人時代から頼朝を支えたので、能員も頼朝を支えた有力御家人の一人である。それでは能員と北条氏との関連をみていくことにしたい。

頼朝死後に二代将軍頼家の独裁を抑えるために、幕府の有力御家人・事務官人からなる「十三人の合議制」が成立するが、その一人に能員が選ばれた（正治元年四月十二日条）。「十三人の合議制」には義時も参加していたので、能員と義時は幕府の最高幹部として幕府を支えていくことになった。

能員娘の若狭局《わかさのつぼね》が二代将軍頼家の妻となり一幡《いちまん》を産んだことから、能員は外戚《がいせき》として幕府内の権力を増し、北条氏との対立を生じた。建仁三年（一二〇三）、頼家が重篤となったので、関東二十八国の地頭職《じとうしき》と日本国惣守護職《そうしゅごしき》を一幡に、関西三十八国の地頭職を頼家弟の千幡《せんまん》（のちの実朝）に譲られることになった（同年八月二十七日条）。

一幡の外祖父《がいそふ》である能員にとっては権力低下となるので当然受け入れられる内容ではなかった。そして、千幡とその外戚、つまり北条氏との対立は激化していく。

その後、頼家の病状が回復していないにもかかわらず、能員と頼家が密談し、時政追討を決める場面がある（同年九月一・二日条）。このあたりの状況は『吾妻鏡』の脚色の可能性があるだろう。

同月二日条には比企能員の乱に関する詳細が描かれている。まず政子が二人の密談を知り、時政に伝える。次に時政は広元に相談するが、広元は意見を保留する。時政は能員を屋敷に呼び出して殺害することを決意し、広元を屋敷に呼び出し、その内容を伝えたのだろう。広元の退出後、能員は一族が反対するなか仏像供養という名目で時政邸に招かれ殺害される。能員殺害を知った比企一族が一幡のいる小御所に立て籠もる。謀反として政子の命令で軍勢が小御所に向かう。その後、小御所に火が上がり、比企一族や一幡が滅亡した。

能員は時政追討を命じられ、また一族の制止があったにも関わらず時政邸に赴くとは考えにくいので、ある程度の脚色があるのだろう。結果として能員のあっけない最期に対して、比企一族は抵抗を試みたが、最終的に一幡・若狭局ともに滅ぼされた。

これは北条氏による比企一族の抹殺であり、また、一幡の排除でもあった。

この乱に義時はどのように関わるのだろうか。義時は小御所攻撃の軍勢の中に名前を見出すことができる。義時は比企一族の討滅に参加していた。天台座主慈円《てんだいざすじえん》が著した『愚管抄《ぐかんしょう》』の巻六「鎌倉の政争―比企・梶原誅殺」では一幡を殺害したのは義時の命令となっている。義時は比企一族を滅亡させるだけではなく、千幡のライバルとなる一幡を排除することにも成功した。

この乱の意義について、「率先してこれを攻撃し、正面から自己の敵対するものに対する断固たる態度を示」すという義時の積極性や「自己の立場を有利にするだけの機敏さを持っていた」という指摘（安田　一九六一）、比企氏の族滅直後に北条氏所領が急速に増加しているという指摘（奥富　一九八三）、比企氏の事件が頼朝の死直後であったことから、早くから北条氏が比企氏への対策を講じていたという指摘（岡田　二〇一九）がある。

このように能員と北条氏との対立は頼朝の死により顕在化し、頼家の重篤が比企一族の滅亡を招く結果となった。そして、北条氏は有力御家人の比企氏だけではなく千幡のライバルとなりえる一幡までも滅ぼすことに成功し、その勢力をより拡大させていくことになった。

6――畠山重忠

重忠とはどのような人物であったのだろうか。武蔵国男衾郡畠山《おぶすまぐんはたけやま》（埼玉県深谷市）を本拠とする武士で、幕府を支えた有力御家人の一人である。

重忠と北条氏との関係で重要な出来事は元久《げんきゅう》二年（一二〇五）畠山重忠の乱である。しかし、この発端は前年の元久元年から始まる。実朝の御台所《みだいどころ》（坊門信清《ぼうもんのぶきよ》の娘）を迎えるための使者の一人に重忠の子重保《しげやす》が選ばれた（同年十月十四日条）。十一月四日の酒宴の席で京都守護《きょうとしゅご》の平賀朝雅（牧の方の娘婿）と重保が口論となった（同年十一月二十日条）。そして、時政の後妻牧の方が重保の悪口《あっこう》を時政に讒訴《ざんそ》し、時政は義時と時房《ときふさ》（義時の弟）を招いて重忠父子の誅殺を謀議した。義時と時房はこれに反対したが、牧の方の説得により義時は賛成に転じた（元久二年六月二十一日条）。

この出来事から、重忠父子の誅殺は牧の方が主導していたことがわかる。時政は牧の方の意見を容れたが、義時は当初反対の意思をもっていた。

重保が相模国由比ヶ浜《ゆいがはま》（神奈川県鎌倉市）で三浦義村によって誅殺され、重忠も本拠から鎌倉に向かう途中の武蔵国二俣川《ふたまたがわ》（神奈川県横浜市）で追討軍と遭遇し、激戦の末に討死した（翌二十二日条）。重忠追討の大手大将軍となったのが義時であった。重忠追討に反対していたけれども、父母を抑えられないと考え、追討軍の大将軍となったのだろう。特に義時と重忠の乱で興味深いのは翌二十三日条の記事である。

ここには鎌倉に戻った義時が時政を追及する場面がある。義時にとって重忠追討は不本意であり、怒りが爆発したのだろう。また、多勢の幕府軍が少数の重忠軍との戦いに簡単に勝負がつかなかったことから幕府軍の戦意が低かったとする指摘（清水　二〇一八）もある。義時以外の幕府軍も重忠追討に疑問を感じていたのだろう。

追いつめられた時政は重忠追討の責任を重忠一族の稲毛重成《いなげしげなり》に転嫁し、誅殺した。おそらく時政に協力した重成を切り捨て逃げ切ろうとしたのだろうが、時政の幕府内における求心力低下は避けられなかった。

なぜ重忠と時政は対立したのだろうか。どちらも時政の娘婿である重忠と平賀朝雅との対立を武蔵国惣検校《そうけんぎょう》職《しき》と武蔵守《むさしのかみ》との対立とみる指摘（奥富　一九八三）、北条氏が武蔵国を掌握するうえで畠山氏が邪魔だったからという指摘（菊池　二〇一〇）、重忠一族を滅ぼしたことで、北条氏が「武蔵国諸家の輩」に対する支配を強化しようとしたという指摘（岡田　二〇一九）がある。つまり、武蔵国内の支配をめぐる対立という原因である。

一方で、「義時は牧御方に踊らされる時政に対しても、ますます警戒的となっていった」という指摘（安田　一九六一）、重忠と朝雅との対立は時政の先妻派と後妻派との対立という指摘（奥富　二〇〇三）、義時が「時政を否定する要件の一つが重忠の謀殺」であったという指摘（岡田　二〇一九）がある。つまり、北条氏内部の対立という原因である。

重忠討死の七日後、義時は鶴岡八幡宮の供僧《くそう》らに大般若経《だいはんにゃきょう》の転読を命じている（同月二十九日条）。これは重忠追善に対する供養であったのではないだろうか。

このように重忠の乱により義時は不本意ながらも重忠一族を滅ぼすことになるが、時政の権力が低下することにより、結果的に義時の権力が拡大する転機となった。

7——和田義盛

義盛とはどのような人物であったのだろうか。相模国三浦郡和田《みうらぐんわだ》（神奈川県三浦市）を本拠とした武士であり、幕府を支えた有力御家人の一人である。名字の地は三浦の和田ではなく六浦《むつら》の和田ではないかという指摘（石井　一九八六）もある。治承《じしょう》四年（一一八〇）、義盛は御家人を統率する侍所《さむらいどころ》の別当《べっとう》（長官）に任命された（同年十一月十七日条）。頼朝が石橋山《いしばしやま》の戦い（神奈川県小田原市）で敗北し、安房《あわ》（千葉県）に逃れた際に、義盛がこの職を望んだからだという。少なくとも頼朝の信頼が厚かったことは間違いないだろう。

次に義盛と北条氏との関係をみていく。頼朝死後に二代将軍頼家の独裁を抑えるために、幕府の有力御家人・事務官人からなる「十三人の合議制」が成立するが、その一人に義盛が選ばれた（正治元年四月十二日条）。この「十三人の合議制」には義時も参加していたので、義盛と義時は最高幹部として幕府を支えていくことになった。

建仁三年（一二〇三）、重篤な状態から回復した頼家は比企能員の乱により比企一族と子の一幡が滅亡したことを知った。そして、時政謀殺を義盛と仁田忠常《にったただつね》に命じるが、義盛はこの命令を時政に通報した（同年九月五日条）。この記事で興味深いことは頼家が時政殺害を命じた一人に義盛を選んだことである。おそらく頼家は義盛が時政に味方することを想定していなかったのだろう。この段階において義盛にとって北条氏の権力は頼家の命令を凌駕していた。

しかし、幕府が所在する相模において強大な勢力をもつ義盛は北条氏にとって大きな障壁であった。そこで北条氏は義盛を挑発する行動に出た。

建保元年（一二一三）、千葉成胤《ちばなりたね》が安念《あんねん》という人物を捕まえたことに始まる泉親衡《いずみちかひら》による謀反計画＝泉親衡の乱が発覚する（同年二月十五日条）。翌十六日条をみると、その全容が明らかとなる。二代将軍頼家の子栄実《えいじつ》を大将軍として義時殺害を計画したもので、この乱に参加していた義盛の子義《よし》直《なお》・義重《よししげ》と甥の胤長《たねなが》が逮捕された。義盛が上総国《かずさのくに》伊北荘《いほうのしょう》（千葉県いすみ市）から鎌倉に入り、義直・義重の処分取り消しを嘆願した結果、義盛の長年の勲功により二人の罪が許された（同年三月八日条）。しかし、義盛一族が胤長の赦免を求めるも首謀者の一人として許されず、胤長を後ろ手に縛り、一族の面前で連行した（同月九日条）。これが義盛の逆心の原因だと記されている。

胤長の屋敷地が当時の慣例に従って一族の義盛に与えられたが（同月二十五日条）、その後、この屋敷地が義時の被官《ひかん》に与えられることになった（同年四月二日条）。これも義時による義盛挑発の一環であった。

その後将軍実朝が義盛に使者を派遣して謀反の実否を尋ねた（同月二十七日条）。義盛は謀反の意思はないと語ったが、このときには同心する勢力を抑えられなくなっていた。そして、義時は義盛に謀反ありと認識していた。このことから既に合戦の気配があったこと、北条氏に反感をもつ勢力が一定数あったことがわかる。

同年五月二日条には和田合戦の詳細が記されているが、特に義盛と義時との関係に注目して合戦をみていくことにしたい。義盛の挙兵を聞いた義時は特に驚いた様子もなく、囲碁を続けた。これは義時の度量の大きさを強調しているように思うが、状況はそれほど甘くなかった。

合戦が始まると、義盛方が先制攻撃をしかけ、その矛先は義時の屋敷と大江広元の屋敷であった。次に義時がいる幕府の御所へと攻撃が開始される。以下は翌三日条の内容である。義時と広元は将軍実朝の義盛追討命令を御家人らに伝えた。これは実朝を担ぎ出し、公的な追討としなければならないほど義盛方の攻勢が激しかった状況を示しているだろう。奮戦むなしく遂に義盛は討死した。

和田合戦に北条氏はどう関わるのだろうか。義時は上総国進出の手掛かりを得たこと、北条氏が大豪族抹殺の基本方針をもち頼朝以来の均等化政策を忠実に踏襲していたという指摘（奥富　一九八〇）や、義時は相模に権威を樹立することを得たという指摘（奥富　一九八三）がある。泉親衡の乱では胤長以外に主な処分者がいないことから、義時の和田一族に対する挑発は明らかであり、和田合戦を義時に対する義盛の武力蜂起の一面だけではなく、相模国東部の御家人が連携し、義時と広元に対立・衝突した事件であり、相模・武蔵両国の有力御家人をも排除し、広元との連携強化という結果をもたらしたという指摘（岡田　二〇一九）もある。

このように、義盛を倒したことで、義時は上総・相模へ進出し、武蔵の有力御家人を排除し、有力事務官人である広元との連携強化に成功した。

合戦後、実朝により義盛の追善供養の仏事が寿福寺《じゅふくじ》で挙行された（同年十二月三日条）。この仏事には義時の意向が反映しており、供養が行われたのだろう。

僧の無住一円《むじゅういちえん》が著した『雑談集《ぞうたんしゅう》』には義時にとって生涯三度の苦難があり、その一つが和田合戦と記されている。義時は苦戦しながらも、義盛を滅ぼすことで大きな利益を得た。義盛が滅亡した二日後に義時が義盛の後任として就任した侍所別当であった（同年五月五日条）。

第三部

執権北条義時と政所

◉第一章

執権北条義時と政所

1——政所の吏僚たち

【鎌倉幕府における政所】

鎌倉幕府の職制について

源《みなもとのよりとも》　頼朝は挙兵以来、京都から下向してきた文士たちを右筆《ゆうひつ》として、文書の作成その他の庶務にあたらせてきたが、東国における支配権が確立するに従い、幕府としての職制を徐々に整えていった。平家滅亡前の元暦元年（一一八四）十月、一般行政庶務を扱う公文所《くもんじょ》（『吾妻鏡《あずまかがみ》』同年十月六日条、以下『吾妻鏡』からの引用は日付のみとする）、次いで訴訟のための機関として問注所《もんちゅうじょ》が設置された（同年十月二十日条）。これに先立ち治承四年（一一八〇）、侍所《さむらいどころ》の別当（長官）に和田義盛《わだよしもり》を補任《ぶにん》したとの記事があり（同年十一月十七日条）、一般的にはこの時御家人を統制するための機関である侍所が設置されたとされているが、近年の研究では、『吾妻鏡』以外の史料では「侍別当」と記されていることなどから、この時の和田義盛の立場はあくまで「鎌倉殿の御家人を統括する役割」であって、侍所という政務機関の長ではないとされている。おそらく侍所も公文所・問注所と同時期に整えられたものであろう。このうち公文所が後に改称されて政所となった。ともあれ、鎌倉幕府の職制は律令国家のものと比較するとはるかに簡素で、しかも頼朝の時代には全ての裁決権・判決権は頼朝（鎌倉殿）にあり、これらの政務機関は鎌倉殿の補佐機関に過ぎなかった。これは政務に長けた人材の不足も要因であろうが、本質的には鎌倉幕府はあくまで戦時の軍営であったということによるだろう。

政所の成立

公文所は、中央貴族の家政機関に倣ったもので、従三位《じゅさんみ》以上の公卿に叙せられるとそれを政所として開設することができた。頼朝は文治元年（一一八五）四月二十七日に従二位に叙せられたので、この時に政所開設資格を取得したことになるが、『吾妻鏡』建久二年（一一九一）正月十五日条に政所吉書始《きっしょはじめ》の記事があることから、この時に公文所から政所に改称されたとみるのが通説である。

しかしこれ以前に『吾妻鏡』に三ヵ所「政所」の文字が見え、そのうち一つは政所の発給文書である政所下文《まんどころくだしぶみ》（政所の公式な発給文書）が引用されている（文治三年（一一八七）十月二十九日条）ことから、文治元年政所開設説もある。『吾妻鏡』は十三世紀末に編纂されたもので、編纂時に既にわからなくなっていたためか、政所に限らず役職名や機関名が開設時期を遡って記載される例がしばしば見られる。ここで引用されている政所下文は、『吾妻鏡』の編纂者が、幕府に提出されていた偽文書を見破れずに引用してしまったものであることが明らかにされている。

従って、政所の開設時期は正確にはわからないものの、建久二年以前の下文が頼朝の袖判下文《そではんくだしぶみ》（文書の袖〈右〉部分に発給者である頼朝の花押が据えてあるもの）で、以後のものが政所下文（政所の職員が頼朝の意を奉じて発給した文書で、頼朝の署名は無く、政所の別当以下の職員が署名）の形式であることから、建久二年の吉書始によって本格的に整備され機能し始めたとみてよいだろう。

政所の職掌・組織

政所の中心的役割は財政であり、財政関係の訴訟も担当した。また将軍直轄領の管理、直轄地としての鎌倉市中の行政権・警察権も担った。そして鎌倉幕府の最も重要な柱である将軍と御家人との主従関係の根幹をなす、御家人に対する「御恩」、すなわち本領安堵（伝来の土地の領有権を幕府が保証すること）と、新恩給与（軍役などの奉公に対して幕府が新たな所領を与えること）を司った。前述の政所下文は、鎌倉幕府発給文書の中で最も権威のあるもので、御家人にとっては「子孫末代の亀鏡《きけい》」（建久三年（一一九二）八月五日条）とすべき宝であった。

また政所の職員は、朝廷の官庁に倣い四等官制《しとうかんせい》をとり、長官（かみ）を別当《べっとう》、次官（すけ）を令《れい》、判官（じょう）を知家事《ちけいじ》、主典（さかん）を案主《あんじゅ》とする四つの役職で成り立っていた。

【京下りの文士たち】

文士の役割

政所は幕府にとって公的に最も重要な文書の発給機能を担っていたが、前近代社会に於いて公文書は漢文で書かれたため、これを使いこなすのは非常に高度な特殊技能で、一般の東国武士たちはこれを読むことすらできなかった（承久の乱で京方が敗北した直後、北条泰時《ほうじょうやすとき》の陣に後鳥羽上皇《ごとばじょうこう》から院宣がもたらされた際、この院宣を読める者がいないか尋ねたところ、五千騎余の勇士の内で召し出されたのは武蔵国《むさしのくに》の住人で文博士の藤田《ふじた》三郎ただ一人だった〈承久三年六月十五日条〉）。ところが所謂「御恩」と「奉公」によって成り立つ主従関係は、文書によって保証され、可視化される。つまり「御恩」を文書によって形にできなければ、主従関係は成立しない。またそれは同時に偽文書が横行する危険性も孕んでおり、厳格な書式に基づいたものでなければならなかった。したがって文書を発給する事務能力を持つ吏僚（文士）は、武力で奉公する武士と並んで、武家政権を成立させる車の両輪だったのである。それでは、どのような人々が従事したのか、頼朝に仕え始めた時期によって分けて見てみたい。

流人時代から挙兵後

頼朝には流人時代から京下りの文士が仕えていた。挙兵以前の史料は乏しいので、挙兵時の交名《きょうみょう》（名簿）（治承四年〈一一八〇〉八月二十日条）を参考にすると、藤井俊長《ふじいとしなが》（鎌田新藤次《かまたしんとうじ》）、中原光家《なかはらみついえ》（小中太）、中原惟重《これしげ》（中四郎）・惟平《これひら》（中八）兄弟の四人が見える（括弧内は通称）。いずれも典型的な下級官人で、後に俊長は政所案主《あんじゅ》、光家は政所知家事《ちけいじ》に任じられていることから、文筆に長けた者であろう。寿永元年（一一八二）頼朝が愛妾亀《かめ》の前《まえ》と光家宅で逢っていた逸話は、頼朝にとって彼らが親密で信頼のおける存在であったことを窺わせる（同年六月一日条）。

この他に中原久経《ひさつね》は、挙兵当時の所在は不明ながら、ごく初期から頼朝に仕えており、特に文治元年（一一八五）、平家追討の際の武士の狼藉を停止するため、近藤七国平《こんどうしちくにひら》とともに京、次いで鎮西に派遣された活躍は有名である。「文筆に携わる」久経と「廉直の誉ある勇士」国平（同年二月五日条）の組み合わせは、院との折衝には久経が、非法停止のための実力行使には国平がそれぞれ役割を果たしており、頼朝の政治手法の典型である。久経は、頼朝の父義朝に仕えて殊に功があり（同日条）、母は頼朝の異母兄朝長《ともなが》と同母で、相模国《さがみのくに》の豪族波多野義通《はたのよしみち》の妹と伝えられる（治承四年十月一七日条）。「典膳《てんぜん》大夫」という官歴を有していることから、京で官人として活動したのち、相模国に下向し頼朝に近侍したのだろう。義朝《よしとも》時代からの波多野氏・中原氏との関係が頼朝を支えていた。

交名には見えないが、藤原邦通《ふじわらのくにみち》（藤判官代・大和判官代）は、有職《ゆうそく》に通暁し文筆に通じ、絵画・卜《ぼく》筮《ぜい》その他百般の才能に富んでいたといい、治承四年八月の山木兼隆《やまぎかねたか》館襲撃に先立って、酒宴に紛れて数日逗留して兼隆邸を図絵し、それに基づいて作戦が立てられたという。安達藤九郎盛長《あだちとうくろうもりなが》の推挙で頼朝に祗候《しこう》し、元は「洛陽放遊客《らくようほうゆうのきゃく》」というが、これは国衙に寄生した元官人の類と推定され、幕府成立後は公文所寄人、その後政所にも参加した。他に派手好きで頼朝から奢侈を戒められたこともある藤原俊兼《ふじわらのとしかね》（元暦元年〈一一八四〉十一月二十一日）は、平盛時《たいらのもりとき》と並んで頼朝の右筆として、非常に多くの足跡を残している。

頼朝は、能力のある者は、敵方であっても登用した。大中臣《おおなかとみ》（甲斐）秋家《あきいえ》は、頼朝の命によって誅殺された甲斐源氏一条忠頼《いちじょうただより》に仕えていたが、「歌舞曲に堪える者」として召し抱えられ（元暦元年六月十八日条）、のちに政所知家事をつとめた。豊前介清原実俊《きよはらのさねとし》は、奥州藤原氏の招きで京から平泉に下った官人と考えられ、奥州合戦後、合戦で焼失した陸奥・出羽両国の絵図・券契をそらんじて頼朝らを驚かせ、幕府に仕えることとなり、のちに政所公事《くじ》奉行人に名を連ねている。

政権確立期

寿永二年（一一八三）十月、朝廷から頼朝が正式に流罪を許され、東国支配を公認されたことは、大きな画期となった。京と対峙し、急増した事務を処理するには、本格的な政務機構を発足させる必要があった。とりわけ「貴種」意識の強い頼朝は有能な実務官僚を多く招致し、京の公卿たちから軽んじられない体裁を整えたかったに違いない。一方京の官人にとっても新天地鎌倉は有望な転職先と映っただろう。多くの官人が東下したが、特に重要なのは、大江広元《おおえのひろもと》（第二部「北条義時をめぐる人々」参照）、中原親能《なかはらちかよし》、二階堂《にかいどう》（藤原）行政《ゆきまさ》、三善康信《みよしやすのぶ》である。

この中で最も早く東下した中原親能は、治承四年の頼朝挙兵後、京の中納言源雅頼《みなもとのまさより》邸に於いて平宗盛《たいらのむねもり》が差し向けた追手により危うく追捕されるところを逃脱し（『山槐記《さんかいき》』同年十二月六日条）、その後鎌倉入りしたと思われる。親能が追捕された理由を九条兼実《くじょうかねざね》は、幼い頃から相模国の住人に養われ、頼朝とは「年来知音《ちいん》」の仲だったので事情を尋ねるためだったと記している（『玉葉』同日条）。相模国住人とは波多野経家《つねいえ》で、親能は東国で成長し、成人となってから上京して官人となり、斎院次官《さいいんのすけ》等を経て源雅頼の家人となっていた。この経歴は、東国の武士たちと京下りの官人たちの仲立ちとしての重要な役割を果たすことにつながった。公文所・政所に勤めながらしばしば上洛し、特に建久年間以降は在京することが多かった。ちなみに豊後大友氏の所伝によると、大友氏の祖能直《よしなお》の母は経家の娘で、彼女が頼朝の寵を受けて生まれたのが能直で、姉婿の中原親能の養子として育てられたという（『編年大友史料』他）。

二階堂行政は、母が熱田大宮司季範《すえのり》の姉妹なので、頼朝とは母方の従兄弟である。三善康信は、母の姉妹が頼朝の乳母《めのと》であったことから、流人時代を通して京の情勢を頼朝に伝え続けたことで知られる。

源頼朝の政権確立過程と吏僚たち

流人時代から挙兵後にかけての頼朝の周囲の文士たちは、いわば寄せ集め的な人々だったが、寿永二年以降に東下した官人たちは、頼朝による周到な計画によって招聘されたとも思えるほど、本格的に京で経験を積んだ官人たちだった。彼らの京での経歴を見ると、大江広元は太政官事務機構の要である外記局《げききょく》に属し在任十年に及んだ。その間九条兼実の下で活動した経験もある。三善康信は弁官局の史、二階堂行政は主計少允《かずえのしょうじょう》に任じられており、この三人で太政官政務機構の簡易版を構築できそうな人材だった。

東国武士の社会に於いて、彼ら吏僚は時に一段低くみられる存在でもあったようで、二階堂行政の子息基行《もとゆき》が、源実朝の右大臣拝賀に供奉《ぐぶ》する随兵《ずいひょう》に加えられた際、自分は文士に定められていたので武者と並ぶ時には恥辱に遭うこともあったと告白している（建保六年〈一二一八〉十二月二十六日条）。しかし、頼朝は戦いでは手柄を立てない彼らにも、吏僚としての働きに対して恩賞を与え続けた。その結果、有力御家人と比肩する規模の所領を獲得するに至り、幕府内における地位を高め、確立していった。
武家政権とはいえ、「武」と並んで「文」も重んじた頼朝の姿勢は、当初反乱軍に過ぎなかった集団が、鎌倉政権として成立できた大きな要因である。それは彼が少年期に中央政界の貴族社会に身を置いた経験から、膨大な情報量と経験値によって統治を支える吏僚たちの力を、身を以て知っていたからであろう。北条義時も頼朝の側に仕えながら、「武」だけでは統治できない、「文」の力を学んだに違いない。

2――政所別当就任

【北条義時の政所別当就任についての再検討】

北条義時《よしとき》が政治権力を握る過程で最も重要な出来事は、元久二年（一二〇五）の父時政《ときまさ》の失脚であろう。

（元久二年閏七月）廿日乙巳。晴。辰刻。遠州禅室《えんしゅうぜんしつ》（北条時政）伊豆北条郡に下向し給う。今日相州（北条義時）執権の事を奉《うけたまわ》らしめ給うと云々。（『吾妻鏡』）

右の記事は、いわゆる平賀朝政《ひらがともまさ》の乱の結果、時政が出家し伊豆北条に引退したことで、義時が執権を継承したという一般的な理解のもとになっている史料である。

「執権」とは

『国史大辞典』には、「鎌倉幕府では将軍（鎌倉殿）家の政所別当の中の一名を執権とし、建仁三年（一二〇三）北条時政が政所別当、執権となったのが最初である」とある。建仁三年とは、比企氏滅亡直後のことになる。執権が政所別当と不可分の関係であることは間違いないが、そもそもの「執権」の語源は朝廷の制度に由来しており、当時の貴族社会での用例では、「執権」は、特定の官職ではなく、それぞれの官職の上席者、上位者といった立場を示すものだった。鎌倉幕府においても、初期には単に政所別当の上位者を指していたと考えられている。役職としての「執権」が確立するのは、鎌倉時代後期のことになる。

時政失脚以後の政所

冒頭の義時が奉った「執権」が、時政の政治的立場を引き継いだと考えれば、政所別当の地位がその中心だったはずである。ただし、前節で述べた通り、従三位《じゅさんみ》以上に叙せられなくては政所を開設することはできないので、この時の将軍源実朝《さねとも》は、まだ政所の開設資格を持っていなかった。ただし、その間も政務は行われており、政所別当・令として活動していた大江広元と清原清定《きよはらのきよさだ》が、該当する役割を負っているのが確認できる（元久二年九月十九日条・同年十二月十日条）。政所の支配下にあった武蔵国内の地頭への命令も大江広元が奉行している（承元元年〈一二〇七〉三月二十日条）。しかしそこに義時の姿は見えない。

将軍実朝が従三位に叙せられた承元三年（一二〇九）四月以降、正式に政所が開設され、将軍家政所下文が発給されるようになるのだが、現存する中で最初の政所下文に署名しているのは、別当の中原師俊《なかはらもろとし》・源親広《みなもとのちかひろ》（大江広元の子）・北条時房《ほうじょうときふさ》・中原仲業《なかなり》、令の清原清定らで（承元三年七月二十八日の将軍源実朝家政所下文写〈「宗像神社文書」〉）、義時の名はここにも見えない。

以上のことから、本節冒頭の記事を根拠に、元久二年閏七月二十日に義時が「執権」に就いたということが、同時に政所別当への就任だったという通説は、再検討する必要があろう。

【義時の立場】

時政の後継者は誰か

前節で取り上げた承元三年七月二十八日の「将軍源実朝家政所下文写」において、京下りの官人に混じって別当に加わっていたのは、義時の弟時房だった。しかも肩書きは失脚前の時政が任じられていた「遠江守」である。治承四年（一一八〇）の石橋山《いしばしやま》合戦で時政は嫡子宗時《むねとき》を失ったが、その後の後継者は義時ではなく時房だったようだ。義時は「江間《えま》」を称していた（『吾妻鏡』では「江間四郎」と表記）ことから、伊豆北条の北方の江間の地を与えられて独立していたと考えられる。従って、時政失脚後の後継者も、時房だった。

しかしその一方で、元久二年八月に、幕府への謀反の嫌疑をかけられた宇都宮頼綱《うつのみやよりつな》が、出家し、髻《もとどり》を献上して陳謝した相手は、義時だった。窮地に追い込まれた頼綱が許しを請う相手は、幕府の最高実力者以外に考えられない。時政の後継者は、形式的には時房だったが、やはり実質的には義時だった。

権力基盤をつくる義時

それでは義時は、どのようにして幕府内で実権を築いていったのか。出発点は、言うまでもなく源頼朝の妻となった政子《まさこ》の弟であったことにある。挙兵以来常に側に仕え、養和元年（一一八一）四月七日には、頼朝の「寝所祗候衆《しんじょしこうしゅう》」となり、頼朝の最も信頼する若き御家人の一人に選ばれた（同日条）。義兄である頼朝から信頼されること、頼朝によって引き上げてもらうこと、これ以外に一地方豪族にすぎない北条氏の、しかも家を継ぐ立場でもない義時が、頭角をあらわす術はなかったのである。

【北条氏の家格】

北条氏が地方の武士として、家格の上では決して特別な存在ではなかったことは周知の通りだが、当時の武士社会の家格はどのようなものだったのだろうか。

四つの家格

十一世紀ごろから貴族社会において、家系ごとに、朝廷内での昇進のルートや速度が定まってくる。それが「家格」である。

最上位は、摂政・関白に就くことのできる家柄（摂関家）で「公達《きんだち》」と呼ばれ、公卿（従三位以上）に列せられる。次が「諸大夫《しょだいぶ》」で、叙爵《じょしゃく》（従五位に叙すこと）して諸国の受領（国司）などを歴任したり、摂関家の家司《けいし》を勤めたりする家柄である。その下が「侍」で、諸官司の三等官（ジョウ）を極《ごっ》官《かん》（最高の官位）とし、公卿の家に代々奉仕した。そして「諸道の輩《ともがら》」と呼ばれ、独自の昇進コースをとる専業的実務官人たちがいた。

鎌倉幕府と家格

鎌倉幕府の御家人たちも、名門の系譜に連なる「諸大夫」層と、一般の地方武士である「侍」層に大きく分けられる。そして少なくとも頼朝の時代には、厳格に区別されていた。それが最も明瞭にわかるのは、国司に任じられるか否かである。それには従五位下以上に叙爵することが条件で、それが可能な家格は「諸大夫」層であり、「侍」層には許されない。実際、頼朝存命中に国司に任じられたのは、京下りの官人たちと源氏一門に限られていた。北条氏はもちろん「侍」層である。

建久十年（一一九九）一月に頼朝が没し、その翌年一月に頼朝の側近中の側近だった梶原景時《かじわらかげとき》が誅殺された。北条時政は、その直後の正治二年（一二〇〇）四月一日に、従五位下に叙せられ、遠江守に任じられた。これは「侍」層の北条氏が「諸大夫」層に昇るという、破格の出来事だった。しかもこれはもう一つ大きな意味を持つ。政所別当に就く資格も、従五位下以上だった。時政が従五位下に叙爵したこと、これが、北条氏が鎌倉幕府において覇権を握る第一歩であり、同時に鎌倉幕府が、頼朝の構想から大きく外れ始めたことを象徴する。頼朝は、「侍」層である北条氏が鎌倉政権を掌握する存在になるとは、夢にも思っていなかったに違いない。

北条氏の家格上昇

時政が叙爵できた要因は、二代将軍頼家の外祖父としての立場にあった。それ以外に北条氏が他の御家人に優越できる要因は無い。伊豆の時代から政子が頼朝の妻であることに、北条氏一族の命運がかかっていた。俗説的に政子は非常に嫉妬深かったと言われる。しかしそれは、他の一族の女性が頼朝との間に男子を出産し、その子が頼朝の嫡子となるようなことがあれば、北条氏はその女性の一族に外戚としての地位を奪われてしまう。政子の行動は、嫉妬心というよりも、北条氏一族を背負う必死の行動だった。

そうなると、義時の立場は、時政が将軍頼家の外祖父だったのに対して、母方の叔父に過ぎない。当時北条氏と並んで将軍家との姻戚関係において、最も有力だったのが、比企氏だった。比企氏は、比企尼が頼朝の乳母として頼朝が全幅の信頼をおいた女性で、尼の次女・三女・尼の猶子能員室の三人が頼朝により頼家の乳母に召されていた。さらに頼家の妻は能員の娘だった。つまり頼家が将軍となり、その子が次期将軍となれば能員が外祖父となり、北条氏の立場は比企氏にとって代わられる。果たして、頼家が排除され、比企氏が滅亡した建仁三年（一二〇三）九月二日の後、北条時政は政所別当となり、翌年元久元年（一二〇四）年三月六日に義時は従五位下に叙爵し、相摸守に任じられた。こうして、北条氏が覇権を握るための最も大きな障壁だった家格の壁を超えることができた。

義時の政所別当就任

『吾妻鏡』元久二年閏七月二十日条の義時が奉った「執権」の意味は、政所別当という確たる役職に裏付けられたものではなかった。『鎌倉年代記《かまくらねんだいき》』の義時の項の元久二年閏七月に「将軍家の事、之を奉行す」と記されている。これが実態に近いのではないだろうか。事実上の権力を掌握してから、形式上の役職がそれを追認するという順序を踏むことが、生まれもっての貴種ではない義時が政治的地位を上昇させる手順だったのであろう。

義時の名が政所別当として正式に現れるのは、承元三年（一二〇九）十二月六日の関東御教書（「到津《いとうづ》文書」）、同年十二月十一日の政所下文（「詫間文書」）で、ここに義時は政所別当最上位に署名している。従って、先に触れた時房の署名はあるが義時の署名のない政所下文が発給された承元三年七月から、十二月の間に、政所別当に就任したと考えられる。ここに義時は、鎌倉幕府の中心的政務機関である政所の別当の最上位者として、名実ともに執権の地位に就いたのである。

3――北条義時の執権政治

【源頼朝の側近時代】

北条義時の政治家としてのバックグラウンドは、長く源頼朝の近くに仕えた経験に培われたと言ってよいだろう。治承四年（一一八〇）の頼朝の挙兵時、十八歳の義時は否応なしに、鎌倉政権樹立に至る長く険しい道のりを頼朝と歩み始めることとなった。とはいえ、義時については合戦における武功がほとんど伝わっていない。唯一、平家との戦いの中で、源範頼《のりより》軍に従い、豊後国芦屋《ぶんごのくにあしや》浦《うら》合戦の勝利で大功のあった十二人のうちの一人にあげられている以外、華々しい武勲とは無縁だった。東国武士たちが合戦で手柄を競い合ったのとは異なり、むしろ軍略家としての性格が強かった点、主君頼朝と通じるものがあったのだろう。義時に対する頼朝の信頼は非常に厚く、頼朝は生涯、義時を側に仕えさせていた。

【有力御家人抑圧政策】

守護を定期交代制へ

元久二年(一二〇五)、父時政の失脚後、義時は政権内で実権を握った。しかし、頼朝亡き後の鎌倉政権は不安定なものだった。その要因の一つが、先述の通り、北条氏が本来東国武士を支配するに足る家格ではなかったことにある。政所別当として長く幕府の重鎮だった大江広元が、徐々に政務から隔てられ、義時による専断が進む中、なお有力御家人が並び立つ幕府内において、北条氏が権力を掌握するためには、彼らを屈服、さもなければ滅亡させるしかなかった。

義時による有力御家人抑圧政策の一つが、守護の終身在職制から定期交代制への切り替えだった(承元三年〈一二〇九〉十一月二十日条)。各地で群盗が蜂起し荘園・公領を悩ませているのは、諸国守護人の職務怠慢のせいであるという国衙からの訴えを受けた義時が、その原因は終身在職制にあるとして、定期交替制に改めようとした。結局は千葉氏・三浦氏・小山氏らが、頼朝から補任された由来を盾に、強硬に反対したために廃案となったが、義時の真の目的は、彼らの世襲による伝統的支配を断ち切って、勢力を削ぐことにあった。

受領任官をのぞむ御家人たち

同じ頃、侍所所司として幕府内の重鎮だった和田義盛が、上総国司《かずさのこくし》の地位を望み、将軍実朝に推挙を願った（同年五月十二日条）。上総国司の地位に就くには、前章で述べたように「侍」身分から脱し、「諸大夫」に昇らなければならない。これは頼朝時代には決して許されないことだったが、多くの武士たちにとって悲願であり、北条氏に認められたのなら、当然自分も認められて然るべきだと義盛が考えるのも無理はない。実朝は許そうとしたが、政子に相談すると、頼朝時代の先例を理由に拒否された。他にも上野国《こうずけのくに》の御家人薗田成朝《そのだなりとも》も受領（国司）を望んでおり（建保元年〈一二一三〉二月十八日条）、同様の御家人が多数存在したと考えられる。しかし「諸大夫」身分を獲得したことで、「侍」身分に留まる他の御家人たちに優越する立場を得た北条氏にとって、それは断じて認めることができなかった。

義時への不満――和田合戦

建保元年（一二一三）二月に露見し和田合戦の発端となった、信濃国《しなののくに》の住人泉親平《いずみちかひら》が頼家の遺児千手を擁して北条氏を除こうとした陰謀には、義時政権に不満を持つ若手御家人が多く参画していた。義時による強引とも言える北条氏を頂点とする身分秩序の形成に対する不満と憤りが、御家人たちに広がっていたことを窺わせる。和田義盛の本意は、「上（将軍）に於いては全く恨みを存ぜず、相州（義時）の所為、傍若無人たるの間」（『吾妻鏡』建保元年〈一二一三〉四月二十七日条）というものだったが、将軍に対する謀反とみなされた。その結果義盛は討死し、義盛の侍所所司の地位は義時が獲得し、政所別当との兼任となった。ここに義時は幕府の政治機構の上に、名実ともに明確な権力を打ち立てた。

【朝幕関係と義時】

京の情勢と院政

和田合戦以後、義時の官位は上昇し、建保四年（一二一六）正月には従四位下、翌年五月には右《う》京権大夫《きょうごんのだいぶ》、同年十二月には陸奥守《むつのかみ》も兼ねた。この間、朝廷側では、九条兼実《くじょうかねざね》の政敵で、京都の政界から親幕派勢力を一掃した土御門通親《つちみかどみちちか》が、建仁二年（一二〇二）に死去し、後鳥羽上皇《ごとばじょうこう》による院政が専制的傾向を強めていた。

そもそも院政とは、十一世紀以来、新興勢力である地方の武士たちから、貴族社会がその権力と経済基盤を守るために対応した結果生み出された政治形態であるという側面を持つ。従って、武士による政権である鎌倉幕府との対立は、本質的に不可避だった。

具体的には地頭職をめぐる対立である。先に述べた通り頼朝政権以来、主従関係の根幹をなす御恩は、本領安堵と、新恩給与であったが、これらは地頭職補任という形をとって行われた。しかし、これは荘園領主側から見れば、武士による荘園侵略に他ならず、幕府の権威を笠に着た濫妨狼藉や、地頭の得分を巡る紛争が絶えなかった。

後鳥羽上皇と実朝

政権内部の権力基盤を確立した義時にとって、もう一つの大きな政治課題は朝幕関係だった。ただし、将軍実朝が、貴族文化に傾倒し、後鳥羽上皇に接近することで、東国武士たちから遊離し、将軍権力が形式化したことは、義時にとってマイナスではなかった。朝幕双方の思惑はともかく、少なくとも実朝が緩衝材の役目を果たしていたことは間違いない。

その実朝が暗殺されたことは、源氏将軍の正統が断絶したということであり、幕府に動揺をもたらした。かねてからの朝廷との密約にもとづき、義時は後鳥羽上皇の皇子を将軍に迎えることを奏請したが、結局皇族将軍は認められず摂関家からとなった。後継将軍には頼朝の弟阿野全成《あのぜんじょう》の子時元《ときもと》など他の源氏一族とする選択肢もあったが、それは北条氏の政権を脅かすことに繋がるので、断じて避けなければならなかった。一方院側は、この混乱で幕府が崩壊することを期待した。

承久の乱

承久の乱の引き金となったのが、後鳥羽上皇による寵姫伊賀局亀菊《いがのつぼねかめぎく》の所領摂津国長江《せっつのくにながえ》・倉橋《くらはし》両荘の地頭職の停廃要求だったことは、象徴的である。義時は、頼朝の時に補任した地頭職は容易に改替できないという理由で、この要求を拒否した。

承久三年（一二二一）五月十五日、義時追討の宣旨が発せられた。これはあくまで義時追討であり、鎌倉幕府を否定するものではなかった。それを（義時ではなく）政子が、御家人たちに源家重代の恩を説き、この宣旨も「逆臣の讒」によるもので、天皇・上皇に敵対するものではないことを表明し、御家人の心をまとめ上げたのは、巧妙という他は無い。後鳥羽上皇による義時追討命令を、頼朝のもとでこれまで命懸けで築いてきた武士たちの存立基盤を、朝廷の一部の奸臣が脅かしているという形に置き換えたのだ。これは先の和田合戦を想起させ、軍略家としての義時の長年の経験によって培われた政治力を思い知らされる。

全国的政権の指導者義時

承久の乱に勝利したことは、形式的な将軍よりも、幕政の中心は執権たる義時であることを現実に知らしめた。独裁的指導者としての立場を確立した義時は、新たな政治課題に取り組むことになった。それは全国的政権としての鎌倉幕府の支配体制を整備することである。

具体的には、西国に対する行政機関である六波羅探題《ろくはらたんだい》の創設と、新恩地頭の設置に伴う新補率法の制定である。京方罪科によって没収された三千余ヵ所に上る所領は、戦功のあった御家人に給与された。西国に多く所在するこれら没収地に対する新恩地頭の補任は、単なる恩賞の給与ではなく、幕府による全国支配の政策の一環でもあった。

新たに生まれた新恩地頭の多くは、幕府の権威を傘に非法濫妨をはたらき、荘園領主や国衙との間に紛争が多発した。こうした混乱状態に対して、幕府は承久の乱の翌年貞応元年（一二二二）四月に、新地頭が守るべき条々を定め、さらにその翌貞応二年（一二二三）には新地頭の得分率法（新補率法）を定めた。こうして鎌倉幕府は実質的に全国的政権となった。

しかし、先に述べたように、荘園領主（貴族・寺社）勢力と地方武士勢力とは本質的に対立関係にあり、幕府が安定した全国的政権となるには、諸勢力の調停者にならなければならないという、新たな難問を背負うことになった。具体的には、数多くの荘園領主と新恩地頭の間の紛争が幕府に訴訟として持ち込まれたが、それらに対して、すべての人が納得する政治的な公平さを示さなければならなかった。そのためにはまず、義時個人の政治力による独裁的政治形態から、より安定した合議制的な政治体制に移行すること、そしてもう一つは、恒常的な規範となる、確固とした成文法を定めなければならなかった。

元仁元年（一二二四）六月十三日、義時は急死した。右の二つの新たな政策を、生前の義時が構想していたことを示す史料は無いのだが、次の執権北条泰時によって実現されるこれらの政策は、承久の乱後の義時の政治の方向性を引き継いだものではないだろうか。

コラム

北条義時の発給文書

人は、いつの時代でも立場があり、その立場に応じて権限を行使する。その権限を行使するため、人は文書を発給する。翻って、ある人の発給文書を集めて分類し、その関連史料を駆使して検討すれば、その人の立場・権限を推定することができる。ここでは、北条義時《ほうじょうよしとき》をその発給文書から考察し、その権限、立場を考えてみたい。その際、疑文書や要検討文書は除外している。

北条義時の発給文書には、①将軍家政所下文《しょうぐんけまんどころくだしぶみ》、②関東下知状《かんとうげちじょう》、③関東御教書《かんとうみぎょうしょ》、④北条義時書状、⑤陸奥国司庁宣《むつのこくしちょうせん》、⑥北条義時書下《かきくだし》、⑦北条義時の袖判《そではん》のある下文・書下・得宗家奉行人《とくそうけぶぎょうにん》奉書《ほうしょ》等の種類がある。なお他に、関東下文・関東寄進状が各一通確認できるが、例外として割愛した。

大きく分けて、①〜③は幕府政所別当あるいは執権として署名した文書である。文書名の冒頭に「関東」があるのは、幕府の管轄範囲の人物・場所等に宛てた文書であることによる。⑤は義時が陸奥守としての発給文書、⑦は北条氏領に対する指示の文書である。なお、現在残る北条義時発給文書で最も古いものは、書状である。

①将軍家政所下文

厳密に言えば幕府の発給文書である。北条義時の発給文書としてよいか疑問も残る。将軍の意を受けて発給されたものであり、義時は政所別当の一人として署名する。この時期義時が執権であることも踏まえ、発給文書に加えた。

発給時期は源実朝《みなもとのさねとも》が従三位《じゅさんみ》に叙され公卿となって以降、没するまでの期間である。その内容は、地頭職補任などの所領給与、譲与安堵、禁制の他、相論の裁許に用いられた。裁許には他の権門である本所・領家からの訴えによるものも含まれている。

様式は、左記のように冒頭が「将軍家政所下（宛所）」で始まり、次行に事書、本文末尾を「・・・之状、所仰如件、以下、」で結ばれる。年月日の下に事務官の案主《あんじゅ》・知家事《ちけじ》、上部に政所令《れい》、ついで政所別当《まんどころべっとう》が連署し、官位（位次《いじ》）の順で名が記される。

義時は、この間政所別当であり、その筆頭に位置して幕政を主導していたことが確認できる。

○建暦二年十月二十七日の将軍家政所下文（肥前多久文書）

将軍家（源実朝）政所下　肥前国々分寺住人

補任地頭職事

藤原季俊

右人、親父季永（藤原）法師去建久五年二月廿五日給故大将家（源頼朝）政所下文知行、今任彼譲状、季俊為地

頭職、守先例、可致沙汰之状、所仰如件、以下、

建暦二年十月廿七日　　　案主菅野（景盛）

知家事惟宗（孝実）

令図書少允清原（清定）（花押）

別当相模守平朝臣（北条義時）（花押）

右近衛将監兼遠江守源朝臣（親広）（花押）

武蔵守平朝臣（北条時房）（花押）

書博士中原朝臣（師俊）（花押）

散位中原朝臣（仲業）（花押）

（読み下し、本文のみ）

右の人、親父（藤原）季永法師、去る建久五年二月二十五日の故大将家（源頼朝）政所下文を給わり知行す。今彼の譲状に任せ、季俊地頭職として、先例を守り、沙汰致すべきの状、仰するところ件の如し、以て下す。

それでは、源実朝が鎌倉殿となって以降公卿に昇進するまで、なぜ北条義時は文書発給には携わっていなかったのであろうか。父時政《ときまさ》が失脚した後の『吾妻鏡』元久二年（一二〇五）閏七月二十日条によれば、義時が執権（別当）に就任したとする記載がある。また一般的に政所設置は

公卿に昇進することが必須とされていたが、鎌倉幕府の政所は常置の機関であったことは、公卿に昇進する前の頼家や実朝が政所始を行っていることからも確認できる。

北条時政が執権であった時代は、時政一人が執権（政所別当）として奉じる関東下文《かんとうくだしぶみ》（左記〔参考〕を参照されたい）・関東下知状が幕府発給文書であった。その失脚後、左記の関東下文の様式を持つ文書と後述の関東下知状が発給されていた。前者は、冒頭に「下（宛所）」があり、次行に事書、「右、」以下が本文である。この時期の関東下文・関東下知状に共通するのは、年月日の下から五人が連署する点である。日下《にっか》の人物が位次が低く、左（奥）に行く程高くなっている。

前述の政所下文と異なる点は、冒頭が「将軍家政所下」ではなく単に「下」である点と、数人の奉行人が連署している点であろう。これを略式の政所下文とする見方もあるがそうであろうか。北条時政の単署が、数人の奉行人の連署となった点以外様式の変化は見られない。前代を踏襲した文書様式である。連署しているのは政所の奉行人であることは確認できるが、筆頭の別当以下が連署していたわけではなく、奉行人である吏僚の連署である。この時期、おそらく尼御台所政子《まさこ》は中原広元《なかはらのひろもと》（建保四年〈一二一六〉に大江に改姓）以下の吏僚と連携して、一人の人間に権力を集中させるのではなく、政所の奉行人による連署の様式をとったのであろう。強いて名付ければ「鎌倉幕府奉行人連署下文」となる。時政一人に権力が集中したことへの反動である。

○建永元年七月十四日の関東下文（宗像神社文書）

下　筑前国宗像社領本木内殿住人

可令早停止左衛門尉能綱妨、任証文旨、宗像氏用領掌事

右、停止彼能綱之妨、任証文之旨、可令氏用領掌之状、依鎌倉殿仰、下知如件、以下、

建永元年七月十四日

惟宗《（孝実）》（花押）

民部丞中原《（仲業）》（花押）

散位藤原朝臣《（行政）》（花押）

書博士中原朝臣《（師名）》（花押）

散位大江朝臣（花押）

〔参考〕

○元久二年二月二十二日の関東下文（中条家文書）

下　相摸国南深沢郷住人

可早任故和田三郎宗実譲状、以高井太郎重茂為地頭職事

右人、相具故大将殿《（源頼朝）》御下文等、給田拾五町、自彼宗実手所譲得也者、任其状可為地頭職者、

依鎌倉殿《（源実朝）》仰、下知如件、以下、

元久二年二月廿二日

遠江守平（北条時政）（花押）

②関東下知状

北条義時が左記の様式の関東下知状を発給した時期は、承久元年（一二一九）正月以降、源実朝暗殺後のことで、義時が亡くなる直前まで続いた。この時期は、後家の二位尼政子が幕政を聴断し、弟北条義時がこれを補佐する体制であった。

その文書様式は、右記の関東下文の一行目を省略した様式が主で、冒頭は事書から始まる。なお、事書が短い場合本文の冒頭にある関東下知状も存在する。本文の末（書き止め）は「依仰下知如件、」で結んであることから、この様式の文書名の由来となっている。年月日（書下年号）の次行に「官途＋平＋（花押）」の様式で義時が一人で署名する。宛所は多くの場合本文中に示されるのが普通である。父時政の発給する関東下知状の様式を踏襲している。

この様式の用途は、諸職（地頭職・下司職・預所地頭職・地頭下司職・守護職等）の安堵・給与（譲与安堵、紛失安堵等も含む）であった。ほぼ将軍家政所下文を継承したもので、鎌倉殿不在の間、北条義時は執権として文書発給に関わっていたことが確認できる。

〇承久二年五月十九日の関東下知状（肥前多久家文書）

肥前国国分寺地頭職事

右、以季俊男字猿太郎、可爲彼職之状、依仰下知如件

承久二年五月十九日

右京権大夫《(北条義時)》平（花押）

なお、文書としては伝来しないが、若狭国名田荘《わかさのくになだのしょう》文書目録（真珠庵文書）によれば、承久三年の時点で、「当時将軍停止地頭状一通」に「尼二位殿消息一通」が副えられていたことが確認できる。前者は北条義時の発給した関東下知状であろうが、これに尼二位（北条政子）の消息が副えて出されていたのであろう。他にも同じ事例があり、源実朝の将軍家政所下文に政子の書状（消息）が副えられていたことに符合する。弟北条義時の発給する関東下知状を保証する意味があったのかもしれない。

③関東御教書

この様式の残存数は、関東下知状に比較すると非常に少ない。北条義時を含め鎌倉幕府の政所奉行人が奉じて発給する関東御教書三十五通のうち、北条義時の奉じる関東御教書は約三分の一の十一通に過ぎない。

関東御教書は、政所の奉行人数人が必要に応じて発給した文書と考えられ、その用途は指示・伝達等が多かった。証拠文書として機能する例が少なかったため、保存しておく価値が低かったのであろう。年号が無い例も数通見られる。

また、時期的に見ると、源実朝の生前は政所奉行人の奉じた文書がほとんどで、北条義時の奉じたものは見られない。義時の奉じる関東御教書は、関東下知状と同様に実朝没後のことになる。義時が関東御教書を発給するようになると、書止に「依陸奥守殿御奉行、執達如件、」とある鎌倉幕府奉行人奉書が見られるようになる。別途政所奉行人による関東御教書が出されていたようである。

関東御教書の様式の特徴は、本文の末尾（書止文言）が「依仰執達如件、」「所仰也、仍執達如件、」「仰旨如此、仍執達如件、」などと「仍執達如件、」と上位者の命を受け発給した様式をとる。但し、源実朝生前の「依鎌倉殿仰、執達如件、」に見える「鎌倉殿仰」は見られない。鎌倉殿不在を示している。

幕府としての判断・裁許等を示すのが、前記①②であるが、この関東御教書は、事前の調査命令や逆に①②に基づいて指示を出す場合にも使用された。

例外的な用途に、京都六条若宮《きょうとろくじょうわかみや》の別当職の譲与安堵を認めたものがある。おそらく、同宮が醍醐寺三宝院《だいごじさんぼういん》の管轄下にあったため、正式な関東下知状ではなく、幕府関係者（大江広元の弟季厳）に承認を与えるという意味で関東御教書が用いられたのであろう。権門間の阿吽の呼吸であろうか。

④北条義時書状

書状は「恐々謹言、」「恐々、」「義時恐惶謹言、」などを書止文言を特徴とする。現在、三十通弱が確認できる。そのうち半分が、近衛《このえ》・久我《こが》・中院《なかのいん》家等の公家や東大寺《とうだいじ》・高野山《こうやさん》・醍醐寺《だいごじ》などの権門寺院宛のもので、鎌倉幕府にとって他の権門に宛てた文書である。権門からの訴えに対し、幕府が関東下知状を作成し、その添状として義時の書状が用いられている例もある。

その他、六波羅《ろくはら》に対して指示した書状、御家人に対する書状も存在するが、五通ほど北条氏領に関係する書状も残されている。

⑤陸奥国司庁宣

北条義時は、建保五年（一二一七）十二月十二日から貞応元年（一二二二）八月十六日まで陸奥守《むつのかみ》に在任した。左記のように「庁宣（宛所）」から始まり、「・・・之状、所宣如件、以宣、」で結ぶ。年月日の次行、奥上に義時の署名「大介平朝臣」がある。

内容は、留守所に命じて、長世保《ながせのほ》内木間塚村《きまづかむら》（宮城県大崎市鹿島台）を別納地として、所当以下の雑事を、山鹿遠綱《やまがとおつな》の沙汰にするよう命じている。北条義時は国司として保内の支配について沙汰したのである。

源頼朝の時から長世保には国司庁佃が置かれていた。奥州合戦後長世保は常陸国の御家人藤《ふじ》原念西《わらのねんさい》（朝宗《ともむね》、伊達氏《だてし》の祖）に与えられ、相伝された。保内村々には地頭が置かれていた。山鹿遠綱はもと陸奥国遠田郡の地頭であったが、和田義盛《わだよしもり》の乱で失脚、郡地頭を没収された武士である。承久二年（一二二〇）六月十六日に長世保木間塚村の地頭職に補任された。

○承久四年正月二十三日の陸奥国司庁宣写（高洲文書）

庁宣　留守所

可令早為別納長世保内木間塚村事

右、件村為別納、所当以下雑事、可為山鹿三郎遠綱沙汰之状、所宣如件、以宣、

承久四年正月廿三日

大介平朝臣（北条義時）判

⑥北条義時書下

書下の様式は、本文冒頭に事書があり、書止文言に「之状如件、」や「也、仍状如件、」などとあるもので、北条義時の発給文書としては四通が知られる。機能としては書状に近いものが多い。

左記の例は、他の権門宛であり、書状と同じ用途に用いられている。在田荘《ありたのしょう》（兵庫県加西市）関係では、貞応元年（一二二二）七月二十三日の北条義時書下（朽木文書）も同様である。

○承久三年八月二十五日の北条義時書下（朽木文書）

播磨国在田道山庄預所職事、可為河内前司（平保業）入道之御沙汰之状如件、

承久三年八月廿五日

陸奥守平（北条義時）（花押）

同様の様式では他に、源実朝治下の建保二年（一二一四）十一月四日の北条義時書下（東寺百合文書ゐ）があるが、文書の端に「関東御教書」と記載があるので、これも書状と同じ用途であろう。

⑦北条義時の袖判下文・袖判書下・袖判得宗家奉行人奉書

⑦は、基本的に北条氏領に対して発給された文書である。諸職の安堵・補任等に用いられた。九通ほど確認できる。

共通する様式は、文書の袖（右側）に北条義時の花押がある点であろう。ただ、書下には前述の袖判のないものも存在する。

袖判下文の様式は、二通と多くはなく、冒頭に「下」がある文書である。袖判書下の様式は、三通残り、本文冒頭に事書があり、書止文言が「・・・状如件、」とある。袖判得宗家奉行人奉書は、被官の平忠家《たいらのただいえ》・（姓欠）為原《ためはら》・藤原兼佐《ふじわらのかねすけ》等が奉じた文書である。

結語

北条義時は、政所別当の筆頭であり、執権別当であった。源実朝の生前は将軍家政所下文の筆頭に、その没後は関東下知状に一人で署名する。幕府の最高責任者としての行為であった。この立場からは、①〜④⑥が発給されていた。⑤は陸奥守として、⑦は北条氏の当主として、自家領の支配に関する案件の場合発給された文書である。

コラム

北条氏と侍所

はじめに

源 頼朝《みなもとのよりとも》の亡き後、北条氏は執権として鎌倉幕府の実権を握る。後世、執権とは政所の別当と侍所の別当も兼任するといわれる。ただし、執権が、政所《まんどころ》別当《べっとう》とともに侍所《さむらいどころ》別当も兼ねるようになるのは、二代目の執権の北条義時が侍所別当となって以降である。鎌倉幕府創設当初、治承四年（一一八〇）に侍所が設置された時の別当は和田義盛《わだよしもり》であり、構成員に北条氏の名は見られなかった。建仁三年（一二〇三）、北条時政《ほうじょうときまさ》が初代執権に就任したが、時政は政所の別当であるが、侍所別当を兼ねてはいない。建暦三年（一二一三）、和田氏が滅亡し、二代執権北条義時《よしとき》が侍所別当に就任して以後、執権が侍所別当を兼ねるようになり、北条氏に関わる人物（北条氏の被官等）が侍所の構成員となっていく。

この侍所とは、御家人の統率や刑事訴訟を管轄する機関であると一般的にはいわれている。しかし、北条氏が幕府内における権力を高めていく中で、侍所の機能や役割・権限等も変化していく。

①鎌倉幕府の侍所について

侍所について、まずは鎌倉幕府の訴訟手続きの解説書である『沙汰未練書《さたみれんしょ》』(1)の記述を引用する。

一　侍所トハ　関東検断沙汰所也、同前、

守殿御代官御内人為頭人、有其沙汰、奉行人ハ外様人也、（後略）

侍所とは鎌倉幕府における、検断沙汰（刑事訴訟）を管轄する機関であると解説している。

検断沙汰については、次の記述がある。

一　検断沙汰トハ　謀叛　夜討　窃盗　山賊　海賊　殺害（中略）苅田　苅畠以下事也、以

是等相論、名検断沙汰、関東ニハ、於侍所有其沙汰、京都ニハ、検断頭人管領有其沙汰、

賦事、侍所両頭人許ヨリ、訴状書銘、直奉行許ヘ賦之（後略）

②鎌倉幕府創設と侍所の設置

鎌倉幕府における侍所は、治承四年（一一八〇）十一月十七日に設置されたとされる。この日は、源頼朝が安房国《あわのくに》から武蔵を経由して鎌倉にたどり着いた日である。侍所別当に補任された和田義盛は、去る八月、石橋山の戦いで敗れて安房に逃れ、今後の安否もわからない最中に、頼朝にこの職を所望していた[2]。平氏打倒に向けて体制を整えようというこの時期に、頼朝は義盛との約束を果たしたことになる。侍所の次官にあたる所司には、梶原景時《かじわらかげとき》が任じられた。石橋山の戦いでは、平氏方についたが、頼朝の居場所を知りながら逃した相模の武士である。

侍所の別当として義盛が現れるのは、同年十二月十日、頼朝の新造の邸宅への移徙の儀式の後である。頼朝に供奉した御家人たちは侍所に着座した。行列に参加した御家人は二行の対座にな

り、和田義盛がその中央に座していた。出仕した御家人たちは三百十一人で、のちに執権となる北条時政・義時父子はその列の中にあった。(3) ここでの別当義盛は御家人を統括する地位にあり、北条父子は一御家人である。

③創設当初の侍所

侍所といわれる組織は、鎌倉幕府独自のものではなく、上層貴族が侍層を組織する家政機関として、平安時代から存在していた。鎌倉幕府の侍所については、頼朝の貴族的な側面においては、家政機関としての役割もあり、(4) 儀式における御家人の随兵・供奉についての奉行などはその一例である。一方、東国の武士団をまとめる武家の棟梁によって組織された幕府としてみれば、軍事的・警察的役割も果たしていたといえる。

元暦元年（一一八四）、平氏追討に向けて別当和田義盛は源範頼《のりより》に付き、所司梶原景時は源義経《よしつね》に付き、それぞれが軍奉行として、合戦における御家人の統率、頼朝への報告、平氏滅亡は戦後処理にあたっている。(5) また、文治五年（一一八九）六月二十七日、奥州合戦への出陣に際しても、この二名が軍奉行として御家人の交名《きょうみょう》を作成している。(6)

平氏追討・奥州合戦の後においては、犯人追捕、謀叛人の余党の糺問、盗犯の受け取りなどにあたっている。(7) ただし、これらの職務が明確に侍所のみ管轄として定められていたわけではなかった。(8) そして、幕府の内情と日本全国における幕府の位置づけが変わっていくとともに、侍所も変化していく。

④源氏将軍の滅亡から北条氏による執権政治へ

建久三年（一一九二）に梶原景時が別当の職を懇望し、義盛が喪に服している際に仮に別当になり、謀略を廻らしてそのまま別当職にあったが、将軍頼朝が死亡した翌年の正治二年（一二〇〇）、景時が没落し、同年二月に、再び義盛が別当となる。[9] この頃から北条氏による他氏排斥が進行する。建仁三年（一二〇三）、二代将軍頼家《よりいえ》の外戚比企氏が滅亡すると、北条時政は政所別当となり、初代執権として三代将軍に実朝を擁立する。[10] 元久二年（一二〇五）には、畠山重忠《はたけやましげただ》が追討されたところで、平賀朝雅《ひらがともまさ》の擁立に失敗した時政が失脚し、子の義時が政所別当となる。[11] ここまで、執権北条氏は将軍の外戚であるとともに、政所別当の筆頭として、幕府の財務・所務等を管轄していた。

⑤執権北条氏が侍所別当を兼ねる

建保元年（一二一三）、和田義盛は北条義時の挑発により、兵を挙げるが敗れて滅亡する。[12] この和田の乱（建保合戦）といわれる事件を経て、北条氏に対抗しうる最有力ともいえる御家人が滅び、北条氏が御家人としてより勢力を増すことになった。さらに政所別当であった北条義時は、和田義盛が任じられていた侍所別当に就任した。[13] そして、建保六年（一二一六）七月二十二日、侍所の所司五人（別当を含む）が定められた。義時の子泰時《やすとき》が別当となり、二階堂行村《にかいどうゆきむら》・三浦義村《みうらよしむら》・大江《おおえの》能範《よしのり》・伊賀光宗《いがみつむね》らが所司となった。義時は執権として健在であったが、ここで侍所別当を嫡子泰時に譲ったことで、侍所別当職を北条氏が世襲するきっかけとなる。(14) のちには侍所の所司に、北条氏の被官である金窪行親《かなくぼゆきちか》・平盛時《たいらのもりとき》らの名が見られるようになる。これまで御家人が任命されるべき所司に、北条氏の被官が任命されたことは、北条氏が他の御家人とは異なる地位となったことを示す。ただし、この時期はまだ定型化したわけではない(15)(『沙汰未練書』に見える「守殿」(北条高時)の「代官」(被官)が就任する「侍所頭人」とは所司のことであろう)。

　こうして北条氏は鎌倉幕府における御家人を統率する権限を掌握していくことになる。

⑥侍所の職務の分掌

　北条氏が幕府の職務を独占していくに伴い、侍所の職務に分掌が見られる。その一部である小侍所と御所奉行について触れておく。

・小侍所について

　小侍所は、侍所の職務から将軍関係の事項を分掌し、承久元年(一二一九)に北条(極楽寺《ごくらくじ》)重時《しげとき》を別当としたことに始まるとされる。(16) 将軍御所内の諸番役や供奉人の催促・統制、弓始《ゆみはじめ》などの儀式の執行などを行った。長官を別当、次官を所司と称していることは、侍所と同じである。得宗《とくそう》に限らず北条氏が別当となり、その北条氏の被官が所司となる例が多い。文応元年(一二六〇)に北条時宗《ときむね》が十歳で小侍所の別当に就任するなど、(17) 執権として政務見習のために就任する場合などもあった。

・御所奉行について

建仁三年（一二〇三）十二月、北条時房《ときふさ》が「宮中雑事」の奉行を命じられたのが始まりだとされ、その後は二階堂氏ら評定衆・引付衆から選出された。将軍に関する職務を担当するが、小侍所とは異なり、将軍と諸人・諸機関との交渉の仲介や、将軍及びその家族の個人的な儀式の奉行などを務めた。

⑦北条氏が侍所別当に就任することの意義

北条氏は別当として侍所の機能を掌握し、戦時において武士を統率する権限を確保した。また、義時が別当に就任してからは、御家人が任命されていた所司に被官が補任されるようにもなり、検断関係を独占していくことになる。

北条氏が御家人であることは、鎌倉時代を通して変わるものではない。御家人という立場から、他の御家人より優位に立ち、執権として幕政を運営するには、御家人を統率する侍所別当という役職に就くことは不可欠であった。従来の貴族の家政機関ではなく、武家政権ならではの検断沙汰を管轄することで、将軍に代わる執権としての権力を振るうことができたのである。

【注】

（1）『沙汰未練書』は、佐藤進一・池内義資編『中世法制史料集』二（岩波書店、一九九三年）。『沙汰未練書』の著者は不明、成立は十四代執権北条高時の頃（一三二〇年頃）で、得宗家が幕府の要職を独占し、得宗の被官である御内人が権勢を奮っていた時代である。鎌倉幕府も末期を迎えた時期の侍所と検断沙汰の解説であり、鎌倉幕府創設当初の侍所とは、異なるところも多々見受けられる。

（2）『吾妻鏡』治承四年十一月十七日条。『吾妻鏡』は、黒板勝美編（新訂増補『国史大系』、吉川弘文館、一九六八年）以下同じ。

（3）『吾妻鏡』治承四年十二月十日条。

（4）田中稔「侍・凡下考」（田中稔『鎌倉幕府御家人制度の研究』、吉川弘文館、一九九一年）、元木泰雄「諸大夫・侍・凡下」（『国史学論集』、今井林太郎先生喜寿記念論文集刊行会、一九九八年）。

（5）『吾妻鏡』元暦元年四月二十九日条、同年八月八日条、文治元年四月二十一日条。

（6）『吾妻鏡』文治五年六月二十七日条。

（7）『吾妻鏡』建久二年十一月十四日条、正治二年二月二日条、元久元年十一月十七日条。

（8）文治元年（一一八五）の平氏滅亡後に、守護・地頭が設置されると、国や時期に違いはあるが、謀叛人・殺害人の追捕や夜討・強盗・山賊・海賊の検断などが守護の権限となっていく。検断沙汰における侍所と守護との関係は、地域・時期により多種多様である。

（9）『吾妻鏡』正治二年二月五日条。

（10）『吾妻鏡』建仁三年九月二日条、同十日条、十月九日条。

（11）『吾妻鏡』元久二年閏七月二十日条。

（12）『吾妻鏡』建保元年五月二日・三日・四日の各条。

(13)『吾妻鏡』建保元年五月五日条。
(14)『吾妻鏡』建保六年七月二十二日条。康元元年（一二五六）、五代執権の時頼が、執権職を長時に譲る際にも「侍別当」を「預申」とある（『吾妻鏡』康元元年十一月二十二日条）。
(15)『吾妻鏡』延応元年五月二日条、正嘉二年三月一日条。
(16)『吾妻鏡』承久元年七月二十八日条。
(17)『鎌倉年代記』文永元年条。
(18)『吾妻鏡』建仁三年十二月二十日条。

コラム

北条義時と一門の守護

鎌倉幕府と守護職

守護職《しゅごしょく》は、鎌倉幕府が国ごとに一名の御家人を指定して、軍事や警察などの職務に従事させた制度である。守護に課された基本的な役割は、御家人を京都大番役に動員することや、謀叛・殺害事件の犯人を逮捕することであり、国内の武士を統率する力量が求められた。

ただし、守護職は、幕府が全国一律に設置したわけではなく、陸奥国《むつのくに》・出羽国《でわのくに》・山城国《やましろのくに》・大和国《やまとのくに》などは不在だったという。また、東国も原則として守護が不設置だったらしく、西国を中心に整備された制度だったと考えられる。幕府が指名した守護人の配置には、完全に把握できない時期や地域などが残るが、北条氏の全国支配を考える上でも見逃せない問題といえるだろう。

そこで、北条義時《ほうじょうよしとき》とその一門に注目しながら、守護職の変遷について確認していきたい。

北条義時の守護職

義時は、鎌倉で執権として活躍する一方で、諸国の守護職にも関心を示していた。義時が保持していた守護職は、多少の推測も交えて集計すれば、駿河国《するがのくに》・伊豆国《いずのくに》・信濃国《しなののくに》・越中国《えっちゅうのくに》・越後国《えちごのくに》・佐渡国《さどのくに》・能登国《のとのくに》・加賀国《かがのくに》・日向国《ひゅうがのくに》・大隅国《おおすみのくに》という十ヵ国になる。しかし、その獲得に至る経緯は様々なので、時期や地域ごとに守護職の状況をみていきたい。

まず、鎌倉初期から北条氏の基盤だった地域として、駿河国・伊豆国が挙げられる。この二ヵ国は、守護の存在を疑問視する説もあり、義時の守護職に含めることには異論もある。ただ、北条氏が守護に相当する権限を握っており、鎌倉後期には得宗分国へと転化したことが確実である。その萌芽は、北条時政の時代から生じており、義時が権力の強化を推し進めたと考えられる。

次に、鎌倉前期に比企《ひき》氏から獲得した地域として、信濃国・越中国・越後国・佐渡国・能登国・加賀国が挙げられる。この六ヵ国は、建仁三年(一二〇三)九月、比企氏の乱によって、守護職が没収されて分配された国々である。そのうちで、義時が守護だった明証があるのは越後国であり、やがて息子の名越朝時《なごえともとき》に譲られたという。また、越中国・能登国・加賀国も、名越氏が守護職を保持していたので、義時から継承された可能性が高いだろう。佐渡国も、義時から名越氏を経由して、大仏《おさらぎ》氏に相伝されたと考えられる。このように、北陸道の一帯は、もともと比企氏の守護分国だったが、比企氏の失脚によって、北条氏が守護職を確保したのである。さらに、信濃国の守護職も、比企氏の手を離れて、義時に渡ったといわれている。

一方、九州地方の状況に目を転じると、島津《しまず》氏が比企氏の乱に縁座して、日向国・大隅国・薩摩国の守護職を没収されたという。日向国・大隅国では、守護が時政に交代しており、やがて息子の義時に相伝されている。義時は、比企氏の乱を契機として守護職を得たのではなく、父の時政を介在させることで、間接的に獲得した公算が高いだろう。

そうすると、北陸道《ほくりくどう》などの守護職についても、いったん時政が入手した上で、義時に移行したのではないだろうか。時政は、比企氏を打倒して、守護職を剥奪することで、北条氏の勢力を拡大させた。しかし、元久二年（一二〇五）閏七月、時政は牧氏の変で鎌倉から追放されて、義時が二代目の執権に就任したという。この事件で、時政から義時へ委譲された権限には、幕府の執権という地位だけでなく、諸国の守護職も含まれていたことになる。義時は、時政の政治的な基盤を継承することで、十ヵ国にも及ぶ守護職を手にしたと考えられる。

このように、義時が兼帯した多数の守護職は、比企氏や時政との権力闘争の所産であり、その獲得の経緯には、幕府の政治的な動向が刻まれていたのである。

北条氏一門の守護職

北条氏の一門は、義時の直系に当たる得宗家を筆頭に、複数の系統に分かれて発展を遂げた。義時の息子からは、朝時流・重時《しげとき》流・政村《まさむら》流・実泰《さねやす》流・有時《ありとき》流が誕生しており、義時の弟だった時房《ときふさ》も、子孫が時房流として成長していった。こうした北条氏の諸流についても、守護職の変遷を確認しておきたい。

朝時流は、義時の次男だった名越朝時の系統で、子孫は名越氏として存続した。名越氏は、得宗家に対抗し得る有力な分家であり、義時から多数の守護職を継承していた。越中国・越後国・

佐渡国・能登国・加賀国・大隅国の守護職が、義時から朝時に譲られて、名越氏の一族に相伝された。また朝時は、筑後国《ちくごのくに》・肥後国《ひごのくに》の守護職も得ていた可能性があり、鎌倉後期には名越宗教《むねのり》が尾張国《おわりのくに》・安芸国《あきのくに》の守護職を獲得している。

　重時流は、義時の三男だった極楽寺《ごくらくじ》重時の系統で、赤橋《あかはし》氏・常葉《ときわ》氏・塩田《しおだ》氏・普恩寺《ふおんじ》氏などに分派した。重時は、信濃国・若狭国《わかさのくに》・河内国《かわちのくに》・和泉国《いずみのくに》・摂津国《せっつのくに》・日向国の守護職を保持しており、これらは嫡流に当たる赤橋氏に継承された。その後、赤橋長時《ながとき》が、宝治合戦で紀伊国の守護職を獲得したり、鎮西探題の赤橋英時《ひでとき》が、肥前国《ひぜんのくに》・日向国の守護職に任じられたりしている。常葉範貞《のりさだ》は、鎌倉後期に摂津国・播磨国の守護職を得ており、一族の普恩寺氏に継承されていった。なお、普恩寺仲時《なかとき》は、幕府の滅亡まで六波羅探題の北方を務めており、六波羅探題の守護分国として、河内国・摂津国・播磨国《はりまのくに》などを維持していた。

　政村流は、義時の息子だった北条政村の系統で、幕府の要職を歴任して得宗家を補佐した。北条時村《ときむら》は、美濃国・和泉国・長門国《ながとのくに》・周防国《すおうのくに》の守護職を相伝した。また、北条時敦《ときあつ》は、摂津国・播磨国の守護職に任じられた。時敦の息子である北条時益《ときます》は、幕府の滅亡まで六波羅探題の南方を務めており、六波羅探題の守護分国として、加賀国・丹波国《たんばのくに》・伯耆国《ほうきのくに》などを維持していた。

　実泰流は、義時の息子だった金沢実泰の系統で、子孫は金沢氏として発展した。金沢貞顕《さだあき》は、六波羅探題の南方を務めた時期があり、六波羅探題の守護分国として、加賀国・丹波国などを維持していた。貞顕は、伊勢国《いせのくに》・志摩国《しまのくに》の守護職を相伝しており、金沢氏の守護分国となっていた可能性が高い。金沢実政《さねまさ》と金沢政顕《まさあき》の親子は、鎮西探題《ちんぜいたんだい》として活躍しており、鎮西探題の守護分国として、豊前国《ぶぜんのくに》・肥前国・肥後国などを継承していた。金沢時直《ときなお》は、鎮西探題の引付頭人として、大隅国の守護職を維持している。また時直は、鎌倉末期に長門国・周防国の守護職を兼帯して、長門周防探題と呼ばれたことで知られる。

有時流は、義時の息子だった伊具《いぐ》有時の系統で、子孫は伊具氏として発展した。有時は、宝治合戦で讃岐国の守護職を獲得したという。伊具氏の守護職は、讃岐国《さぬきのくに》に限られるが、鎌倉末期まで子孫に相伝されていった。

時房流は、義時の弟だった北条時房の子孫で、佐介《さすけ》氏と大仏《おさらぎ》氏の二系統に分派した。佐介氏は、時房流の嫡流であり、六波羅探題の南方として在京して、西国の守護職を兼任していた。佐介時《とき》盛《もり》は、摂津国・丹波国の守護職を維持して、丹波国は孫の佐介時国《ときくに》にも継承された。また、大仏氏も、六波羅探題の南方を務めて、佐介氏に優越する政治力を発揮している。大仏宗宣《むねのぶ》と大仏維《これ》貞《さだ》の親子は、六波羅探題の守護分国として、丹波国・因幡国《いなばのくに》などを維持していた。遠江国・佐渡国は、大仏氏が守護職を相伝しており、大仏氏の守護分国に転化していったという。

鎌倉幕府の政変と守護職の変動

北条氏の一門が、守護職を獲得した契機は様々だが、鎌倉期を通じた守護職の変動を俯瞰すると、承久の乱が大きな画期になったことが指摘できる。

承久の乱とは、承久三年（一二二一）五月、後鳥羽院《ごとばいん》が義時の追討を図ったのに対して、幕府が大軍を派遣して朝廷を制圧した事件である。後鳥羽院に応じた京方の武士は、幕府に所領を没収されており、西国に置かれた守護職の多くが、東国の有力な御家人に分配されていった。たとえば、大内惟信《おおうちこれのぶ》は、西国に多数の守護職を保持していたが、京方の武士として敗北した結果、伊勢国・伊賀国・丹波国が北条時房、美濃国が北条泰時に与えられた。後藤基清《ごとうもときよ》も、京方の武士として処刑されたことで、播磨国の守護職が泰時に渡ったと推定されている。また、和泉国の守護職も、承久の乱によって泰時が入手したことを確認できる。時房と泰時の二人は、初代の六波羅探題であり、朝廷に加担した御家人の守護職を分け合ったのである。

続いて、鎌倉を中心とする個々の政変に即して、北条氏が守護職を獲得した経緯を確認していきたい。

正治二年（一二〇〇）正月、梶原景時《かじわらかげとき》の乱が起きて、梶原氏の一族が失脚した。これに連座して、加藤景廉《かとうかげかど》が没落したことで、遠江国《とおとうみのくに》の守護職は時政に移行した。

建仁三年（一二〇三）九月、比企氏の乱が起きて、比企能員《よしかず》の一族が失脚した。能員は、武蔵国《むさしのくに》から北陸道にかけて、広大な勢力圏を維持していたが、その多くが北条氏の関係者に分配された。信濃国・越中国・越後国・佐渡国・能登国・加賀国は、守護職が比企氏から北条氏に交代した国々である。また、九州地方では、島津忠久《ただひさ》が比企氏に縁座して、日向国・大隅国・薩摩国《さつまのくに》の守護職を時政に没収された。そして、元久二年（一二〇五）閏七月、時政が鎌倉から追放された結果、薩摩国は忠久に戻されたが、日向国・大隅国は、息子の義時に継承されていった。

宝治元年（一二四七）六月、宝治合戦が起きて、三浦氏の一族が失脚した。この事件によって、三浦氏や佐原氏の守護職が、北条氏の一族に移転したことが確認できる。すなわち、河内国は極楽寺重時、紀伊国《きいのくに》は赤橋長時、讃岐国は伊具有時に、それぞれ守護職が変更されたという。

弘安八年（一二八五）十一月、霜月騒動《しもつきそうどう》が起きて、安達《あだち》氏の一族が失脚した。それに伴って、上野国や肥後国では、安達泰盛《やすもり》や安達盛宗《もりむね》が没落して、得宗の北条貞時《さだとき》に権限が移行している。伯耆国でも、葦名《あしな》氏が守護職を没収されて、六波羅探題の守護分国になったという。

北条氏の一族は、度重なる政変を乗り越えながら、列島規模で守護職の集積を進めていった。とはいえ、北条氏は決して一枚岩でなく、守護職が一門の諸流を転々とする場合も多かった。たとえば、寛元四年（一二四六）閏四月、名越光時《みつとき》が宮騒動で出家したことで、大仏氏が佐渡国の守護職を獲得している。文永九年（一二七二）二月には、名越時章が二月騒動で討死した結果、金沢氏に加賀国の守護職が移動している。御家人社会では、守護の交代は珍しい現象でなかったが、それは北条氏の内部においても同様だったのである。

このように、北条氏の一門は、鎌倉を中心とする政変を通じて、敗者の守護職を奪取することで、政治的な地位を確立したとも評価できるだろう。

北条氏の権力と守護職の変遷

鎌倉後期の北条氏は、幕府の中枢で人事権を握っており、一門の人物が守護を務める地域も、年を追うごとに拡大していった。北条氏が掌握する守護職の総数は、蒙古襲来という外圧を受けて、さらに増加の一途をたどった。

そのことを端的に示すのが、蒙古襲来に対応するため、守護の交代が推進された事実である。いわゆる守護交代注文によれば、文永合戦から弘安合戦までの期間に、守護職の大規模な刷新が行われたという。北条氏の一門に変更された国名を挙げると、長門国・周防国は北条宗頼《むねより》、筑後国は北条宗政《むねまさ》、豊前国は金沢実時、石見国《いわみのくに》は北条氏一族、能登国は名越宗長《むねなが》が守護になっている。西国の沿岸地域では、蒙古襲来に備えるために、政治体制の再編が大々的に進められたらしい。この守護交代注文から漏れた国々でも、播磨国《はりまのくに》・備中国《びっちゅうのくに》が北条時宗《ときむね》、安芸国が名越宗長《むねなが》、肥前国《ひぜんのくに》が北条時定に変わっており、守護職が北条氏の一門に集中する傾向が顕著だった。蒙古襲来という未曽有の外憂は、北条氏の権力を強化させる追い風にもなったのである。

こうして鎌倉末期には、北条氏の一門が全国の守護職の半ば以上を占めるに至った。北条氏が守護職を掌握していく過程は、幕府の要職を専有する趨勢とも軌を一にしていたことが読みとれるだろう。そして、北条氏の一門による圧倒的な占有率が、一般の御家人たちに憤怨を抱かせて、幕府の滅亡を招いたことは否定できない。

このように、守護職の変遷は、北条氏を中核とする幕府の権力を検討する上でも、きわめて有効な指標の一つだったのである。

北条氏と相模・武蔵両国

相模《さがみ》・武蔵《むさし》両国は、鎌倉殿の永代知行国として幕末まで継承された。最初にその経緯を確認してみたい。源頼朝《みなもとのよりとも》は、後白河法皇《ごしらかわほうおう》から武蔵国を知行国として与えられ、元暦元年（一一八四）六月五日、その推挙によって平賀義信《ひらがよしのぶ》が武蔵守に補任された。さらに、翌文治元年（一一八五）八月十六日、同様に義信の子大内惟義《おおうちこれよし》が相模守に補任された。両者とも関東御分国《かんとうごぶんこく》（源頼朝の知行国）であった。源頼朝による平賀氏の重用が確認できる。以降両国は鎌倉時代を通して将軍家の永代知行国となっている。

①関東御分国とは？

関東御分国は、文治二年に相模・武蔵・駿河《するが》・伊豆《いず》・上総《かずさ》・下総《しもうさ》・信濃《しなの》・越後《えちご》・豊後《ぶんご》の九ヵ国が確認でき、この時が最多である。その後減少し、建久元年（一一九〇）には四ヵ国（相模・武蔵・駿河・伊豆）となり、以降鎌倉時代を通じて四〜六ヵ国であった。

国司は、基本的に四年任期で、当初はほぼ源氏の一族が推挙・補任されている。このように知行国主の推挙で補任された国司を名国司《なこくし》ともいう。

源頼朝の時代、関東御分国の国務沙汰は、基本的に知行国主である源頼朝が掌握しており、幕府政所がその指揮下にあって国務を沙汰していた。頼朝の推挙で補任された国司の権限は一様ではなく、国によって異なった。武蔵国の場合は、武蔵守義信が国衙在庁を指揮し、国務沙汰は基本的に幕府政所が沙汰していた。信濃国の場合は、名国司は加賀美遠光《かがみとおみつ》であったが、武蔵武士比《ひ》企能員《きよしかず》が目代に補任され国衙在庁を指揮していた。

②北条氏による相模守・武蔵守の独占

相模守は、源頼朝の生前は源氏の一族平賀義信の子大内惟義が在任していた。頼朝の没後、元久元年（一二〇四）三月六日に、北条義時《ほうじょうよしとき》が従五位下相模守に叙任された。北条氏では、父時政《ときまさ》に続いての受領任官である。建保元年（一二一三）二月二十七日には、閑院内裏《かんいんだいり》の造宮賞として、知行国主源実朝《みなもとのさねとも》は正二位に、北条義時は正五位下に叙され相模守を重任している。重任とは、国司は基本的に任期四年であるが、もう一期勤めることを言った。義時は建保五年十二月十二日陸奥守《むつのかみ》に遷任し、弟北条時房《ときふさ》が武蔵守から遷任している。以降、相模守は北条重時《しげとき》・北条時頼《ときより》・北条政村《まさむら》等、幕末まで北条氏が独占した（【表1】参照）。

【表1　鎌倉時代の相模守】

大内惟義	文治元年（一一八五）八月十六日任～建久三年（一一九二）六月三十日（見）～
北条義時	元久元年（一二〇四）三月六日任～建保五年（一二一七）十二月十二日遷任陸奥守

北条時房	建保五年十二月十二日任～嘉禎三年（一二三七）十一月二十九日辞任
北条重時	嘉禎三年十一月二十九日任～建長元年（一二四九）六月十四日遷任陸奥守
北条時頼	建長元年六月十四日任～康元元年（一二五六）十一月二十三日出家
北条政村	正嘉元年（一二五七）六月二十三日～文永二年（一二六五）三月二十八日遷任左京権大夫
北条時宗	文永二年三月二十八日任～弘安七年（一二八四）四月四日出家
北条貞時	弘安八年四月十八日任～正安八年（一三〇六）八月二十三日出家
北条師時	正安八年九月二十七日任～応長元年（一三一一）九月二十二日出家
北条熙時	応長元年十月二十四日任～正和四年（一三一五）七月十二日出家
北条基時	正和四年七月十九日任～正和五年十一月出家
北条高時	文保元年（一三一七）三月十日任～嘉暦元年（一三二六）三月十三日出家
北条守時	嘉暦元年八月任～元弘三年（一三三三）五月十八日没

一方、武蔵守は、源頼朝の時は源氏の一族平賀義信が在任していた。義信没後はその子平賀朝《とも》雅《まさ》が補任され、牧方《まきのかた》の陰謀に荷担した朝雅が討たれた後は、これも源氏一族の足利義氏《あしかがよしうじ》が在任した。

承元四年（一二一〇）正月十四日、北条時房が駿河守から武蔵守に遷任した。時房は、元久二年（一二〇五）八月、父時政出家後に遠江守を継承して叙爵、一ヵ月あまりで駿河守に遷任していた。時房は建保五年（一二一七）十二月十二日相模守に遷任、一時、大江広元《おおえのひろもと》の子親広《ちかひろ》（土御門通親《つちみかどみちちか》の養子）が就任する。

源実朝没後の承久元年（一二一九）十一月十一日北条泰時《やすとき》が駿河守から武蔵守に遷任した。以降、武蔵守は北条氏が独占する。泰時は約二十年（五期）在任した。ただ、孫の経時《つねとき》以外は、北条氏の分家からの補任である。

【表2　鎌倉時代の武蔵守】

平賀義信	元暦元年（一一八四）六月五日任～建久六年（一一九五）七月十六日(見)～
平賀朝雅	～元久元年（一二〇四）正月二十一日任～同二年閏七月二十六日没
足利義氏	（詳細は不明、『吾妻鏡』建保六年六月二十七日条参照）
北条時房	承元四年（一二一〇）正月十四日任～建保五年（一二一七）十二月十二日遷任相模守
大江親広	（詳細は不明、『吾妻鏡』建保六年十二月二十日条参照）
北条泰時	承久元年（一二一九）十一月十三日任～暦仁元年（一二三八）四月六日辞任
北条朝直	暦仁元年四月六日任～寛元元年（一二四三）七月八日遷任遠江守
北条経時	寛元元年七月八日任～同四年四月十九日出家
北条朝直	寛元四年四月十五日任～康元元年（一二五六）七月二十日辞任
北条長時	康元元年七月二十日任～文永元年（一二六四）七月三日出家
北条宣時	文永四年六月二十三日任～同十年七月一日辞任

北条義政	文永十年七月一日任～建治（一二七五）三年四月四日出家
北条宗政	建治三年六月十七日任～弘安（一二八一）四年八月九日没
北条時村	弘安五年八月二十三日任～嘉元二年六月六日辞任
北条久時	嘉元二年六月六日任～徳治（一三〇七）二年二月九日辞任
北条熙時	徳治二年二月九日任～応長（一三一一）元年十月二十四日遷任相模守
北条貞頼	（詳細は不明）
北条貞顕	正和（一三一六）五年七月十日任～元応（一三一九）元年辞任
北条守時	元応元年任～嘉暦（一三二六）元年八月遷任相模守
北条貞将	嘉暦元年九月四日任～元弘（一三三一）元年五月二十一日没

相模・武蔵両国の国司補任の次第をみると、相模守の場合は、死没・出家が最も多く、最終官途の例が多い。その他遷任先としては、例は少ないが、陸奥守（義時・重時）、左京権大夫（政村）がある。

一方、武蔵守の場合は、同様に死没・出家が最も多く、最終官途が多い。その他遷任先としては、相模守（時房・熙時《ひろとき》・守時《もりとき》）、遠江守《とおとうみのかみ》（朝直《ともなお》）がある。武蔵守から相模守に遷任した例はあるが、その逆は全くない。

③武蔵守家から相模守家へ

北条氏嫡流の補任を見ると、時政は遠江守で関東御分国（将軍家知行国）ではなかったが、義時・時房兄弟から関東御分国である相模・武蔵両国の国司に補任されている。義時以降、泰時・経時・時頼・時宗《ときむね》・貞時《さだとき》・高時《たかとき》代々の補任を見ると、義時を別格として、泰時・経時が武蔵守、時頼以降が相模守である。

二位尼政子の没後、泰時・時房は将軍に藤原頼経《ふじわらのよりつね》を擁し、執権・連署（これを両執権ともいう）として新しい政治（執権政治）を創めた。時房は相模守、泰時は武蔵守である。泰時の跡は孫経時が継ぎ武蔵守となった。ここまでは武蔵守家である。

時頼は、病の兄経時の譲りにより家を継ぎ執権となった。新しい家が始まったのである。兄経時の子二人（隆政《りゅうせい》・頼助《らいじょ》）を出家させ、将来の分裂・対立を回避する処置をとっている。また、自らの子供たちも、正嫡の時宗・宗政《むねまさ》を太郎・二郎とし、庶出の長男時輔《ときすけ》を三郎とする処置をとり、序列の明確化を図っている。時頼には正嫡ではないというトラウマがあったようにも思える。さらに、曾祖父である義時に禅宗の追号「徳崇《とくすう》」を贈り、義時を始祖とする得宗家《とくそうけ》を創始したのである。時頼が建長元年（一二四九）六月十四日に補任された相模守は、義時の補任された相模守に由来する。以降得宗家は相模守に補任され、相模守家となった。

④武蔵国の得宗分国化

源頼朝は、武蔵国の支配にあたって、政所に年貢の京進や大田《おおた》文《ぶみ》の作成、開発や治水、朝廷から宛課された閑院内裏の修造等の国務沙汰を担当させ、政所の奉行人が実施していた。一方、武蔵守平賀義信に国衙在庁の指揮を担当させた。こうした傾向は頼朝没後も続いている。但し、平賀義信の次に武蔵守となったその子朝雅は、京都守護となって上洛し、国衙支配から離れていった。その後北条時政・牧方の陰謀に加担し失脚する。

北条時房が武蔵守に補任された頃は、武蔵守の権限は退転していたようである。幕府は、時房に故武蔵守平賀義信の例に任せ沙汰するよう命じている。時房はこれを遵守し、建暦二年（一二一二）二月十四日、国内郷々の郷司職を補任した。これに対し北条泰時が疑問を差し挟んでいる。時房は、平賀義信の例に任せ郷司を補任すると主張したという。

泰時の立場は幕府の侍所に依拠しており、泰時には鎌倉殿の本領安堵の行為に対する越権行為であるとの認識があったのではなかろうか。この頃には政所別当の中に武蔵国の国務沙汰人（政所別当遠江守源親広）が置かれている。

北条泰時が、承久元年（一二一九）十一月十三日に武蔵守に補任されると、在任中は連署（政所別当）である時房が国務沙汰人となっていた。延応元年（一二三九）六月六日には、武蔵国請所等用途を地頭の沙汰として京進するよう命じている。仁治元年（一二四〇）正月二十四日、北条時房が没する。これ以降武蔵の国務は、執権北条泰時が掌握したと考えられる。

一方、武蔵守北条泰時は政所の執権別当でもあり、武蔵守でもある時期が長く続いた人物で、国司として国衙在庁の指揮・統括を別途進めていた。泰時は、新たに留守所惣検校職を置き、嘉禄二年（一二二六）四月十日、武蔵武士河越《かわごえ》氏《し》三郎流の重員《しげかず》をこれに補任している。こうして、泰時の孫時頼の頃、武蔵国は得宗分国化し、次代の時宗に相伝されている。

なお、相模国は三浦《みうら》氏《し》が三浦介を称して国衙在庁を指揮・監督していた。宝治合戦で三浦氏が滅びると、北条時頼は、その一族佐原《さわら》盛連《もりつら》の子盛時《もりとき》を三浦介と認めている。武蔵国と似た方法をとって、支配下に組み込んでいる。

第四部

承久の乱の影響

◉第一章

承久の乱の影響

はじめに

承久《じょうきゅう》の乱は、源《みなもとの》頼朝《よりとも》没後の朝幕関係において、大きな節目となった日本史上の一大転換点と言ってもよいであろう。その主役の一人が北条《ほうじょう》義時《よしとき》である。義時は、源頼朝の信頼が篤く、深慮遠謀かつ怜悧狡猾な一面を持っていたが、一方、後世日蓮《にちれん》が「権太夫殿（北条義時）は不妄語《ふもうご》の人」（「諫暁八幡抄」）と評しているように、嘘のない誠実さも持ち合わせていた。

こうした義時に対し、諸般の事情はあるにしても、後鳥羽《ごとば》上皇《じょうこう》は数度の院宣に従わなかった者として追討の宣旨を下したのである。このようにして惹起されたのが承久の乱であった。結果は鎌倉幕府軍の勝利、上皇方の敗戦となり、乱後、朝廷の権威は下がり、幕府の勢力が畿内から西国にも及んでいくことになった。

義時は承久の乱において鎌倉に留まっていたため、終始裏方の存在であったと言われている。しかし、乱後の義時の発給文書を見ると、後年泰時《やすとき》の「御成敗式目《ごせいばいしきもく》」に象徴される成文法による法治主義の精神が武家社会に初めてもたらされたことが想定できよう。本稿ではこれまでの鎌倉殿による「権力の支配」が、義時の戦後処理を通じて、曲がりなりにも「法の支配」へと変貌していく流れを辿ってみたいと思う。

1――幕府と朝廷、承久の乱後の処断

『吾妻鏡《あずまかがみ》』によれば、承久の乱の最後は、承久三年(一二二一)六月十五日条に北条泰時と時房《ときふさ》が樋口河原《ひぐちがわら》で上皇の使者と引見し、上皇側が「戦いは謀臣らが勝手に行ったのだ」として、責任を放棄したことで一応の決着を迎えた。それ以後、上皇方の官軍は賊軍となり、同時に幕府軍は京都内に進駐し、六波羅《ろくはら》に本営を構えて戦後処理を行った。

史書によれば、幕府軍の進駐は京都内を混乱させたと言われている。『吾妻鏡』には「官軍の宿所は各々放火され、人々は西へ東へ走り回り、鎌倉武士は戦場から逃れた歩兵を探し出して首を切り、死傷した人馬が道を塞いで、通行も困難であった」とあり、公家方の編纂物である『百練抄《ひゃくれんしょう》』では「武士などが乱入し、官兵などは各々の宿館に放火して逃げ隠れた」とされている。ただ、意

外にも史料からは京の庶民が被害にあったという記載は見られない。幕府軍は、統制された軍隊で、無秩序な状態は自分たちを危険な状況へと陥らせてしまうと考えたためかもしれない。そのため、乱に関わりのない者達にとって、幕府軍の進駐は、通行の妨げになったぐらいだったのであろう。幕府軍は討伐対象を上皇方に付いた者に絞っていたのである。

さて、後鳥羽上皇側に対する処断については、『吾妻鏡』同六月二十九日条には、義時の使者安《あん》東光成《どうみつなり》によって泰時に伝えられ、「洛中と洛外の謀叛の者を断罪にせよ」としか記載されていないが、慈光寺本《じこうじぼん》『承久記《じょうきゅうき》』によれば、「①持明院《じみょういん》の宮（守貞親王《もりさだしんのう》）を院に立てること、②同宮の三郎宮（茂仁《ゆたひと》親王、後の後堀河天皇《ごほりかわてんのう》）を御即位させること、③本院（後鳥羽院）は隠岐《おき》に配流すること、④その他の宮々も泰時の判断で流刑に処すること、⑤院方の公卿・殿上人は坂東に下すこと、⑥殿原に対しては芳心することなく、悉く首を切ること、⑦都での狼藉を禁止し、特に近衛殿下（近衛家《このえいえ》実《ざね》）、九条殿下（九条道家《くじょうみちいえ》）、七条女院（藤原殖子《ふじわらしょくし》）、六条院、仁和寺の宮（道助入道親王《どうじょにゅうどうしんのう》）、徳大寺大臣殿（徳大寺公継《とくだいじきんつぐ》）、中山太政入道殿（藤原頼実《ふじわらよりざね》）、大宮大将殿（西園寺公経《さいおんじきんつね》）などに狼藉を行った者は、鎌倉方だと言っても呼び寄せて皆首を切ること、⑧泰時・朝時《ともとき》（泰時の弟）は早々に鎌倉に戻ること、⑨朝時は北陸道七ヵ国をしっかり守ること」などと言った内容が記されている。この時の義時の指示は①・②・⑦から朝廷の関係者の処罰はできる限り絞ると同時に親幕派は手厚く保護すること。次に、③〜⑥から後鳥羽上皇の一党を排除し、上皇方の武士とその協力者は一掃することが基本方針であったと言える。

それでは、どのような者たちが後鳥羽一党と見なされたのか。『吾妻鏡』同六月二十四日・二十五日条によれば、承久の乱の「首謀者」らが六波羅によって身柄を拘束されている。この首謀者と見なされた者たちとして、二十四日条に「葉室光親《はむろみつちか》、中御門宗行《なかみかどむねゆき》、源有雅《みなもとのありまさ》、高倉範茂《たかくらのりもち》」、二十五日条に「坊門忠信《ぼうもんただのぶ》、一条信能《いちじょうのぶよし》、刑部僧正《ぎょうぶそうじょう》長厳《ちょうげん》、観厳《かんげん》」の名が挙げられている。

この中で、源有雅・高倉範茂・坊門忠信・一条信能・観厳らが首謀者と見なされた理由は、『吾妻鏡』同六月十二日条によれば、源有雅や高倉範茂らは「宇治《うじ》」に、坊門忠信は「淀渡《よどのわたし》」に、一条信能は「芋洗《いもあらい》」に、観厳は「三穂崎《みおがさき》」に布陣し、彼らが幕府軍に対する迎撃の指揮をとっていたからである。

次に、葉室光親と中御門宗行らが首謀者と見なされた理由は、「宣旨の執筆」などに関わったことが原因と思われる。葉室光親は『吾妻鏡』の同七月十二日条によれば、後鳥羽上皇を諫めたが、上皇の強要に進退窮まって「義時追討の宣旨」の主筆役を務めたとされている。また、中御門宗行は同七月十三日条によれば、鎌倉への護送中、帰京する光親の従者に出会い、自分と同罪の光親の運命を聞き、黄瀬川《きせがわ》の宿で休息した折、傍らに死を覚悟した和歌を詠んだとされている。この「自分と同罪の人の運命を聞き」という部分から、光親と同じように宗行も「宣旨の執筆」に関わっていたのではないかと考えられる。

最後に、刑部僧正長厳は、元々、天台宗園城寺《おんじょうじ》の僧で、有験第一と言われるほど密教修法に優れた後鳥羽上皇の護持僧であったと言われている。そこから、長厳が京方戦勝の「祈祷」を行っていた中心人物であったのではないかと推測されている。

後世からみた承久の乱の歴史的意義の大きさに比して、乱において朝廷側で処罰の対象者として挙げられた人数は意外に少なかった。実は後鳥羽上皇による「義時追討」の計略は、幕府内での内部抗争を当て込んだ杜撰な計画であったと言えるのかもしれない。確かに、後鳥羽上皇の思惑通り、当初鎌倉での評定では、「朝敵」や「裏切り」を恐れ、一旦様子をうかがおうとする意見が大勢を占めていた。しかし、そんな御家人達とは異なり、鎌倉幕府の崩壊で最も不利益を蒙る大江広元《おおえのひろもと》や三善康信《みよしやすのぶ》ら幕府官人たちが逆に強硬姿勢を主張し、京への進軍を進言している。

従って、幕府側と朝廷側との違いは、「朝廷の権威」に寄りかかった後鳥羽上皇側の目線と、権威を畏れながらもより現実的な目線を持った鎌倉幕府方との差であったと言えるだろう。

2――六波羅探題と治安維持

『平家物語』の治安維持活動

六波羅《ろくはら》は賀茂川《かもがわ》の東側に位置し、本来平家の一族が拠点を構えた地で、平家滅亡後は没官領として源頼朝に与えられ、朝廷との折衝や京中・京周辺の治安維持を行う際の京における幕府の拠点だった。

源義経《よしつね》が都落ちした後、源頼朝の命で軍を率いて上洛したのは、義時の父北条時政《ときまさ》であった。この時、時政は治安維持活動と称して、「平家の子孫を探し出したものに対して、望みの恩賞を取らせる」という布告を発している。このため、敗れた平家の子孫を捕らえるべく、平家の子弟は勿論、身分が低くても色が白く容姿の優れた子弟らも捕らえられ、平家の子孫かどうかも分からないまま全ての生命が絶たれたとされている（『平家物語』下、「六代」）。

北条泰時・同時房の京方追捕

では、承久の乱後、京都へ進駐した泰時・時房はどのような、追捕を行ったのか。

『吾妻鏡』承久三年（一二二一）六月十六日条によれば、泰時・時房は六波羅の館に在住し、義時の爪牙《そうが》・耳目《じもく》として国を治める策を考え、武家の安全をはかることで合意する一方、京方に付いた者の追捕について、「疑わしい者の刑は軽くし、四面に張った網の三面は解くこととしている」など、彼等なりの配慮があったとされている。ただ、この刑を軽くしたり、逃げ道を開けたりする行為は、敗残兵に組織的な抵抗を放棄させるための常套手段でもあるので、兵学的見地から行われた可能性もある。

ここで「刑を軽くしたり、逃げ道を開けたり」した事例を挙げておく。例えば、泰時は丹波国鷲尾《たんばのくにわしお》に逃れたとの風聞のあった佐々木経高《ささきつねたか》に対し、使者を送って関東に恩赦してもらえるよう申請すると伝えている。ただ、経高はこれを恥じて自殺してしまった。また、高倉範茂に従って宇治の合戦に赴き、戦いの後、捕縛され、斬罪に処されることとなった僧敬月《けいげつ》法師は「勅ナレハ身ヲハ捨テキ武士《もののふ》ノヤソ宇治河ノ瀬ニハタヽ子ト」という和歌を献じたため、泰時は敬月を死罪から遠流に減刑させたとされている。

北条義時の指示による京方追捕

次に北条義時の京方追補について触れていく。義時は安東光成《あんどうみつなり》を使者として派遣し、在京する泰時・時房に対して「洛中と城外の謀叛の者を断罪にせよ」と厳しい命令を発している。

この命令以後、捜索の網は寺院にも広がっている。『吾妻鏡』同十月十二日条によれば、同九月二十五日、承久の乱の張本《ちょうほん》である藤原秀康《ふじわらのひでやす》や藤原秀澄《ひでずみ》兄弟が南都に隠れているという情報があったので、北条時房は南都に家人等を遣わし捜索させている。ところがこの時、南都の衆徒は時房の家人を夜討ちに来た者だと誤解し、取り囲んで討ち取ってしまった。この報告を受けた時房は泰時と相談し、在京及び近国の御家人数千騎の軍勢を集め、南都に向かわせている。それ故、これを聞いた衆徒は慌てふためき、使者をもって「南都に兵を入れることは平家が南都を焼き討ちにした時と変わらないではないか。それなら悪党はこちらで捜索して捕らえ引き渡す」と申し入れ、泰時・時房の軍勢を帰洛させたという。そして、同十月二日、南都から秀康の後見が六波羅に突き出され、その後、後見の自白により秀康・秀澄らは河内国《かわちのくに》で捕縛され、最後は梟首されたと言われている。

また明恵上人《みょうえしょうにん》に関するエピソードも示唆に富んでいる。『明恵上人伝記』によれば、栂尾《とがのお》の山中に官軍の人々が多く匿われ、保護されているとの噂があったため、秋田城介(安達景盛《あだちかげもり》のことか)が寺領内に乱入し、あげく明恵上人を捕縛して、泰時のいる所まで連行した。ところが、明恵上人は泰時に対し「此の山（栂尾）は三宝寄進の所であって、殺生禁断の地である。もし助けを求める落人がいれば、今後も助けてやりたい。もしそれが不都合なら即刻私の首を切られるが良い」と述べ、泰時を感涙させたという。栂尾は本来争いごとを持ち込んではならない仏の聖地（アジール）である。だが、幕府側がそこにも踏み込んだということは、おそらく確かな情報を得ていたからであり、残敵追討が徹底して行われたという一つの傍証であると考える。

北条義時没後の追捕

承久の乱後の追捕は何時ごろまで継続されたのだろうか。『吾妻鏡』嘉禄三年（一二二七）六月十四日条によれば、二位法印尊長《にいのほういんそんちょう》が鷹司《たかつかさ》油小路《あぶらのこうじ》の肥後房《ひごぼう》宅に隠れていた所を捕らえられ、自殺未遂の末、六波羅で死去したとされている。この尊長とは、一条能保《よしやす》の子で一条信能とは兄弟であったとされ、承久の乱の秘事や上皇方の交友関係にも詳しいとされた人物であったと言われている。また、この同日条には、和田義盛《わだよしもり》の孫で京方に参加していた和田朝盛《とももり》も六波羅に捕縛されたとされている。さらに、『明月記《めいげつき》』寛喜二年（一二三〇）十二月十六日条によれば、大内惟信《おおうちこれのぶ》が、比叡山《ひえいざん》の日吉社《ひえしゃ》で法師となって潜んでいたところを六波羅に捕らえられ、慈光寺本『承久記』によればその後西国に流されたと記されている。

六波羅を通じて行った義時の処断

源平合戦における追捕活動と承久の乱後、義時が指示して行った追捕活動を比較すると、前者は平家との縁があるなしに関わらず、疑わしきものは処罰してしまうというレベルの処断であった。

ところが、承久の乱後の京方追捕では、「弓馬・相撲の達者にして壮力人《そうりき》を越ゆる勇士と評された」や「高倉範茂に従って、宇治の合戦に赴いた清水寺《きよみずでら》の僧」であったなど、追捕される人物の詳細が明示されていることから、確かな情報に基づいて追捕していたと推測できる。また、兵士が潜んでいるという可能性があれば、寺領であっても捜索するというアジールも度外視してしまう冷徹な一面も持っていた。そして、それは「平家の落人伝説」のように、人里離れれば、または月日が経てば許されるのではなく、承久の乱後から十年近くが経過した後に捕まった大内惟信のように罪が帳消しになるというわけではなかった。

まとめると、義時が指示した承久の乱後の治安維持活動は、疑わしきは見境なく処罰してしまうような杜撰なものではなく、確かな情報と徹底した意志に基づいて行われた処断であったと考える。

3——新補地頭——鎌倉幕府の転換点

前節までは、洛中・洛外における京方関係者の追捕について触れてきた。だが、承久の乱の影響は、京中・京周辺に留まったわけではなく、西国へと広がっている。

承久の乱後、京方の貴族や武士の所領三千余ヵ所が没収され、幕府方として参戦し勲功を挙げた武士たちに恩賞として宛行われた。西国に新しい土地を給与された東国武士らは、その恩賞地に新補地頭として次々と移住した。このいわゆる西遷御家人《せいせんごけにん》により、幕府の支配は西国へと拡大していった。だが、それは平坦な道のりを行くが如しであったのか。

本節では六波羅の追捕活動と相前後して西遷していった新補地頭と北条義時との間で、どのような問題があったのかについて考えてみたい。

新補地頭の入部

まず、いつ頃から恩賞が宛行われ始めたのだろうか。承久三年(一二二一)六月二十五日の関東下知状によれば、義時は摂津国《せっつのくに》守護職と同国藍庄《あいのしょう》(兵庫県三田市藍本付近)の地頭職を長沼宗政《ながぬまむねまさ》に宛行っている(皆川文書)。摂津国守護の前任は、京方に付いた大内惟信であったと言われている。これにより、乱が終わった十日前後には、京方所領が没収され、恩賞が宛行われていたことがわかる。この例からすれば、乱が終わった直後から、東国武士が新領地に入部する権利を得ていたと考えられる。しかしその地には以前からの領主がいた訳で、その権利の引き継ぎがスムースに進むわけがないということは、すぐにわかることだろう。

以下にそれを示す事例を挙げておく。

恨み言が語られた事例

安芸国《あきのくに》では、佐伯《さえき》氏が「異姓《いせい》の他人を以て神主に任ずべからず」という厳島社《いつくしましゃ》の神主職の権利を持っていた。だが、承久の乱後、厳島社の神主職は、東国の有力御家人である藤原親実《ふじわらのちかざね》へと移っている。ここから、佐伯氏は京方与同の罪科に問われたのではないかと推測されている。

建長三年（一二五一）十月日の佐伯道清《みちきよ》申状によれば、厳島社楽頭《がくとう》である佐伯道清は相伝の座席などについて違乱停止を求めている。その訴え二ヵ条の中で、「承久の乱逆に世間改まるか」という恨み言を残している（野坂文書）。この部分から、佐伯氏にとって、乱前と乱後では時代が変わってしまったという認識を持っていたことが分かる。

一触即発だった事例

丹波国《たんばのくに》の何鹿郡物部《いかるがぐんもののべ》（京都府綾部市物部町付近）では、承久の乱以後に、新補地頭として上原《うえはら》氏が入部したと言われている。この上原氏は元々信州国造流、諏訪《す わ》下社《しもしゃ》の神官の出で、諏訪郡上原村に住み、上原姓を名乗った土豪で、いわゆる諏訪神党の一族であった。ただ、その由緒書きによれば、上原右衛門丞景正《かげまさ》は一族を引き連れて物部に来たところ、村境の「ふとがはな」という地で、地侍たちが刃をそろえて妨げようとしたため、上原右衛門丞景正は使者を以て、「怒りを止め、我に奉公すれば扶持など与うべし」と説得したところ、地侍らは家来になり、上原氏は無事物部へ入部することができたという。

義時による濫妨停止

次に、北条義時は、東国武士と西国の人々らの紛争に、いつ頃から対応し始めたか。承久三年八月十八日の関東御教書によれば、北条義時は在京する弟時房に伊賀国《いがのくに》の御家人服部馬允康兼《はっとりうまのじょうやすかね》から、近年伊賀国で濫妨を行う輩が出来していると訴えがあったため、子細を調べ、道理に任せて成敗するように命じている（「三国地誌」一〇八）。ここから、乱が終わった約二ヵ月後には、義時も西国での問題発生に対応し始めたと言える。そして、承久三年八月二十一日の六波羅下知状写には「宇佐宮領への甲乙人の濫妨を停止し、関東御下文に任せて沙汰せよ」と明らかに「義時からの指示」を受けたことを示す文言が含まれている（益永家文書）。これ以後、六波羅が発給する文書には、この但し書きがしばしば書き加えられたものがみられるようになった。

それから約三ヵ月後の承久三年閏十月十四日の関東御教書案の中で、祇園社の所司は鎌倉に次の事を訴えている。それによれば、「祇園社《ぎおんしゃ》領丹波国波々伯部保《ははかべほ》において、甬戸朝守によって、相伝の下司盛経が追放されたり、土民の資財が追捕されたりした。このことを守護所に訴え、荘務を妨げないよう命じてもらったが、朝守は承引しなかった。そのため祇園社に備える御供が断絶してしまった」というものであった。このため、義時は時房に対し、もしこれが事実ならば、早く甬戸朝守の濫妨を停止させ、下司盛経の身の安全を保障せよと命じている（八坂神社文書）。

また、貞応元年（一二二二）七月七日には、但馬国《たじまのくに》の仁和寺《にんなじ》領新井庄《あらいのしょう》から多気下郷《たけしもごう》・三方郷《みかたごう》・日《ひ》置郷《おきごう》に散在する荘領に対し、地頭が妨げをするので「寺領は滅亡」してしまうという訴状が出され（仁和寺文書）、同年七月二十四日には、阿波国《あわのくに》の石清水八幡宮《いわしみずはちまんぐう》領櫛淵《くしぶち》別宮から新地頭秋本《あきもと》二郎兵衛尉の代官が、神民等の相伝の能田を選び取り、地頭分と称して支配したので、「農業が絶えてしまった」という訴状が提出されたため（石清水文書）、義時はこうした濫妨を停止するよう関東下知状を発給している。

さらに、貞応二年十二月八日に発給された関東御教書の中で、義時は伊賀国《いがのくに》の守護所使の狼藉を停止させよと六波羅の北条泰時に命じ、加えて、追捕のための損物は真相を明らかにした上で、長田庄の地頭に損物を返付せよと命じている（島津家文書）。

この他にも、承久四年四月十日の六波羅下知状案によれば、紀伊国高野山伝法院《きいのくにこうやさんでんぼういん》から寺領の「山《や》崎庄《まざきのしょう》　地頭伊豆御曹司」、「岡田庄《おかだのしょう》　地頭高麗兵衛尉《こまひょうえのじょう》」、「山東庄《さんどうのしょう》　地頭大炊助入道」、「渋田庄　地頭遠江太郎」、「相賀庄《おうがのしょう》　地頭大田馬允」、「石手《いわで》」、「弘田《ひろた》」では、地頭代が院宣や御室の下文に背き、領家の預所職を任用しなかったことを嘆く訴状が泰時や時房に提出されている（「根来要書」中）。このため、泰時と時房は地頭代に濫妨行為を停止するよう命じているが、貞応元年十月十九日には、濫妨行為が止まらなかったためなのか、これらの七ヵ所の内、六ヵ所（市庄、石手庄、岡田庄、山東庄、相賀庄、渋田庄）の新補地頭が義時の命で停止させられてしまった（「根来要書」中）。

以上のことから、幕府が新補地頭の濫妨に手を焼いている様子がうかがえる。

守護停止の一交渉例――播磨における安保氏の事例について

以上、乱後の勝ちに乗じて粗暴な振る舞いに及んだ西遷御家人らと早期の秩序回復を望む義時らとの応酬について触れたが、ここでは勲功により播磨国に地盤を築き始めた安保氏と義時の交渉の経過について述べていく。

まず、安保《あぼ》氏とは、武蔵七党の内の一党である「丹党」に属している一氏族で、『吾妻鏡』によれば、鎌倉時代の初期の頃は同じ丹党である中村氏や加治氏、勅使河原《てしがわら》氏などと共に源平合戦や幕府行事に参加している一御家人に過ぎなかった武蔵国の武士である。

しかし、一御家人に過ぎなかった安保氏にとっての転機は承久の乱であった。この時、安保氏は北条政子《まさこ》から「安保刑部丞実光《さねみつ》以下の武蔵国の軍勢を待って、急ぎ、上洛すべし」と名を挙げられたように、源平合戦のころから活躍していた安保氏の当主である安保実光は武蔵武士の中心人物となっていた。因みに、なぜ政子の口から安保氏の名が挙がったのかについては、安保実光の子実員《さねかず》の娘である「谷津殿《やつどの》」が泰時の後妻であり、北条時実《ときざね》という子を儲けていたからかもしれない。つまり、北条泰時は安保実員にとって娘婿の立場であった。

安保氏は北条泰時に従って東海道軍に加わり、『吾妻鏡』の承久三年六月六日条によれば、美濃国摩免土《まめど》（大豆渡）で官軍を破り、以後木曽川に沿う京方防衛ラインを崩壊させ、同六月十四日条では、宇治川の合戦に参加している。そして、宇治川の合戦で、安保実光は故郷を同じくする塩屋民部丞家経と共に、「自分たちは既に齢八十となり、病で死ぬと思っていたところ、いまこうして幕府の御大事が起きて、人並みに、宇治川で命を失うことは本望である」と語って、共に川に入って流されてしまった。また、「合戦勲功名」によれば、安保氏は前日の六月十三日の宇治橋合戦で、実光の息子の安保右馬允実員が負傷し、安保四郎・同左衛門次郎・同八郎は討ち死にしている。合わせると、安保氏は五人以上の死傷者を一族から出している。ここから、承久の乱で安保氏は多くの犠牲を払ったと言えるが、実光の跡を継いだ安保実員はその恩賞として幕府から本領とは別に播《はり》磨国《まのくに》須富庄《すとみのしょう》（兵庫県加西市）、近江国箕浦庄《おうみのくにみのうらのしょう》内村壱所の地頭職などが与えられ、さらに承久の乱後、播磨国の守護に任命されたと言われている。

では、安保氏が恩賞として得た播磨国でのその後の動向はどういったものであったのか。

まず、承久三年八月二十四日の関東下知状によれば、義時は播磨国の守護（実員）に播磨国這田《ほうだの》庄《しょう》と石作庄《いしづくりのしょう》に対する守護所使の入部を停止し、領家の支配に従うよう命じている（久我家文書）。これを受けて北条泰時も、承久三年九月十四日に、這田庄や石作庄について、鎌倉殿の下文に従いなさいと記した六波羅御教書を発している（久我家文書）。さらに、承久三年後十月七日には六波羅施行状案が下され、関東下知状案を受けた形で泰時は実員に対して這田庄と石作庄に対する守護所使の入部を停止するよう命じている（久我家文書）。ただ、それでも効果がなかったためか、承久四年四月五日の六波羅施行状では泰時と時房が連署して、早く関東下知状に任せて這田庄に対する守護所の煩いを停止するよう命じている（久我家文書）。このように、守護使の入部を停止するよう命じている発給文書が矢継ぎ早に四通も送られているにも関わらず、安保氏は義時らの命に容易に承服しなかったと言える。そして、その結果、貞応二年八月二十五日の関東下知状（広峰神社文書）には、

可令早任先下知、停止祇薗本社播磨国広峯社山上坂本守護使乱入事

右、如解状者、任建保四年行光奉書、去年十一月被成御下知状畢、然間、今年四月守護人小山判官朝政令成施行處、代官猶不用之、依令乱入所司神官住房私宅、散々被致煩之条、以外無道也云々、事若実者、背御下知、守護代入部、甚不穏便、早任先下知、可停止彼使乱入之状、依仰下知如件、

貞応二年八月廿五日

前陸奥守平（北条義時）（花押）

とあり、貞応二年四月の段階で、播磨国の守護は安保実員から小山朝政《おやまともまさ》へと交代していることがわかる。穿った見方をすれば、死を賭しての一族の勲功と泰時の舅である立場を盾にどうしても言うことを聞かない安保氏に手を焼いた義時が安保氏の後任として安保氏の本貫の地からさほど遠くない大族の小山氏をあてがったと考えられないだろうか。

国々守護人幷新地頭非法禁制御成敗条々事

それでは、このような御家人の西遷が原因で発生した紛争に対して義時はその後どう対処したのか。結局、義時は個々の事案に一件づつ対応していては、守護や新補地頭の濫妨を防ぎきることができないと悟ったためか、貞応元年四月二十六日に左記のような関東下知状を発給している（「新編追加」）。

国々守護人幷新地頭非法禁制御成敗条々事

一、京都大番事

一、謀叛人追討事

一、刃傷殺害人禁断事

糺真明僞、随実正、可致沙汰、

右、先相触所在之庄公、糺明犯否、任実令搦出之時、可請取之、無左右使者乱入事、可停止、兼又国司一所之中、検非違所別当為宗所職也、而守護人令管領之間、云盗犯放火、云人勾引、如此犯人不及成敗云々、早停止守護人之妨、任先例、可為検非違所之沙汰、

一、地頭等可存知条々

給分所知之外、任自由、近隣他領押領、可停止之、
次地頭者、守本地頭下司之跡、可致沙汰也、但本下司得分無下為之少之所者、随御使之注申、可有計御下知也、御成敗以前、不相待御計、領家預所郷司得分令押領之輩者、可処咎事、
次非指請所、任自由預所郷司追出事、慥可令停止、

一、新地頭補任庄園公領本地頭下司得分、為御使沙汰、可令注進之、

一、未被補地頭没収所々、為御使沙汰、可注進事、

如風聞者、去年兵乱之時、相従京方輩之所職所領、大略雖注進、猶為守護代等、隠籠庄公多之云々、而在庁官人等、恐守護代、詳不注進歟、慥任実正、可注申之、若又本下司雖無其咎、没収内仁注申之所々在之者、委尋明可注進也、

右條々、守仰旨可令下知、若猶背禁制之旨、張行自由非法之輩者、云守護人、云地頭職、可被改易也、可存知此旨之状、依仰下知如件、

貞応元年四月廿六日

陸奥守（義時）平　判

この関東下知状では、①京都大番役の事、②謀叛人の追討の事、③刃傷や殺害人禁断の事、④地頭等存知すべき条々、⑤新地頭任命の庄園・公領、本補地頭・下司の得分、御使の沙汰として注進せしむべきこと、⑥未だ地頭が補任されていない没収の所々、御使の沙汰として注進すべきこと、

などの六ヵ条にわたる法令を守護や地頭に対して命じている。

この中で、守護や新地頭の非法について記しているのは三条と四条である。この内、三条の「刃傷殺害人禁断の事」では（守護は）荘園や公領に連絡してから、（刃傷殺害人）の犯否を問いただし、事実であるならば荘園・公領側に身柄の引き渡しを要求してから（犯人を）請け取ること、勝手に使者を乱入させてはならないこと、などが定められている。

また、「盗犯放火」や「人勾引」の犯人逮捕は検非違使の仕事であり、守護は検非違使の職務を妨げてはならないと定められている。

次に、四条では、（新）地頭に対して勝手な近隣他領への押領を停止するとともに、本地頭や下司の先例を守るよう命じている。但し本（地頭）や下司の得分がなかったり、少なかったりしたら、幕府の命を待つべきで、命を待たずに領家の預所や郷司の得分を押領した者は、罪に処すと定めている。また、請所でないにも関わらず、勝手に預所や郷司を追い出すこともしてはならないと定めている。

このことから逆に、承久の乱後に、新守護や新補地頭が自領支配を強化するために、国衙の役人を脅迫したり、承久没収地と称して多くの荘園や国衙領を押領したりしていることがうかがえる。そして、義時はなお禁制に背く者がいれば、守護人だろうが、地頭職だろうが、改易すると宣言しているのである。

よって、先の七ヵ所の高野山伝法院領の内の六ヵ所（市庄、石手庄、岡田庄、山東庄、相賀庄、渋田庄）の新補地頭を停止させたり、安保実員が小山朝政に守護職を交代させられたりしたのはこの「国々守護人幷新地頭非法禁制御成敗条々事」に抵触したためではないかと考えられる。

ただ、義時はそれでも足りないと思ったためか、一ヵ月後の五月十八日に、尾張国から順々に代官を派遣せよと時房や泰時に命じている（「新編追加」）。

また、義時は貞応二年七月六日に、地頭の得分はその支配地域の田畠それぞれ十一町ごとに十町を「領家・国司分」とし、一町を「地頭分」とすると共に、さらに地頭は一段につき五升の加徴米を徴収できると定めている（「新編追加」）。この貞応二年七月六日に発給された関東御教書はいわゆる「新補率法」について定めたものであるが、義時が発した「新補率法」とは「領家・国司」と「新補地頭」の両者の主張の「落としどころ」を探して制定したものであったと考えられる。

以上をまとめると、承久の乱後に発した義時の「国々守護人幷新地頭非法禁制御成敗条々事」とは、それまでの個々の事例に対して命じたものではなく、不特定多数の守護・地頭に対する法令を全国に向かって発することで、結果的に武士社会における初の「法の支配」を現出させたということになったのではないだろうか。

終わりに

「後世よりこの君の事業を論ずれば、その欺詐狡猾《ぎさこうかつ》、賤《いや》しむべきに似たれども、…（中略）…昔日《せきじつ》は世間を制するにただ武力のみありしもの、今日に至りてはこれに代るに智力を以てし、腕力に代るに狡猾を以てし、暴威に代るに欺計を以てし、或いは諭し、あるいは誘い、巧に策略を運らしたる趣を見れば、たといこの人物の心事は鄙劣なるも、その期するところはやや遠大にして、武を軽んじ文を重んずるの風ありと言わざるを得ず」とは、福沢諭吉が『文明論之概略』でフランス王ルイ十一世を評した言葉であるが、これは義時の人となりを評したと捉えても間断するところがない。ただ、そこ

承久の乱では、敵対する者に対する義時の苛烈な一面が浮き彫りになったと言える。

から垣間見えるのは粗暴な振る舞いが絶えない武闘派の御家人らと違って、周囲の人々、幕府の官僚や部下となった御内人らに対する心遣いとその清貧さであり、日蓮が評した「不妄語の人」である。内々は専制的であってもそうでなければ、人を法に服させることはできない。

また、乱前後の言動から明らかなのは、前世や神仏の存在を信じる一人の中世人の姿である。この点を補ったのは大江広元や三善康信ら、学や法を生業とする幕府の官人の存在であっただろう。論理は「怪力乱神」を遠ざけるからである。

義時は、必ずしも望まなかった戦（承久の乱）に完勝した後、足早にこの世を去ってしまった。だが、西国に放った東夷の群れを取り締まるため、彼が発した「国々守護人幷新地頭非法禁制御成敗条々事」という法令は後に一般化し、後年泰時の「御成敗式目」制定に繋がったと言える。そのような意味で、義時は武家社会における法治主義の精神を最初に体現した存在であったのではないかと考える。

第五部

偽史・史跡・伝承

◉第一章

「予章記」にみる源氏三代と北条氏

はじめに

伊予の開発領主河野氏には、孝霊《こうれい》天皇第三皇子伊予親王から応永元年（一三九四）河野通義《こうのみちよし》が没するまでの河野氏の歴史を描いた「予章記《よしょうき》」という記録がある。十五世紀前半頃に原型が成立し、後半頃に現在の形が誕生し、その後増補がなされた。(1)「予章記」には多くの文書（偽文書も含む）も写されており、史料の少ない中世前期では貴重な記録である一方、治承・寿永の内乱以前の記述の中には、荒唐無稽なストーリーもあり、家に伝わる伝承が記される家記とも言える。

この「予章記」には、治承・寿永の内乱から承久の乱まで当主だった河野通信《みちのぶ》の詳細な事績が書かれ、その中に源氏発給の偽文書が引用される。また通信は北条時政《ほうじょうときまさ》女を室に迎え北条氏と姻戚関係があったため、北条氏に関する記述も見える。本稿では近世に成立する家譜・軍記も利用して、源氏三代や北条氏といった権力者が、後世どのように描かれていたのか、河野氏にとってどのような存在であったのか検討してみたい。

1――「予章記」にみえる源頼家まで――「予陽河野家譜」と併せて

「予章記」には、四十四通の文書が写される[2]が、源氏三代のうち、源《みなもとの》頼朝《よりとも》までの時期に限ると六通の文書が写される（掲載順）。

Ⓐ寿永二年（一一八三）十二月三日付九郎（源義経）御曹司殿宛梶原景時奉書写（二―⑦）
Ⓑ（寿永三年）正月十一日付河野四郎（通信）殿宛源義経書状写（二―⑦）
Ⓒ（年未詳）正月十一日付河野冠者（親清カ）殿宛源為義書状写（二―⑦）
Ⓓ治承三年（一一七九）十月三日付河野四郎殿宛源頼朝書状写（二―⑧）
Ⓔ（文治元年〈一一八五〉）三月二日付河野四郎殿宛源頼朝書状写（二―⑧）
Ⓕ元暦二年（一一八五）七月二十八日付河野四郎殿宛源頼朝書状写（二―⑫）

山内譲氏が、Ⓐ～Ⓕは「偽文書であることがはっきりしている」[3]と述べていることから、これまで内容の検討はなされていないので簡単に説明すると、Ⓐは頼朝と通信は「先祖親昵之内儀」があると義経《よしつね》に述べる（通信の曾祖父は源頼義《よりよし》。後述㋑）。Ⓑは義経に酒肴の差し入れをした通信への礼状。

Ⓒは親清《ちかきよ》が近江の合戦に従軍したことなどに対する礼状。Ⓓは西国では通信以外親しい者がいないので、頼朝が頼みとしていると記す。Ⓔは本領安堵、Ⓕでは道後七郡(4)の守護職を安堵している。発給者は頼義・義経・頼朝の三者であるが、ⒶⒹⒺⒻは頼朝と通信が親しいこと、ⒶⒸは頼朝以前から河野氏との関係性が生じていることを示している。本文は『予章記』を参照されたい。

その後、池田寿氏が現存する一紙の原本(ⒶⒷⒸⒺ)を検討し、筆跡を変える努力をしているものの、すべて同筆で十四世紀の料紙を使用していると指摘する。(5)頼義・義経はともかく、頼朝発給とされる疑偽文書が多数作成されていることは知られており、(6)これらもそのうちの一部なのだろう。ⒶⒷⒸⒺが作成されたといわれる十四世紀には、河野氏と細川氏が伊予支配や守護職をめぐって激しく争っていた。また山内氏は「予章記」編者が守護に強い関心を持っていたことを指摘している(7)(『予章記』二―⑫【補註】、以下書名は省略する)。これらの文書は、河野氏が細川氏と対抗するために伊予支配の正統性を主張する必要に迫られて、細川氏がまだ存在していない平安末期から源氏及び将軍との関係の深さを誇示する文書を作成したと想像されよう。

では引用文書以外の「予章記」本文に見える源氏とのつながりについて、具体的に挙げてみると、㋐源頼義が伊予守に任じられ、伊予に下向し薬師堂や八幡宮を建立した(一―⑯)。㋑頼義には八幡太郎義家《よしいえ》・賀茂次郎義綱《よしつな》・新羅三郎義光《よしみつ》以外に三島四郎親清なる息子がおり、男子のいなかった河野親経《ちかつね》の娘婿となって河野家を継ぎ「河野冠者伊与権介」となる(一―⑯)。㋒保元・平治の乱では「源家」に従い軍功を挙げた(二―②)。㋓通信は時政の聟で頼朝と「婭《あいむこ》」である(二―④)。㋔頼朝が幕府での座次を、頼朝・時政・通信の順に定めた（二―⑩）。㋕通信が承久の乱で京方についた理由として、幕府内で地位が向上したのは、妻が実家の北条氏のおかげと述べたことに腹を立てたとし、源氏が原因ではないことを示唆する（二―⑬）。もちろん㋓以外は、事実ではないか実証できない事柄である。

これらの偽文書は、源氏との関係が深いと述べる「予章記」本文を補完し、河野氏こそが伊予を支配するにふさわしいと主張する史料として使われた。頼朝は所領安堵や守護職補任を通じて、河野氏の伊予支配の正統性を付与できる立場として描かれていると言える。

これ以外に通信と頼朝の関係を示すものとして、通信が頼朝から拝領したとされる太刀がある。元亀二年（一五七一）、朝倉義景《あさくらよしかげ》は竹生島大聖院に太刀を奉納した(8)。この太刀について「従頼朝与州河野先祖（通信）江被下候、然而河野依立願有之、叡山江奉進献訖」とあり、頼朝が通信に与えた太刀を通信が比叡山に寄進したと説明している。十六世紀まで通信と頼朝の関係を示す話が、両者と無関係のところで残っていたことは重要である。この由緒の真偽は確認できないものの、通信と京都との関係を考えると(9)頼朝拝領かはともかく、比叡山に太刀を献じる可能性は十分にあるだろう。

次は二代将軍源頼家《よりいえ》である。「予章記」の増補本（二―⑨【校異】）に「吾妻鏡《あずまかがみ》」建仁三年四月六日条と同内容が記される。翌日に通信が帰国するので「御教書」を給わったという。ただし両者とも「御教書」本文の記載はない。しかし、近世に編纂された「予陽河野家譜」(10)に「御教書」本文の記載があるので引用する（読点は私に振った）。

伊豫国住人河野四郎通信、自幕下《源頼朝》将軍之御時以来、殊抽奉公之忠節之間、不懸當国守護人佐々木三郎兵衛尉盛綱法師奉行別而可致勤厚、兼又如元可相従国中近親并郎従等之状、依鎌倉殿仰下知如件、

建仁三年四月六日

内容は取りづらいが、「如元」とあるので、何らかの理由で近親と郎従の支配を制限されていたものが頼朝時代からの忠節により解除されたのだろう。少なくとも通信が御家人身分にあることは確認できる内容である。これも偽文書であり、『愛媛県史』資料編古代・中世（以下、『愛媛』）には採録されていない。

2――「予章記」にみえる源実朝――「予陽河野盛衰記」と併せて

次に、三代将軍源実朝《さねとも》が「予章記」にどのように描かれているのかみていくことにしたい。同書に引用される実朝発給の文書は、以下の二通である。

Ⓖ（年未詳）五月四日付河野四郎《通信》殿宛源実朝書状写（二―⑨）

Ⓗ（年未詳）霜月一日付河野殿宛源実朝書状写（二―⑨）

この二通もⒶ～Ⓕと同様、山内氏が「偽文書であることがはっきりしている」と述べているもの

である。一般的に実朝の疑偽文書は、頼朝ほどに注目されることは少ない(11)と思われるので以下に引用する(12)（返り点は本文通り）。

又実朝御書云、

Ⓖ道後官《管》領事、御本領之上不及子細候、故殿《源頼朝》之御時、差無恩賞候、返々無念候、当国守職《護脱》并闕所等、雖望申輩候、是非可申計候也、兼又八郎殿給候御志難申尽候、朝夕随遂心安候、今年可差随兵之由、自谷殿仰候、出仕之事、可加扶持候上者、不義之事不可有之、宜為御計候歟、恐々謹言、

五月四日　左《源実朝》近衛中将

河野四郎《通信》殿

又八郎殿随兵之事ニ付テ、同御書ニ云、

Ⓗ八郎殿随兵之事、依谷殿仰去八月勤仕候畢、会手里見冠者《義成カ》、年僧《増カ》として下手ニ相並候、返々悦入候、兼又伊与国守護職并新居西条両庄之事、先度親忠下向之時書進宛書候キ、定下着候歟、諸事期御参候、恐々謹言、

霜月一日　左近衛中将

河野殿

如此御書等雖二多々候《脱アルカ》一、無二別之儀一候、（後略）

内容は、頼朝の時代、通信にさしたる恩賞がなかったのは無念であること、「谷殿」の仰せによ

り「八郎殿」を随兵とすること（以上Ⓖ）、「八郎」が随兵をつとめて喜ばしいこと、守護職と「新居西条両庄」を与えること（以上Ⓗ）を伝えている。

Ⓐ～Ⓕであれほど頼朝との関係を強調しているにもかかわらず、恩賞が無い（Ⓖ）とは奇妙である。実朝の文書では、道後七郡の守護職（Ⓕ）が伊予国守護職（Ⓗ）と一国に拡大され、随兵（御家人役）を命じられるなど、幕府との関係性がさらに深まっている。Ⓐ～ⒻとⒼⒽでは、辻褄が合わないこともあり、作成時期や動機が異なる可能性があろう。

Ⓗの新居西条庄はもとは新居庄、後に西条庄と呼ばれる。実朝室が実朝の菩提を弔うために建立した西八条御堂へ北条政子が寄進して成立した荘園である。愛媛県西条市の金剛院光明寺には、七重の石塔が残され実朝の供養塔（遺髪塔）と伝えられるなど、[13] 実朝ゆかりの荘園でもある。新居庄（西条庄）の相論で、この実朝書状が使用された形跡は見えない[14]ので、西八条御堂とは無関係のところで文書が作成されたと考えられよう。

発給年は、後段に「建暦三年新居西条庄ヲ賜フ、建保六年ニ一国ノ守護ニ被補畢」（二―⑫）とあり、内容からⒽⒼを指していると思われるので、Ⓖは建保六年（一二一八）、Ⓗは建暦三年（一二一三）に比定している。近世に編纂された家譜類で確認してみると、「改姓築山之事河野家之譜」[15]（築山本河野家譜）・早稲田大学図書館所蔵「河野家譜」[16]も「予章記」と同年である。「予陽河野家譜」は二通とも建保六年に比定している。天明四年（一七八四）に臼杵藩稲葉家が編纂した「河野家譜」（稲葉本河野家譜）では、建保四年七月に実朝が左近衛中将となり同六年正月に権大納言に就任していることを根拠にⒼⒽを建保五年と比定する。[17] 河野正信氏所蔵「河野家譜[18]」では、ⒼⒽともに文書中に「建暦三年」と書き入れている。

次に近世に編纂された河野氏に関する記録のなかで、延享四年（一七四七）刊行と成立年が明確な「予陽河野盛衰記[19]」を見てみたい。同書は版本として一般に流通したので、版本が確認されない「予章記」よりも人口に膾炙したと思われる。著者は重見右門通号とあり、実名に河野氏や河野氏の一族で被官化した者たちの通字「通」を用いていることから、伊予の重見氏の流れを意識した人物であろう。内容は書名通り、河野氏の始まりから盛衰を描くが、伊予国一宮の大山祇神社《おおやまずみじんじゃ》[20]（愛媛県今治市大三島町）に関する話も多く収録されている。同書には五十四通の文書が引用されており、今回取り上げているⒶ〜Ⓗに該当するものは、巻之第九・第十に掲載する。「予章記」の文書と内容が対応するものを「↓」で示した。

ⓐ寿永二年霜月三日付九郎御曹司殿御陳所人々御中宛梶原景時奉書写　↓Ⓐ
ⓑ寿永三年正月十一日付河野四郎殿宛源義経書状写　↓Ⓑ
ⓒ治承三年十月三日付河野四郎殿宛源頼朝書状写　↓Ⓓ
ⓓ文治元年四月二日付河野四郎殿宛源頼朝書状写　↓Ⓔ
ⓔ（年未詳）五月四日付河野四郎殿宛源実朝御内書?写　↓Ⓖ
ⓕ（年未詳）五月四日付河野四郎殿宛源実朝書状写　↓Ⓖ
ⓖ建保三年霜月一日付河野四郎殿宛源実朝判物?写　↓Ⓗ

これを見るとⒸⒻが引用されずⒼに該当する文書が二通あるなど、「予章記」と相当に異なることがわかる。そこで比較のためにⒼⒽに該当する文書が載る部分を引用してみたい（ルビと返り点は省略し、読点は私に振った）。

被補通信於予州守護職事

去程二年、暦押移リテ程ナク、三代将軍実朝公ノ御代ニソ成ニケル、河野通信ハ外戚ノ御好ニ依テ、殊ニ御懇切有シ然ル処、右大将家《（源頼朝）》ノ御時勲功ノ賞トシテ、道後七郡ハ新恩ニ賜ル、此時諸国庄園古今トモ混雑スルヲ改ラル、依テ通信へ新恩ノ地此度僉議ヲ経ラルノ処ヲ被加御書、

ⓔ道後七郡管領之事、本領之上不及子細候、故殿《（源頼朝）》御時無差恩賞候、是非可計申也、委者中含善信《（三善）》者也、

五月四日　左近衛中将《（源実朝）》

河野四郎《（通信）》殿

外ニ御書ヲ添ラル

ⓕ八郎給り候て御心入申つくしかたく、朝夕随遂こゝろやすく候、今年随兵の事、谷殿より承候、出仕等の事扶持加へく候、かしく、

五月四日　左近衛中将

河野四郎殿

其ノ後亦

ⓖ八郎随兵之事、去八月勤仕候畢、会計里見冠者（義成カ）年増下手ニ相並候、返々悦入候、兼亦伊予一国一円守護職并新居西条両庄之事、先度親忠下向之刻、書遣宛書候キ、定而差下候歟、諸事期後参、不具、

建保三年霜月一日　　実朝　御判

河野四郎殿

此書ニ谷殿トハ二位殿（北条政子）御妹通信ノ室也、此吹挙ニ依テ三男八郎通秀ヲ随兵ニ被召ケル也、（後略）

最初の地の文は解釈しづらいが、通信は頼朝から勲功として道後七郡を与えられていたが、実効支配ができていないのでⓔを再発給したという意味だろうか。そして実朝は「谷殿」の依頼で、「八郎」に随兵をつとめさせることを承知し（ⓕ）、「八郎」が随兵をつとめたことに対する礼、伊予守護と新居西条庄を与えること（以上ⓖ）について書かれている。

ⓔは取次に三善善信《みよしぜんしん》を挙げ、室町将軍の御内書と同様の形式であるが、鎌倉時代に御内書形式は存在しない。ⓕⓖに見える「谷殿」は、これまで不明であったが（二―⑨【注釈】）、政子の妹で通信室（時政女）を指し、通信帰国後も鎌倉に住していたことが判明する。また「予章記」によると、通秀は通信の嫡子得能通俊《とくのうみちとし》の長男にあたる。これらの文書からは、将来の嫡子が年長者に対する気遣いもしつつ、御家人役を立派に勤め上げたという誇らしさがにじみ出ていよう。

「予陽河野盛衰記」と「予章記」の偽文書は、記載の仕方は異なるものの、両者とも通信が将軍家が近しい立場であることを強調する内容となっている。とくに「予陽河野盛衰記」では、「八郎」

が御家人役をつとめたことに対する礼状を単独で載せ、頼朝時代よりも将軍との個人的なつながりが深いことを強調している。そして、Ⓗⓖによって通信が伊予守護に補任され、河野氏こそが伊予一国を支配するにふさわしいと主張する史料として使われ、実朝は頼朝同様、守護職を補任し支配の正統性を付与できる立場として描かれている。

3──「予章記」にみえる北条氏

「予章記」に登場する北条氏は政子《まさこ》と時政のみである。「予章記」内の政子は、㊁のように書かれ、存在は示されるものの名前は登場しない。前述のⒼⒽⓕⓖを偽作した人々は、尼将軍政子と通信室は姉妹なのだから、通信室にも政子同様の権力があるはずだという認識のもとに作成したのだろう。そういう意味では、通信室の姿に政子が投影されているとも言える。このような政子の評価の背景には、「予章記」が編纂された室町期以降、河野氏が伊予国の大半を勢力下に治めていた実態と、北条氏が鎌倉幕府を取り仕切ったという後世のイメージがあるのではないだろうか。

「予章記」では承久の乱について三島明神が京方は敗れると予告するものの、通信は京方につくのが「武道ノ正路」であり「正直堅固」さによるものだと述べている（二─⑪）。一方後鳥羽院《ごとばいん》に対しては、頼義の末裔たる通信が、家格の低い北条氏出身の妻に、いわば馬鹿にされて腹が立ったためと語っている㋕。「予章記」は家記としても編纂されたのだから、京方についた理由は前者だけで成立するにもかかわらず、わざわざあけすけに語ったような内容まで記述されている。もしかすると、これが本当に原因の一つとなっているのかもしれない[21]。

一方時政については、前述の㋓㋔以外に、通信の子のうち通政・通久の母を時政女と表記している（二―⑯）。また承久の乱で通信が流罪になったにもかかわらず、幕府に従った通久が許されたのは「北条ノ孫」であったため（二―⑯）とする記述のみで、時政と通信の個人的な関係は記録されていない。承久の乱以降、「予章記」には鎌倉や鎌倉幕府に関する記述がほとんどなくなるので[22]、北条氏の記載がないことは、それほど気にする必要はないかもしれない。ただ、承久の乱後には五十三ヵ所の所領・公田六十余町・一族百四十余人の旧領を収公されたとしている（二―⑭）。この数字の真偽は確認できないものの、通信は流罪となった（二―⑭）。それらに対する言い訳として、北条氏との婚姻が本意ではなかったとしているのだろう。

その後、河野通治《みちはる》（通盛）は建武二年（一三三五）に「河野四郎通信跡」を安堵され[23]、正平二十年（一三六五）になっても、九州の懐良親王から河野通尭（後の讃岐守通直）に初めて発給された文書で「伊□（予）国守護職并通信跡相伝□（之）地」を認められている。実態のない河野通信跡の安堵を要請しているのは、この収公が河野氏という家にとって大きな痛手として記憶されたからではないか。そのきっかけを作ったのは、通信室＝政子の妹＝北条氏という認識があって、「予章記」に北条氏の名前そのものが記録されなかったのかもしれない。

おわりに

「予章記」本文や、引用される偽文書をもとに、源氏三代及び北条氏がどのように描かれているのかみてきた。中世から近世に至っても、頼朝は武家政権の創始者であり、実朝も征夷大将軍として、河野氏に伊予支配の正統性を付与できる存在と認識されていることが確認できた。とくに頼朝とは個人的な紐帯を思わせる文書となっている。(24) 二代目の頼家は、「御教書」を発給している。「御教書」は将軍の意志を体現したものであるので、頼朝・実朝と同様に考えていいのではないか。実朝の文書では守護とセットで新居西条庄というゆかりの地名が登場する。偽文書は利用目的があって作成されるが、(25) 偽文書と新居庄の関係は今後の課題としたい。また「予章記」を編纂した十五世紀頃の河野氏嫡流家は、家の由緒として通信の曾祖父源頼義との関係を非常に重視していた。おそらく、伊予支配の正統性を主張できる頼朝や実朝の文書の存在は、細川氏や庶子家との争いのなかで重要だったと推測される。

一方、政子・時政＝北条氏は河野氏繁栄の基礎を築いた反面、承久の乱の敗北を想起させる存在となったのではないか。そのため河野氏の繁栄は北条氏のおかげだという通信室の話、北条氏は河野氏より家格が低いといった通信の発言が記録され(カ)、その後の河野氏にとっていわば汚点となったのだろう。この記憶が長らく河野氏に伝わり、「予章記」の北条氏の記述の少なさなどへとつながったのではないか。

最後に、「予章記」の編纂者は十四世紀頃作成されたと推測されている偽文書をなぜ掲載したのだろうか。「予章記」が編纂された十五世紀から頼朝の時代までは、二百年以上のタイムラグが存在する。十五世紀にどのような形でこれらの文書が伝わっていたのかは不明であるが、真偽の判断はすでにできなかっただろう。[26] これらの文書は、家の正統性を示す効力があり由緒を語る史料として認識され、使用されたと思われる。

家記・家譜とそれに引用される偽文書といった後世の史料を用いたため、曖昧な表現や推測が多くなってしまったことは否めない。しかし、中世前期の同時代史料は、大寺社などを除けば豊富とは言い難い。偽文書の利用目的やその効果を考えることで、後世どのような時代と捉えられていたのかを知る一端となるのではないだろうか。

【注】

(1) 佐伯真一・山内譲校注『予章記』(『伝承文学注釈叢書』一、三弥井書店、二〇一六年)。底本に加越能文庫本を使用している。以下、断らない限り「予章記」の本文や注釈は本書による。作者は「稲葉本河野家譜」では久万通賢を「伝于世豫章記作者也」とする。西尾和美「『予章記』に探る中世河野氏の歴史構築——長福寺本を中心に」(『四国中世史研究』一二、二〇一三年)は、庶子家の河野通之の系統の立場で編纂されたとする。山内「『予章記』の成立」(『予章記』所収)では、河野氏嫡流家が編纂したと述べる。

（2）「予章記」増補本には、これ以外に計四通の写が存在する（『予章記』）。各写本については、佐伯「『予章記』の諸本と伝承文学的価値」（『予章記』所収）を参照。

（3）山内譲「解題・予章記」（伊予史談会編『予章記　水里玄義・河野分限録』『伊予史談会双書』第五集、愛媛県教科図書株式会社、一九八二年、一九四頁。筆者は一九九四年改訂版を使用）。山内氏は『予章記』二―⑦⑧⑨⑫【注釈】で、具体的に偽文書の根拠を述べている。『愛媛』には採録されていない。

（4）中世前期の「道後」は、和気・温泉・久米・伊予・浮穴・喜多・宇和の七郡である（久葉裕可「鎌倉初期における河野氏の権限について――いわゆる「元久下知状」の評価を中心に」『四国中世史研究』三、一九九五年）。

（5）池田寿「文化財調査における筆跡」（湯山賢一編『文化財と古文書学』勉誠出版、二〇〇九年）。同書には写真も掲載されている。

（6）黒川高明『源頼朝文書の研究』史料編（吉川弘文館、一九八八年）。

（7）「予章記」が編纂された十五世紀は、嫡流家刑部大輔通直（初名教通）と庶子家通春が守護職などをめぐって争っていた時期でもある。

（8）（元亀二年）六月二日付朝倉義景書状「竹生島文書」（長浜市長浜城歴史博物館企画・編集・発行『竹生島宝厳寺の歴史と寺宝』16号文書、二〇一〇年）。同書解説によると、太刀は近世の出開帳にたびたび出品されたが現存していないという。

（9）通信は後白河院の北面であった（小松茂美「右兵衛尉平朝臣重康はいた――「後白河院北面歴名」の出現」『水茎』六、一九八九年）。

（10）西条市立東予郷土館所蔵写本を翻刻した。ほかに東京大学史料編纂所架蔵謄写本・国立公文書館所蔵写本・伊予史談会文庫所蔵写本を参照している。翻刻に景浦勉校訂『予陽河野家譜』(歴史図書社、一九八〇年)がある。

(11) 久保田和彦「源実朝の発給文書」(北条氏研究会編『北条氏発給文書の研究　附発給文書目録』勉誠出版、二〇一九年)では疑偽文書の存在自体に触れていない。前注6黒川著書では実朝発給文書に検討の要ありといった記述はなされるものの、『源頼朝文書の研究』研究編(吉川弘文館、二〇一四年)では実朝発給文書への言及はない。

(12) 筆者撮影の「加越能文庫本」で翻刻し、読点は私に振った。

(13) 山内譲「源実朝の記憶――新居西条庄」(『伊予の地域史を歩く』青葉図書、二〇〇〇年)。

(14) 嘉吉二年十月日付遍照心院雑掌申状「森田清太郎氏所蔵文書」(『愛媛』一二七三)に、新居庄地頭職を鎌倉時代から知行していることを述べるも、足利尊氏以前については具体的な由緒は挙げていない。

(15) 本稿では、東京大学史料編纂所架蔵謄写本を使用している。翻刻には景浦勉編『河野家譜　築山本』(伊予史料集成刊行会、一九七五年、一九八二年改訂)がある。

(16) 「早稲田大学図書館古典籍総合データベース」で画像が公開されている。

(17) 大分県立先哲史料館所蔵「稲葉文書」所収「河野家譜」。稲葉家は伊予河野氏の末裔と主張し、文書の収集、系譜や家譜の編纂を行っている。Ⓖには「此本書、在稲葉嫡家右京亮景通蔵之、伝子孫為家宝」と注記があり、臼杵藩主稲葉景通(寛永十六〈一六三九〉~元禄七年〈一六九四〉)はⒶⒷⒸⒺのような一紙の文書を所蔵していた。文書には花押も写されており、かなりよく似せている。

(18) 黒田彰・岡田美穂編・解説『軍記物語研究叢書』第八巻未刊軍記物語資料集8聖藩文庫本軍記

物語集4（クレス出版、二〇〇五年）。寛文四年（一六六四）大聖寺藩に仕えた河野春察の子孫に伝来した。『予章記』では、「聖藩文庫本『河野家譜』」と誤表記されているので、利用には注意が必要である。

(19) 全十六巻。題簽に「河野軍記」と書かれることから、「日本古典籍総合目録データベース」では「河野軍記」と同一書誌とされているものの、Ⓖ Ⓗに該当する文書は引用されていないなど、内容が異なるので別書誌である。本稿では国立国会図書館所蔵本（同館所蔵マイクロフィルム）と、今治市河野美術館所蔵本（国文学研究資料館架蔵マイクロフィルム）二種を確認した（いずれも原本は未見）。国会本は、延享四年吉田四郎右衛門・萬屋仁兵衛・芳野屋作重郎・鱗形屋源左衛門刊で、現在は三冊に合本されている。河野美術館本のうち一つは、延享四年渋川清右衛門・松村九兵衛・鳥飼市兵衛刊の八～十六巻の残欠本である。もう一本は十六巻揃いで、延享四年渋川清右衛門・松村九兵衛・鳥飼市兵衛刊の吉文字屋市兵衛の後印本のため、刊年は不明で全十八冊である。国会本は、本文の後に元文四年（一七三九）の跋、奥付となる。河野美術館後印本は、本文が終わるとすぐ奥付で跋は冒頭の序の後にある。河野美術館残欠本も本文のすぐ後に奥付がある。一般的に跋は本文の後に付せられることが多いので、河野美術館残欠本も後印の可能性があろう。そのため今回は国会本を用いた。版心の書名に「予章」とあるので、編纂に「予章記」が関係している可能性がある。

(20) 『愛媛』に三通採録されている。『愛媛』の底本は伊予史談会文庫所蔵本である（筆者未見）。

(21) 宝治合戦の際、毛利季光は妻（三浦泰村妹）の説得で三浦方についている（『吾妻鏡』宝治元年六月四日条）。妻の発言が当主の意向を左右することはあり得ただろう。

(22) 承久の乱以降、鎌倉幕府の存在をうかがわせるのは、徳治三年三月二十五日付関東御教書「尊経閣古文書纂編年文書」（『鎌倉遺文』補遺編・尊経閣文庫文書一七三号　東京堂出版　二〇一六年）が発給されたことを記すのみである。通信帰国後の『吾妻鏡』に見える河野氏は庶子である。「予章記」の記述は、当主の事績を詳細に、庶子は簡潔に記していることが多い。そのため通久の記載も簡潔である。おそらく鎌倉で御家人役をつとめたのは庶子であったために、鎌倉における河野氏の動向は、「予章記」に記録されなかったのだろう。

(23) 建武二年九月十六日付足利尊氏御判御教書写「善応寺縁起」（拙稿「南北朝期の河野通盛――「善応寺縁起」の紹介」『鎌倉』一二八・一二九、二〇二〇年）、建武三年二月十八日付足利尊氏袖判御教書「山城国淀稲葉文書」（国文学研究資料館所蔵。『愛媛』五八七では東京大学史料編纂所架蔵影写本「山城淀稲葉文書」を使用している。昨年筆者は、国文学研究資料館に原本が所蔵されていることを発見し正文と確認した）、正平二十年五月十日付懐良親王綸旨「河野通直原蔵河野文書」（『愛媛』八七七）。

(24) 千葉常胤が政所下文を拒否し、頼朝の花押が据えられた文書を要求したエピソード（『吾妻鏡』建久三年八月五日条）と同質のものであろう。

(25) 大山祇神社の社家の一つ菅原弥九郎大夫家は、天正九年（一五八一）に元久二年（一二〇五）付の下文を作成しているが、現代の古文書学の基準で見れば、様式や内容等に誤りが認められる（拙稿「「大山積神社文書」所収元久二年の二通の下文について」『四国中世史研究』一二、二〇一三年、拙稿「村上吉継と大山祇神社社家――「徴古雑抄」伊予二所収「三島神官家文書」の紹介を兼ねて」橋詰茂編『戦国・近世初期西と東の地域社会』岩田書院、二〇一九年）。

(26) 前注25。

◉第二章

北条義時と武士の都鎌倉

北条義時《ほうじょうよしとき》は、源頼朝《みなもとのよりとも》に従って治承四年（一一八〇）十月相模国鎌倉に入った。それ以前の鎌倉は、「辺鄙」な場所とされていた（『吾妻鏡』）。頼朝は、大倉郷《おおくらごう》に御所を造営し、その西方の小林郷《こばやしごう》に鶴岡八幡宮《つるがおかはちまんぐう》を勧請した。御家人たちは御所の周辺を中心に館を建て、鎌倉が武士の都となっていった。ここでは、義時と関係が深い御所（幕府）、鶴岡八幡宮、鎌倉内にあった義時亭、義時ゆかりの大倉薬師堂（後の覚園寺《かくおんじ》）、義時の墓（法華堂）、大慈寺について見ていくことにする。

1――大倉御所と御所の変遷

大倉御所は、源家将軍三代（源頼朝、頼家《よりいえ》、実朝《さねとも》）の館で、幕府の中心施設であった。この御所は六浦道《むつらみち》の北側に沿って造られていた。六浦道は源義朝の亀谷《かめがやつ》邸跡（現在の寿福寺《じゅふくじ》）辺りから武蔵国《むさしのくに》六浦まで通じる道で、古代からある重要な東西道であった。

大倉御所の範囲は、現在の鎌倉市雪ノ下三丁目一帯（清泉小学校全域、横浜国大付属鎌倉小・中学校敷地半分など）と想定されている。御所の東境は東御門川《ひがしみかど》、西境は西御門川《にしみかど》（横浜国大付属鎌倉小・中学校内を南北に流れていた）で、川を堀として利用した。北境は現在の西御門二丁目との境となる東西道である。広さは、東西が南辺約三九〇メートル（関取橋《せきとりばし》から筋替橋《すじかえばし》まで）・北辺約三三〇メートル（東御門旧跡碑から横浜国大付属鎌倉小・中学校敷地内まで）、南北が約二二〇メートルで、敷地は平行四辺形に近い形である。この一帯に残る東御門や西御門や南御門《みなみみかど》などの古い地名は、大倉御所の門名に由来する。近年の発掘調査で、十二世紀後半の掘立柱建物の柱穴跡などが確認されている。

治承四年十月、源頼朝は大庭景義《おおばかげよし》を造営奉行に任じ、同年十二月、大倉御所に移り住んだ。養和元年（一一八一）八月、北条義時ら有力御家人の子弟を寝所近辺に警備するよう命じている。

御所内には、寝殿・侍所・問注所・持仏堂・学問所・小御所・御厩などがあった。後に、大倉御所の東側に北条政子《まさこ》の館（尼御台所御第・東御所）が造られている。この地が発掘調査され、政子の館と想定される大型掘立柱建物群が確認された。大倉御所は、建久二年（一一九一）三月大火で全焼し、同年七月に再建された。また建保元年（一二一三）五月の和田合戦では戦場となり全焼し、同年八月再建された。実朝死後、政子が大倉御所に移るが、承久元年（一二一九）十二月大火で全焼した。

元仁元年（一二二四）六月、義時が御所再建の評議中に急死する。北条泰時は大倉から若宮大路東側への御所移転を決め、自邸の南側に御所（宇都宮辻子《うつのみやずし》御所）を新造し、嘉禄元年（一二二五）三寅を迎えた。三寅はここで元服し頼経と名乗っている。その後、嘉禎二年（一二三六）泰時は自邸内南部に御所（若宮大路《わかみやおおじ》御所）を新造し、頼経を移した。この御所が、元弘三年（一三三三）の幕府滅亡まで将軍の御所となった。

2――鶴岡八幡宮

鶴岡八幡宮は、鎌倉市雪ノ下にある。大臣山中腹の本宮（上宮）に応神《おうじん》天皇・比売神《ひめがみ》・神功《じんぐう》皇后、麓の若宮（下宮）に仁徳《にんとく》天皇・履中《りちゅう》天皇・仲媛命《なかひめのみこと》・磐之媛命《いわのひめのみこと》を祀る。

康平六年（一〇六三）源頼義《よりよし》がひそかに由比郷《ゆいごう》内（現在の由比若宮の地）に石清水八幡宮《いわしみずはちまんぐう》を勧請し瑞《みず》籬《がき》を建て、永保元年（一〇八一）その子義家《よしいえ》が修復した。

治承四年十月、源頼朝は小林郷北山に宮廟を構え、八幡宮を現在の舞殿あたりに遷した。養和元年（一一八一）七月武蔵国浅草寺《せんそうじ》の宮大工（字は郷司）を召し出して、若宮《わかみや》を新造した。寿永元年（一一八二）三月頼朝は、北条政子の安産祈願のため社頭から由比浦までの参詣道を整備した。北条時政以下の御家人も土石を運んだという。現在の若宮大路である。また、水田三町を池（現在の源平池）とした。

建久二年三月、若宮が大火で焼失した。同年四月頼朝は「鶴岡若宮上之地」に始めて石清水八幡宮を勧請し、本宮（上宮）と若宮（下宮）という形に調え、末社も造営した。同年十一月遷宮の儀が行われた。この時、北条義時は御剣を持ち頼朝の脇に控えている。建仁三年（一二〇三）十一月義時は、和田義盛《わだよしもり》・清原清定《きよはらのきよさだ》とともに鶴岡八幡宮を管理する奉行人に補任されている。

鶴岡八幡宮の重要な儀式が、鶴岡放生会《つるがおかほうじょうえ》である。放生会は、捕まえた魚や鳥獣を放ち殺生を戒める儀式である。古代から地方官衙や寺社で行われていた。鶴岡八幡宮における放生会は、文治三年（一一八七）八月から行われた。神聖な場での神事であり、将軍に供奉する御家人も事前に「鹿肉」（肉食行為と考えられている。読みは不明）を禁止した重要な儀式となった。

鶴岡八幡宮は、明治初期まで神仏を共に祀り、別当（長官）と供僧と神職が奉仕した。頼朝は、はじめ伊豆山権現の専光坊良暹《りょうせん》を別当に補任し、後に近江国園城寺から円暁《えんぎょう》（頼朝の従兄弟）を招いて別当とした。また上総国に流されていた定兼《じょうけん》（高野山の僧）を供僧にするなど、徐々に供僧を増員した。供僧は天台宗寺門派と真言宗系に分かれ、異なる勤行を務めた。円暁以降、承久二年（一二二〇）までは天台宗寺門派の僧（尊暁《そんぎょう》・定暁《じょうぎょう》・公暁《こうきょう》・慶幸《けいこう》）が別当となった。別当と供僧の坊（住居）が、境内西北の「御谷《おやつ》」と呼ばれた地にあった（雪ノ下二丁目の北部）。御谷には二十五の坊があり、東谷・西谷・南谷・北谷と分かれていた。その後、坊の数は減少するが、明治初期まで存続した。神職は、供僧が行う儀式の補佐役であった。『鶴岡社職系図』には、治承四年十月大伴清元を神職主宰としたとある。大伴家は神職主宰を明治期まで継承した。

承元二年（一二〇八）、源実朝は病気を契機に、境内に神宮寺を建立し、本尊に薬師如来像を安置した。この像と伝える像が明治期に寿福寺所蔵となり、現在鎌倉国宝館に寄託されている。

義時が関わる事件も境内内外で起きている。建保三年（一二一五）十月、工事中の鳥居が、義時らの臨検中に倒れる事件があった。承久元年正月、公暁が実朝を殺害した。義時は事前に自邸に戻っていた。

3——北条義時亭…その候補地

北条義時は、鎌倉内にいくつか屋地を所有していた。小町亭、大倉亭、名越《なごえ》山荘などがある。各屋地の現在比定地については、諸説がある。特に問題となっているものは、承久元年正月実朝が殺害される前に義時が戻った「小町亭」と、同年七月三寅が入り後に義時の本所となった「大倉亭」である。各屋地の主な候補地を見ていく。

【現在の宝戒寺一帯…地図番号①】この地は、西側が小町大路に面し、東側には滑川《なめりかわ》が流れている。横大路と六浦道にも通じる交通の要地にある。『吾妻鏡』には、建久二年三月小町大路辺りの失火で義時亭等が焼失したとある。また、和田合戦では和田勢が、小町上にある義時亭の西門と北門を囲んだとある。この義時亭が、宝戒寺一帯にあったとし、これを「小町亭」あるいは「大倉亭」に比定する説がある。義時死後、この地は北条時房《ときふさ》、時頼《ときより》、時宗《ときむね》、貞時《さだとき》、高時《たかとき》へと継承された。北条一族滅亡後、後醍醐《ごだいご》天皇の命により足利尊氏《あしかがたかうじ》がここに北条氏の供養のため宝戒寺《ほうかいじ》を建立したという。

【現在の横大路、若宮大路、小町大路に囲まれた一帯…地図番号②】鶴岡八幡宮境内の南側、宝戒寺一帯の西側にあたる。この地を、「小町亭」でまた義時の「奥州当時館」(貞応元年正月二十五日条)とする説、建久五年に拝領した「安田義定《やすだよしさだ》跡屋地」とする説もある。また、この地は北条泰時《やすとき》の「相模太郎殿小町亭」(承元四年十一月二十日条)で、「正家」(元仁元年六月二十六日条)であったと考えられている。泰時死後、この地は北条経時《つねとき》、重時《しげとき》へと継承された。

【大倉亭　その他の候補地…地図番号③―a、b、c】③―a　現在の関取橋東側一帯。この地は、南側が六浦道に、北側が二階堂大路に、東側が荏柄社参道に面する。大倉観音堂(杉本寺)の西辺にあたる。③―b　現在の二階堂大路の東側一帯。この地は、西側が二階堂大路に面し、東側には二階堂川が流れている。③―c　現在の清泉小学校北側一帯。この地は、大倉御所の北側にあたり、現在の源頼朝墓の東南方に位置する。

【現在の横浜国大付属鎌倉小・中学校敷地内…地図番号④】この地は、大倉御所内の西方一部分である。西側には西御門川が流れ、西御門大路があった。この地を、義時の「奥州当時館」とする説がある。

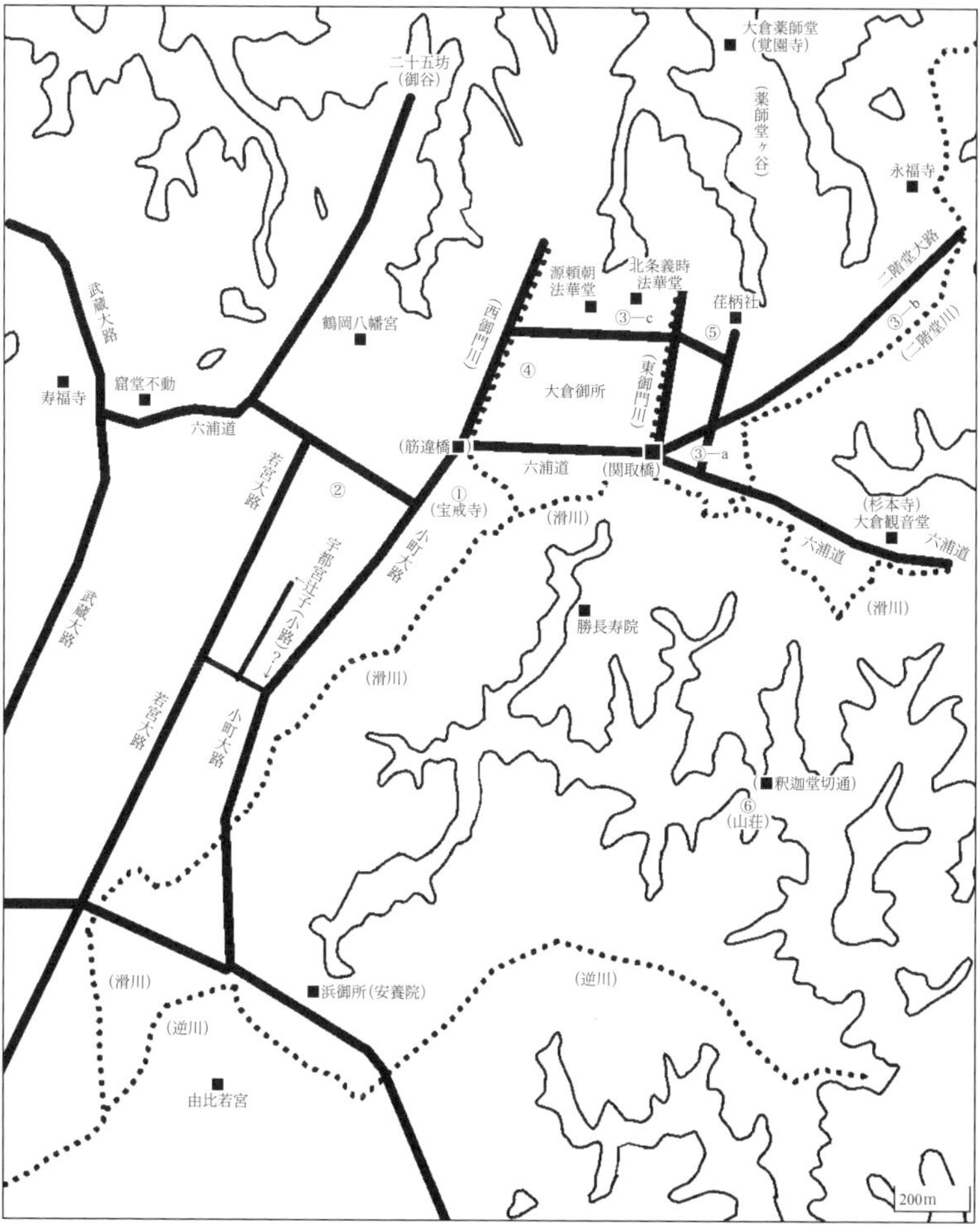

【図1　北条義時関係史跡図　道は太線、河川は点線】

【現在の清泉小学校北東側一帯…地図番号⑤】この地は、荏柄天神社前、大倉御所の東隣にあたる。和田胤長《わだたねなが》の屋地であったが、建保元年（一二一三）四月義時に拝領された。義時は、この地を側近の金窪行親《かなくぼゆきちか》と安東忠家《あんどうただいえ》に分与した。

【名越（現在の大町三〜七丁目一帯）…地図番号⑥】建永元年（一二〇六）二月、実朝が「名越山辺」に出向き義時の「山庄」で歌会をした。名越には、時政の名越亭や、政子が実朝出産前に入御した浜御所（安養院）もあった。元久二年（一二〇五）時政が伊豆へ隠棲した後、義時が名越を継承した。その子朝時《ともとき》の子孫が名越を継承した。伝北条時政邸跡（現在の大町釈迦堂口遺跡）が、釈迦堂の切り通し近くに残る。この跡地が発掘調査されて、時政期の遺構はなく、十三世紀半ば以降の遺跡を確認できた。

4――大倉薬師堂（後の覚園寺）

大倉薬師堂は、現在の覚園寺《かくおんじ》の起源となる持仏堂で、同寺のある「薬師堂ヶ谷《やくしどうがやつ》」という地名由来ともなっている。建保六年（一二一八）七月北条義時は信心する薬師如来のため、御堂建立を表明した。その理由は、薬師如来の眷属「戌神《いぬがみ》」が義時に今後の予知（源実朝の神拝の供奉は、今年はよいが来年の拝賀は辞退するように）を示したことによるものだという。北条時房と泰時は、百姓に迷惑をかけるとこの建立を諫めたが、義時は自力で建立すると断っている。同年十二月に薬師堂が完成し、仏師「雲慶」作の薬師如来像が安置された。薬師堂だけが建立されたようである。供養には義時以下、一族の時房、泰時、朝時らが臨んでいる。

寛元元年（一二四三）二月大倉薬師堂は焼亡し、建長二年（一二五〇）二月に北条時頼は霊夢の告により信仰し、病気を押して大倉薬師堂を参詣したという。その後、永仁四年（一二九六）北条貞時が伽藍を整備して覚園寺とし、四宗（真言・天台・禅・浄土）を学ぶ道場にしたという。

5——北条義時法華堂

北条義時法華堂の跡地は、源頼朝墓（源頼朝法華堂跡）の東隣の山の中腹にある。元仁元年（一二二四）、義時の墳墓は頼朝法華堂の東隣の山の上とし、この墳墓堂は新法華堂と呼ばれたという（『吾妻鏡』）。両堂を並び建てた真意は、北条政子が義時を頼朝に次ぐ幕府の創始者として位置づけ、義時を権威化したとする。北条泰時や時頼らは、両堂の巡礼を年末の恒例としていた。平成十七年（二〇〇五）跡地が発掘調査され、基壇上に建つ礎石建物跡が確認できた。建物は一辺八・四メートルの正方形の三間堂で、屋根の軒の出を含めると一辺一二・四メートルの規模と確認された。出土遺物から建物の廃絶時期が十三世紀末から十四世紀初頭と推定できた。

6――大慈寺釈迦堂

大慈寺は、源実朝によって建暦元年（一二一一）に建立された。釈迦堂はこの境内に北条泰時によって亡父義時のために建立され、一周忌の仏事がこの堂で行われた。北条時房も境内に、亡姉政子のため三重塔を建立した。大慈寺の場所は、大倉郷の東端に当たり、六浦道の北側に沿った、現在の明王院（十二所）の東側一帯だと考えられている。

◉第三章 その後の北条義時像

北条義時《ほうじょうよしとき》は、伊豆《いず》の豪族北条時政《ときまさ》の次男として生まれた。流人源頼朝《みなもとのよりとも》が挙兵した時は十八歳で、以後の歳月を父時政の権力獲得戦の一兵卒として活動する。『吾妻鏡《あずまかがみ》』に登場する義時は、ほとんどが江間《えま》の苗字で記載されており、時政を惣領とする北条一族の内部では、あくまで庶子の江間氏という立ち位置であったとされる。

鎌倉幕府は、独裁者源頼朝のもとで東国武士たちが結束していた。しかし、源頼朝の死は、幕府に大きな危機をもたらすことになる。二代将軍源頼家《よりいえ》には、東国武士たちをまとめる力はなく、幕府政権は、一気に有力豪族らによる権力争奪の場となった。この争奪戦に勝利したのが北条時政である。この間、義時が自発的に活動したという記録はない。義時が自ら権力抗争の表に立つのは、元久二年（一二〇五）の牧氏の変で父時政を追い落とし、三代将軍源実朝《さねとも》を補佐する執権に就任した時からであった。その後、義時は幕府内部の権力抗争を勝ち抜き実権を掌握する。さらに承久の乱に勝利し、日本一の実力者となった。そして貞応三年（一二二四）波乱多き六十二年の人生を終えたのである。

偉大な指導者、北条義時の死は、幕府内外に大きな衝撃を与えた。『吾妻鏡』によれば、その死は突然のものだった。そのため北条氏にとって少なからぬ混乱と危機をもたらす。他の有力武士も浮き足立つ。北条政子《まさこ》はこの危機を乗り越えるべく、源頼朝の法華堂の東上に義時の墳墓を築き、その地に義時の法華堂を建立する。これは、義時を頼朝に並ぶ鎌倉幕府の創始者として位置づけたものとされる。この権威付けにより、義時を始祖とする北条氏の地位の安泰を図ったのであった。ついで政子は、泰時を義時の後継者に指名し、一族内の相続争いをおさめる。こうして泰時は尼将軍政子の後ろ盾を得て執権の地位につき、執権政権を完成するのであった。この義時の後継者こそが、得宗と呼ばれる権力になる。そもそも得宗は、時頼が偉大な父祖義時を顕彰するために贈った禅宗系の追号が名称のはじまりで、当初は「徳崇」であったが簡略化して「得宗」となったと考えられる。その後元寇の危機に直面した時宗《ときむね》が、承久の乱という危機を乗り切った義時の権威を必要として、自ら義時の後継者として得宗を名乗る。以後、北条氏嫡流は得宗と号し、始祖義時の後継者を称することになる。『吾妻鏡』が、親を追放しその権力を奪取した義時の親不孝を非難しないのは、義時こそが得宗家の初代であり、義時の権威をより所にした得宗家の立場から著述されたものだからである。

ところで、義時の突然の死はいろいろな憶測や、噂を生んだ。義時は近習に殺害された、あるいは妻の伊賀《いが》氏に毒殺されたという説もあった。特に都においては、義時の異常な死因がまことしやかに語られた。藤原定家《ふじわらのさだいえ》の『明月記《めいげつき》』は、承久の乱の首謀者の一人、二位法印尊長《にいのほういんそんちょう》が六波羅探題の前に引き出された時、「早く首を切れ。さもなければ、義時の妻が義時に飲ませた薬で早くおれを殺せ」と叫んだと記している。

当時の王朝貴族にとって、義時は、承久の乱に勝利し、後鳥羽上皇《ごとばじょうこう》ら三上皇を配流するという信じがたい存在だった。義時に対する関心は大きく、彼の死後も恐れるべき存在として、義時像は限りなく現実を超えていく。

建長六年（一二五四）に成立した『古今著聞集《ここんちょもんしゅう》』には、義時が武内宿禰《たけしうちのすくね》の生まれ変わりだという伝説が紹介されている。

ある人物が、石清水八幡宮《いわしみずはちまんぐう》におこもりしていた時夢を見た。御殿の扉が開き「武内」と呼ぶ気高い声がすると、白髭の老翁がその前にかしこまる。するとまた御殿のうちから声がして、「世の中が乱れようとしている。しばらくの間、時政の子となって世を治めよ」と告げたという。この白髭の老翁こそ、武内宿禰、すなわち仲哀《ちゅうあい》天皇の亡き後、その妻神功《じんぐう》皇后に仕え、幼い応神《おうじん》天皇を支えた伝説上の人物である。北条義時は、この武内宿禰の生まれ変わりだというのだ。また徳治三年（一三〇八）成立の『平政連諫草《たいらのまさつらいさめぐさ》』には、平政連が酒浸りになっていた北条貞時《さだとき》を諫めるために「なかんづく先祖右京兆《うけいちょう》員外大尹《だいいん》は武内大神の再誕、前武州禅門は救世観音の転身、最明寺禅閣は地蔵菩薩の応現」と奏上したという。この記述から、鎌倉末期には、義時が武内宿禰の生まれ変わりだという伝説が広く知られていたことがわかる。義時が、天皇の偉大な補佐役である武内宿禰の生まれ変わりであるならば、義時の将軍の補佐役という地位は完全に保証される。そして、彼を始祖とする得宗こそが、将軍の補佐役としての絶対的権威を持つのであった。

とは言え承久の乱で朝廷を敵とし、三上皇を配流した逆賊である義時への非難は大きい。多くの人々は、義時がおこなった陰謀の数々によって、彼を嫌悪する。しかし、中世においては、こうした義時を悪人とする評価ばかりではなかった。有徳の人という評価も少なからぬ人々が採った解釈であった。

鎌倉幕府の公式史書である『吾妻鏡』が、義時を真面目で有能な政治家だとしたのは当然であるが、幕府を批判する立場から書かれた、『神皇正統記《じんのうしょうとうき》』や『太平記《たいへいき》』も同様の評価をしている。

まずは『神皇正統記』である。「義時は人望に背かなかった。陪臣である義時が天下を取ったからと言う理由だけでこれを討伐するのは、後鳥羽に落ち度がある。謀叛を起こした朝敵が利を得たのとは比べられない。従って、幕府を倒すには機が熟しておらず、天が許さなかったことは疑いない」と。南朝の忠臣北畠親房《きたばたけちかふさ》が、南朝の正統性を強調するためのこの著作で、「義時は人望に背かなかった」というのである。もちろん「臣下が上を討つのは最大の非道である」としながらも、承久の乱における朝廷側の敗北は後鳥羽上皇の「落ち度」だとした。

つぎに『太平記』である。南北朝の内乱を描いた軍記物で、これも南朝側に立っている。「前の陸奥の守義時、自然に天下権柄を執り、勢ややうやく四海を覆はんと欲す。この時の大上天皇は、後鳥羽の院なり。武威下に振はば、朝憲上を廃れん事を嘆き思し召して、義時を亡ぼさんとし給ひしに、承久の乱出で来たって、天下しばらくも静かならず。」「その戦ひ未だ一日も終ざるに、官軍たちまちに敗北せしかば、後鳥羽の院は隠岐の国へ遷されさせ給ひて、義時いよいよ八荒（「国の八方の果て」）を掌に握る。」「それより後武蔵の守泰時・修理の亮時氏・武蔵の守経時・相模の守時頼・左馬権守時宗・相模の守貞時、相続で七代、政武家より出で、徳窮民を撫するに足れり、威万人の上に被るといへども、位四品の間を越へず、謙に居て仁恩を施し、己を責めて礼儀を正す。ここを以つて高しと言へども危からず、満てり言へども溢れず。」と、義時にはじまる北条得宗家の政治を讃えている。

また、鎌倉時代の人である日蓮《にちれん》も、「王と申は不妄の人、右大将家・権大夫殿（義時）は不妄語の人。」（「諫暁《かんぎょう》八幡抄」）「而に相州は謗法の日とならぬ上、文武きわめ尽せし人なれば、天許て国主となす、随て世且《しばら》く静なりき」（「下山御消息」）と義時を評した。そして「隠岐法王ハ名ハ国王、身ハ妄語ノ人、横人也、権太夫殿ハ名ハ臣下、身ハ大王、不妄語ノ人、八幡大菩薩の願給頂也」（「諫暁八幡抄」）というように、後鳥羽上皇を「妄語の人」と非難している。

『明恵《みょうえ》上人伝記《しょうにんでんき》』にも以下の記述がある。明恵房高弁《こうべん》は鎌倉時代初期の名僧で、三代執権泰時《やすとき》が師と仰ぎ、人格的な影響を受けたことで有名である。泰時といえば御成敗式目の制定という大事業をなした政治家であるが、この式目は明恵の思想をぬきにして成立しえなかったといわれる。ある時、絶対的な師として大きな影響を与えた明恵が、泰時に承久の乱について語った。「わが国は神代より天皇のおさめたまうところ、国王の命令に反対すべきではない。しかるに武力で都が占領され、上皇を島にお流しするなどの処分があって、人々は嘆き悲しんでいる。このような道理にそむくあなたではないのに、どうしたことかと、お会いするたびに不思議でもあり、痛わしくもあります」と。師の問に対して泰時は、承久の乱における義時の行動が「上下万人」の愁いを除くために起こしたのだとし、このような義時を、「天照大神・正八幡宮も何ノ御トカメカ有ヘキ」と答えたという。この反論に対する明恵の言葉はないが、泰時の答えを認めていると解釈できる。

ちなみに同記では、泰時が討伐の勅命が出たからには、おとなしく降伏すべきことを進言したのに対して、義時は「尤も此の事さる事にてあれども、それは君主の政ただしく、かつ治る時の事なり。今此の君の御代と成て、国々乱れ所々安からず、上下万民愁いを抱かずといふことなし。しかるに関東進退の分国ばかり、聊か此の横難に及ばずして、万民安楽のおもひをなせり。もし御一統あらば、禍四海にみち、わずらひ一天に普くして安きことなく、人民大いに愁べし。これ私を存じて随申さざるにあらず。天下の人の歎にかはりて、たとへば身の冥加つき、命を落とすとも、痛む可きにあらず」と答えている。

『承久記《じょうきゅうき》』にも、この進発時のいきさつがある。迎撃を主張する慎重派代表の泰時が、この大事に無勢で立ち向かう事の不利を主張したのに対して、父義時は、大いに怒り、「一天万乗の君に敵対するという大それた事を決行するからには、軍勢の多少など問題ではない。ただ果報に任せるより方法はなく、この際には、兵の集まるのを待つなどという常識的作戦など通用しない」と、義時の並々ならぬ決意を記述している。義時には、それは止むにやまれぬ行動であり、もはや一身はおろか、武家政権の運命をこの勝敗に懸けねばとの強い自覚があったとする。

南北朝時代の歴史書で、室町幕府寄りの『梅松論《ばいしょうろん》』も、進発時の場面を記述している。泰時は父義時に向かって、「国は皆王土にあらずという事なし。されば和漢ともに勅命を背く者、今誰か安全する事なし。」「所詮合戦をやめて降参すべき由をしきりにいさめ」ている。これに対して義時は、「此義尤神妙なり、但夫は君主の御政道正しきときの事なり。近時天下の行ひを見るに、君の御政古にかへて実をうしなへり。其子細は朝に勅裁有て夕に改まれり。一処に数輩の主を補らる間、国土穏なる所なし。わざわひいまだ及ざる所は恐らく関東のはからひなり。治乱は水夫の戦におなじきなり。如此の儀にをよぶ間、天下静謐の為たる間は、天道に任せて合戦いたすべし」と、後鳥羽の失政を指摘し、自らの正義を主張する。ただし、君主が「御向ひあらば、冑をぬぎ弓をはずし、頭をのべて参るべし」と命じたと記し、義時のジレンマを描いている。

これも南北朝時代の『増鏡《ますかがみ》』にも次の記述がある。泰時の「君の御こしにむかひて、ゆみをひくことはいかがあらん。」という問に、「さばかりの時は、かぶとぬぎ、ゆみのつるをきりて、ひとへにかしこまりを申て、身をまかせたてまつるべし。さはあらで、君は宮こにおはしながら、軍兵をたまはせば、命をすてて千人が一人になるまでもたたかふべしといひもはてぬに、いそぎたちぬけり。」『増鏡』は京都の立場の歴史物語であり、著者は、さすがの義時も上皇や天皇に対して畏敬の念を持っていると書かずにいられなかったのだろう。

近世に入ると、悪逆非道な逆臣義時像が強調されるようになる。それは、近世における朱子学が、君臣の秩序を破壊した義時を許さなかったからである。朱子学者の新井白石《あらいはくせき》の『読史余論《どくしよろん》』は、義時を本朝古今第一等の小人。三帝二王子を流し、一帝を廃した義時の罪悪は、蘇我馬子《そがのうまこ》をこえていると記す。朱子学の大義名分論のもとに、後醍醐《ごだいご》天皇の南朝を正統とした水戸藩の『大日本史《だいにほんし》』も北条義時には手厳しい。「義時、外には忠厚を示し、内に陰狡を極む。すでに頼家及び其の三子を弑し、また、宗室の阿野全成《あのぜんじょう》を殺す。実朝の弑し、また義時の意に出る。」「承久の犯闕に及び、以後、天子を廃立し大臣を進退す。世、その家を出で、至りて、摂政已下愬《うった》え有れば、その曲直を質す。国家の大柄、悉く鎌倉に帰す。元仁元年、近習のために刺死するところ、年六十二。」「悖逆《はいぎゃく》のはなはだしき、古今いまだにあらず」と。しかし、後鳥羽上皇の失政を非難した上で、義時の行動を「民の命に堪えざるを視るに忍びず」のものと評価する。やはり、同じ武士として完全否定はできなかったのだろう。江戸時代後期の頼山陽《らいさんよう》も『日本外史《にほんがいし》』で、義時は真の逆賊だとしながらも、その子孫の北条時宗が元寇から国を守ったので義時の罪は帳消しだと言っている。

十八世紀後半、水戸藩あげての『大日本史』編纂事業のなかで生まれた、天皇の絶対化と日本が永久不滅の神国であるとした水戸学は、義時を足利尊氏《あしかがたかうじ》とともに皇室に敵対した極悪人として徹底的に非難する。幕末、外圧を受けて巻き起こった尊皇攘夷運動はこの水戸学を思想的バイブルにした。明治政府は尊皇攘夷思想の影響下、誕生するのである。

明治政府が主導した学校教育の場では、義時に対する悪評は徹底されていった。明治以降、戦前までの国定教科書によって歴史教育をうけた人々には、義時が皇室に敵対した極悪な人物としてあらわれたのであった。

国定教科書の尋常小学国史は次のように記述している。「頼家の子の僧公暁は実朝を深く怨んで、実朝が鶴岡宮に参籠した時、ひそかにうかがひ寄ってこれを刺し殺した。そして公暁もまた時政の子義時に殺された。」「これで、頼朝の子孫は全く絶えてしまった。そこで義時は、京都から頼朝の血筋を少しばかりひいている幼主を迎え、自分がその執権となって幕府の実権を握り、思ふ存分にふるまうやうになった。」このように、後鳥羽上皇が北条義時に戦いをいどんだ「承久の変」の正統性を強調する。「天皇の御心にそむいて、みだりに兵を挙げて京都をさわがし、しかも天皇を廃立申したり、三上皇を遠い島々におうつし申したりしたことは、古今に例のない大事変で、義時の不忠不義、まことににくみてもあまりあるといふべきである」と。

昭和期になると、十五年戦争推進のイデオロギーとして、皇国史観が国中を席巻する。天皇制国家、日本帝国主義を正当化するためのイデオロギーで、学校教育の場で強制された。皇国史観の代表的歴史家といわれる平泉澄は、『物語日本史』において、義時をはじめとして北条氏を辛辣を極めて評する。北条氏の陰謀と残酷とを特徴とする性格は、時政、義時、泰時、時頼、そして最後の高時に至るまで一貫していたと。

太平洋戦争の敗戦によって、歴史学はようやく皇国史観の呪縛から解き放たれ、科学的研究が何の束縛もなく許されることになる。昭和三六年（一九六一）、安田元久は、義時の本格的伝記『北条義時』を刊行する。「戦前の教育によって歴史の御知識を得た人々にとって、北条義時は、『逆臣』、『不忠の臣』以外の何物でもなかった。明治以後の天皇制国家のもとで、皇室絶対の観念を基本として歴史上の人物を評価するとき、天皇を廃立し、三上皇を配流するという挙にでた北条義時は、何ら同情の余地のない、全くの逆臣であり不遜の一である。」「彼は江戸時代の史家の間でも、概して不人気であった。この時代は武家道徳が完成された時期で主君に対する忠誠が最も重視された。」「こうして『逆臣』義時に対する悪評は、江戸時代から明治をへて今日に至るまでに、すでに固定化した感がある。私は義時をこうした悪評の中から救い出さねばならないとは思う。」と、意欲を示す。そして、実証的研究の結論として「要するに彼は、すぐれた武家政治家であり、変革の時代に新興の階級を指導していく政治的指導者にふさわしい真面目な人間であった。」「義時ばかりでなく北条一門が頼朝を支援したのは、たんに平氏を追滅して源氏の政権を樹立するためではなかろう。真に武士階級の利害を代表する政権を作り上げることこそ、彼らの終局の目的であった。歴史的に見れば、古代的な貴族政権を否定する闘いだったのである」と述べている。興味深いのは、自らはその風潮に距離を置いていたという安田も、戦後歴史学界を主導した唯物史観の影響を、しっかり受けていたということである。

平成三十年（二〇一八）十二月に坂井孝一が、翌年一月には本郷和人がそれぞれ新書『承久の乱』を上梓した。坂井は、後鳥羽上皇の挙兵が義時の追討を目指したもので、幕府という組織そのものを倒そうとしたわけではなかったと指摘する。これに対して本郷は、鎌倉幕府の実体が「義時とその仲間たち」であり、義時を討つことは鎌倉幕府を否定することと同じなのだとする。義時は、幕府内の権力闘争に勝利した鎌倉一の実力者であり、実質鎌倉武士の棟梁だったのだと。これに対し坂井は、将軍源実朝が幕府政治において実権を掌握していたとし、従来の傀儡説を否定する。むしろ義時との対立を強調している。

いずれにしても、実朝や承久の乱の研究がさらに深化していくことで、新しい北条義時像が描かれることを期待したい。コロナ禍の中、先行き不透明な時代にあって、今後どのような歴史観が出てくるのか。新たな歴史観は、義時にどんな評価をするのか注目したい。

◉第四章

史料としての『吾妻鏡』

1――『吾妻鏡』と北条氏

北条時政の登場　『吾妻鏡《あずまかがみ》』は鎌倉幕府の関係者が編さんした日記体の歴史書である。伊豆の流人であった源《みなもとのよりとも》頼朝が以仁王《もちひとおう》（後白河法皇の子）の令旨《りょうじ》を受け、平家打倒のため挙兵を決意していく場面からはじまる。

治承四年（一一八〇）四月二十七日、源行家《ゆきいえ》が伊豆の北条館に到着し、以仁王令旨を頼朝に伝えた。頼朝は水干《すいかん》という装束に着替え、源氏の氏神石清水八幡宮《いわしみずはちまんぐう》の方角を拝したのち、令旨を披見する。このとき、北条館の主で、頼朝の妻北条政子《ほうじょうまさこ》の父北条時政《ときまさ》も一緒に令旨をみたという。『吾妻鏡』の当日条は、時政について、

北条四郎時政主者、当国豪傑也

つまり「北条四郎時政殿は伊豆国の豪傑である」と記す。豪傑というのは、才知・武芸が並外れている、というような意味である。だが北条四郎とあるように、当時の時政は、無位・無官であった。彼は伊豆国の在庁官人《ざいちょうかんじん》であったと考えられる(1)ものの、狩野介や工藤介のような「介」を名乗る有力な在庁官人ではなかったようである。けれども、頼朝を婿に迎えたことによって時政は、その後の北条一族発展の足掛かりを築くこととなる。

『吾妻鏡』は幕府関係者が書いたものであり、こと北条氏については、事実隠蔽や潤色などの曲筆が少なからずみられる。右の北条時政の登場記事にしても、時政を「主」という尊敬語を付して記し、また時政を「豪傑」と呼ぶことによって、無位・無官であることをフォローしようとしたのである。『吾妻鏡』のみから北条氏の実像を探るのは、なかなか難しいのである。

2――『吾妻鏡』の編纂者

『吾妻鏡』の編纂　『吾妻鏡』は治承四年（一一八〇）四月から文永三年（一二六六）七月まで記載されている。源頼朝の挙兵から将軍宗尊親王《むねたかしんのう》の京都送還までの記事である。内容的には、承久の乱に勝利した承久三年（一二二一）を境にして、前半と後半に分けて考えるのが一般的である。つまり治承四年から承久三年までが前半、貞応元年（一二二二）から文永三年までが後半である。前半は源氏将軍（頼朝・頼家《よりいえ》・実朝《さねとも》）の時代、後半は摂家将軍（九条頼経《くじょうよりつね》・頼嗣《よりつぐ》）・親王将軍（宗尊）の時代となる。また編纂方法については前半と後半の二段階とする説(2)や、二段階説を否定する考えがある(3)が、後半部分まで編纂された時期は、十四世紀初頭の北条貞時《さだとき》期であったみるのが共通理解となっている。貞時の時代は北条氏権力が頂点に達した時代であり、北条氏の全盛期に『吾妻鏡』は編纂されたのである。

編纂者については、幕府の文筆官僚が中心となったことは疑いない。五味文彦氏は、大《おお》（太）田《た》時連《ときつら》（一二六九～一三四五）・二階堂行貞《にかいどうゆきさだ》（一二六九～一三二九）・長井宗秀《ながいむねひで》（一二六五～一三二七）らの名前を挙げている(4)。この三名は、鎌倉初期に活躍した京下り官人、三善康信《みよしやすのぶ》・二階堂行政《ゆきまさ》・大江広元《おおえのひろもと》の子孫である。それぞれの家で、幕府政所や問注所の記録類や文書などを保存し蓄積していたと考えられ、それらの資料が『吾妻鏡』の編纂に利用されたことが想定されている。彼らは源氏将軍の時代から執権北条氏と協調しつつ、幕政運営に関わってきた存在であるから、北条氏に対する遠慮があり、『吾妻鏡』に曲筆が生じたのである。

奉行人藤田氏の編纂への関与　『吾妻鏡』には北条氏を顕彰する記事が少なくない。それは編纂事情から考えても当然なのであるが、なかには何故このような人物の行為が顕彰されるのかと思うものもある。そのひとつが武蔵御家人藤田《ふじた》氏に関する記事である。まず元暦元年（一一八四）三月五日条には、一の谷合戦で戦死した藤田三郎行康《ゆきやす》の遺跡を子息小三郎能国《よしくに》が安堵された記事が出ている。このことだけなら、ありふれた記事といえるが、わざわざ頼朝「御下文云」くとして、その一部を地の文とは別に引用しているのである。しかしながら『平家物語』をみても、一の谷合戦での藤田行康の華々しい活躍は特に見出せないのである。

また承久三年六月十五日条では、承久の乱で敗色が濃厚となった後鳥羽上皇が発した院宣《いんぜん》を、藤田能国が読んだ記事がある。幕府軍の大将北条泰時には五千もの軍勢が従っていたが、院宣を読めるものがおらず、「文博士」と呼ばれた能国が召し出され、これを読んだという。能国の文才が殊更に顕彰されているのである。しかし『承久三四年日次記《ひなみき》』や『承久記』など、承久の乱関係の他の史料には、このことについてまったく記されていない。

以上、ふたつの藤田氏についての顕彰記事は、『吾妻鏡』のなかでも印象に残るものである。その記事内容を虚偽とみる必要はないが、藤田氏が殊更に称揚されていることに違和感を覚えざるを得ない。藤田氏は大豪族ではなく、武蔵七党猪俣党の一員にすぎなかった。

そこで藤田氏について探ってみると、藤田能国の子孫藤田行盛《ゆきもり》は、建治三年（一二七七）幕府の問注所奉行人となり、その後、嘉元元年（一三〇三）から徳治二年（一三〇七）まで六波羅探題の奉行人に任じていることが判明する。(5)また行盛の子四郎行連《ゆきつら》は大田時連の猶子《ゆうし》となっていた。(6)大田氏は問注所の執事を世襲した家であるから、問注所奉行人となった藤田氏は、その部下であったとみてよい。藤田行盛は六波羅に転任したものの、その子行連は鎌倉に奉行人として残り、時連の猶子となったと考えられる。大田時連が編者のひとりとして『吾妻鏡』の編纂を進めていくなかで、時連と密接な関係を持つ藤田氏も編纂作業に加わり、藤田能国や行康ら先祖の事跡を顕彰する形で

『吾妻鏡』の記事としたと考えることができるであろう。『吾妻鏡』の編纂には幕府の奉行人層も携わっていたのである。

3――『吾妻鏡』にみる北条義時

義時死亡に関する曲筆　北条義時は和田義盛《わだよしもり》の乱や承久の乱などの大きな試練を乗り切り、「天下を并呑」したと評された人物である(7)。元久二年（一二〇五）の父北条時政失脚に伴い、北条家の家督として執権となり、次第に幕府の実権を掌握していった存在として知られている。

義時に関しても『吾妻鏡』の曲筆とみられる記事がある。その代表的なものが義時の死去にまつわる記事である。『吾妻鏡』によると義時は、元仁元年（一二二四）六月十二日から病気となり、翌十三日、脚気に加え、霍乱《かくらん》、つまり急に下痢をしたりする病気により死亡したという。病死である。だが藤原定家《ふじわらのさだいえ》の『明月記《めいげつき》』安貞元年（一二二七）六月十一日条によると、義時は後妻伊賀氏によって毒殺されたと伝える。これは承久の乱の首謀者のひとり二位法印尊長《にいのほういんそんちょう》が六波羅探題に捕縛され、自殺しそこなった際に「義時の妻が義時に飲ませた薬で早く俺を殺せ」と叫んだということを、定家が六波羅に出入りする人物から聞き、日記に書き残したのである。南北両六波羅探題の北条時氏《ときうじ》（泰時の子、義時の孫）や北条時盛《ときもり》（時房の子、義時の甥）もその言葉を聞いたという。

伊賀氏は義時の死後、実子の政村《まさむら》を執権とし、娘婿の一条《いちじょう》実雅《さねまさ》を将軍に擁立しようとして、いわゆる伊賀氏の変を起こす。この陰謀事件に関与した実雅は尊長の実弟なのであった。尊長は実雅を通じて義時死去の真相を知っていた可能性が高いといえるだろう(8)。義時は毒殺されたのであった。北条氏関係者は義時が毒殺されたことを知っていたはずだが、『吾妻鏡』はその事実に触れなかったのである。

義時の性格　さて『吾妻鏡』の義時に関する曲筆についてみたが、以下ではあまり政治性のない『吾妻鏡』の記事から、義時の人物について探ってみよう。義時が、どちらかといえば平凡な人物で、当初から権力志向が強かったわけではないことがわかるのである(9)。

実は、義時は時政の長男ではなく、兄に宗時がいた。だが宗時は、頼朝が大庭景親《おおばかげちか》や伊東祐親《いとうすけちか》ら平家軍に敗れた、治承四年（一一八〇）八月の石橋山《いしばしやま》合戦で戦死してしまう。また時政には後妻牧氏との間に、政範《まさのり》という男子が生まれていた。政範が時政の後継者となる可能性が充分にあった。しかし政範も元久元年に夭逝してしまう。義時が北条家の家督となった背景には、兄や弟の死去という偶然的要素が作用していたのである。『吾妻鏡』によると義時は、早くから北条ではなく江間を名乗る分家の人間となっていた。義時は運よく北条家家督となったのである。

さて『吾妻鏡』によると義時は、養和元年（一一八一）四月、下河辺《しもこうべ》行平《ゆきひら》・梶原景季《かじわらかげすえ》・佐原義連《さわらよしつら》らとともに、頼朝の寝所近辺に毎夜祗候するよう命じられている。頼朝が、弓矢に優れ、心の隔てのない者十一人を撰び、身辺を警護させたのである。義時が義兄でもある頼朝によって取り立てられている様子が窺える。また寿永元年（一一八二）十一月には、頼朝が、愛人亀前《かめのまえ》の居宅を破却した牧宗親《まきむねちか》の髻《もとどり》を切る事件があった。宗親は時政の後妻牧氏の一族であったから、これに怒った時政は伊豆に下向してしまう。けれども義時はこのとき、父と一緒に伊豆に下らなかったため、頼朝はこれを褒めた。頼朝は、義時について「穏便の存念」ある人物と評していたという。

これらの『吾妻鏡』の記事をみると、頼朝は、義弟である義時の、素直で穏やかな性質を愛していたようである。義時はもともと北条家の家督継承予定者ではなかったから、案外のんびりした性格であったのかもしれない。のちに妻とする、頼朝の官女姫前《ひめのまえ》に惚れてしまい、一年以上にわたり何度も艶書《えんしょ》を書いたとある『吾妻鏡』建久三年（一一九二）九月二十五日条の記事からも、義時がマメで、強引な手段も取れない、穏やかで、真面目な性質であったことを物語っていると思う。姫前は伊賀氏を娶る以前の、義時の正妻であるが、姫前からは次男朝時《ともとき》と三男重時《しげとき》が産まれている。重時は異母兄の北条泰時と同様、真面目で穏やかな性格であった。重時は極楽寺《ごくらくじ》流北条氏の祖であり、この北条一門が兄泰時流の得宗家を支え続けていくこととなる。

北条義時は承久の乱に勝利し、日本の最高実力者となったのであるが、本来彼は、さほどの野心家ではなく、性格的にも穏やかな人物であったと思われる。『吾妻鏡』から北条氏の実像を探るのはなかなかに困難であるが、義時が元来、北条家の後継予定者でなかったことを考慮すると、『吾妻鏡』が義時を、「穏便の存念」ある人物として描いていることに偽りはなかったと考えられるのである。

【注】

（1）拙稿「伊豆守吉田経房と在庁官人北条時政」（『ぐんしょ』八、一九九〇年）。

（2）八代国治氏『吾妻鏡の研究』（藝林舎、一九七六年、初出一九一三年）。

（3）五味文彦氏『増補　吾妻鏡の方法』（吉川弘文館、二〇一八年、初出一九九〇年）。

（4）五味氏前註著書、二九九～三〇一頁。

（5）拙稿「六波羅探題職員の検出とその職制」（『六波羅探題の研究』、続群書類従完成会、二〇〇五年、所収、初出一九八七・一九九〇年）。

（6）『元徳二年三月日吉社並叡山行幸記』（岡見正雄博士還暦記念刊行会『中世文学資料集　室町ごころ』、角川書店、一九七八年、所収）。

（7）『建武式目』第一項。

（8）石井進氏『鎌倉幕府』（日本の歴史7、中央公論社、一九六五年）三九三～三九五頁。

（9）以下の記述については、細川重男氏『執権』（講談社学術文庫、二〇一九年、初出二〇一一年）で描かれた、義時像にヒントを得ている。

北条義時関連年表

年月日	事項
長寛元年（一一六三）この年	北条義時、北条時政の次男として誕生する（母は伊東入道女）。
治承四年（一一八〇）八月十七日	源頼朝、伊豆国で挙兵する。北条時政・同宗時・同義時父子が参加する。
八月二十三日	石橋山の合戦。源頼朝、大庭景親に敗北する。
八月二十四日	北条時政・同義時父子、甲斐国方面に逃走する。その後、箱根山の永実を伴って頼朝の杉山陣へ参じる。 北条宗時、早河付近で討死する。
八月二十七日	北条時政・同義時父子、伊豆国土肥郷から安房国に渡海する。
八月二十九日	北条時政、安房国で渡海した源頼朝を迎える。
十月六日	源頼朝、相模国鎌倉に入る。
十月二十日	富士川の合戦。甲斐源氏が平氏軍に勝利する。
十月二十三日	源頼朝、相模国の国府で論功行賞を実施する。
十二月十二日	北条時政・同義時父子、源頼朝の新造御所への移徙の儀に供奉する。

養和元年（一一八一）	
四月七日	北条義時、源頼朝の寝所近辺祗候衆の十一人に選抜される。
寿永元年（一一八二）	
十一月十四日	北条義時、北条時政の伊豆出奔に従わず、源頼朝に称賛される。
寿永二年（一一八三）	
十月十四日	源頼朝、寿永二年十月宣旨で東国支配権を公認される。
この年	北条泰時、北条義時の長男として誕生する。
元暦元年（一一八四）	
二月七日	一の谷の合戦。源範頼・源義経が平氏に勝利する。
八月八日	北条義時、平氏追討使の源範頼に従って鎌倉を出発する。
文治元年（一一八五）	
正月二十六日	北条義時、源範頼に従って豊後国に渡海する。
二月一日	葦屋浦の合戦。北条義時、源範頼に従って筑前国で原田種直に勝利する。
二月十六日	源頼朝、西海の北条義時等に書状を認める。
二月十九日	屋島の合戦。源義経が平氏に勝利する。
三月十一日	源頼朝、西海の北条義時等に書状を認める。
三月二十四日	壇ノ浦の合戦。源義経が平氏を滅亡させる。
十月二十四日	北条義時、勝長寿院供養に先陣の随兵として供奉する。
十一月二十九日	源頼朝、文治勅許で守護・地頭の補任権を公認される。
文治二年（一一八六）	
七月十九日	北条義時の沙汰として、駿河国富士領上政所福地社に神田を寄進する。

文治四年（一一八八）	
七月十日	源頼朝嫡男万寿（のちの頼家）の着甲始。北条義時、頼朝御座の御簾を上げる。
文治五年（一一八九）	
四月十八日	北条義時、弟時連（のちの時房、義時の弟）の元服に参列する。
六月九日	北条義時、鶴岡八幡宮の塔供養に先陣の随兵として供奉する。
七月五日	北条義時の沙汰として、奥州征伐の祈禱のため、駿河国富士御領帝尺院に田地を寄進する。
七月十九日	奥州合戦。北条義時、源頼朝に供奉して鎌倉を出発する。
九月六日	源頼朝、奥州陣岡で藤原泰衡を梟首して、奥州藤原氏を滅亡させる。
建久元年（一一九〇）	
十一月七日	北条義時、源頼朝の上洛に先陣の随兵として供奉する。
十一月十一日	北条義時、源頼朝の六条若宮・石清水八幡宮参詣に供奉する。
十一月二十四日	源頼朝、権大納言兼右近衛大将に補任される。
十一月二十八日	源頼朝に右近衛大将拝賀に従うため、北条義時、小山朝政に甲・直垂の色目を伝える。
十二月一日	北条義時、源頼朝の右近衛大将拝賀に随兵として従う。
建久二年（一一九一）	
正月五日	北条義時、弓始に源頼朝の禄を和田義盛に伝える。
正月二十八日	北条義時、由比浦における源頼朝の二所詣の精進に従う。
二月四日	北条義時、二所詣に御後として供奉する。
三月三日	北条義時、源頼朝の鶴岡八幡宮法会・臨時祭参宮に従う。
三月四日	小町大路からの大火に、北条義時亭焼失、鶴岡八幡宮・幕府も延焼する。
七月二十八日	北条義時、源頼朝の新御所への移徙に、後陣の随兵として従う。

十一月二十一日	北条義時、鶴岡八幡宮の遷宮の儀に源頼朝の側に祇候する。
建久三年（一一九二）	
五月二十六日	多賀重行、北条義時の子金剛（のちの泰時）の前を乗馬して通ったとして、所領を没収される。
六月十三日	源頼朝、新御堂（永福寺）の地に渡る。この間、北条義時、犯土・営作をみずから沙汰する。
七月十二日	源頼朝、征夷大将軍に補任される。
八月九日	北条義時、若君（のちの源実朝）の誕生で護刀を献上する。
九月二十五日	北条義時、源頼朝の仲介で、比企朝宗の娘姫前と結婚する。
十一月二十九日	北条時政、新誕若君（実朝）の五十日百日の儀を沙汰する。子義時、陪膳を務める。
建久四年（一一九三）	
正月一日	源頼朝、鶴岡八幡宮に参詣、その後埦飯。北条義時、庭上に祇候する。
三月十二日	北条義時、伊豆国より鎌倉に帰る。この間、病気療養のため帰国。
三月二十一日	源頼朝、下野国那須野・信濃国三原野の狩猟に向かう。北条義時、これに従う。
三月二十五日	源頼朝、武蔵国入間野に追鳥狩を行う。
五月八日	源頼朝、駿河国富士野藍沢の夏狩に向かう。北条義時、これに従う。
五月十六日	源頼家、富士野の狩で鹿を射る。北条義時、山神矢口祭で餅を献上する。
五月二十八日	曽我兄弟の仇討がある。
五月二十九日	北条義時、曽我時致吟味の席に列する。
九月七日	北条義時の嫡男金剛（泰時）、伊豆国で小鹿を射る。
九月十一日	北条義時、鎌倉にて箭祭餅を備え祝う。源頼朝参入する。

建久五年（一一九四）	
二月二日	北条義時の嫡男金剛、元服する。太郎頼時と名乗る。源頼朝参入する。
二月六日	御台所北条政子、北条義時亭に入る。
二月十八日	源頼朝、大蔵観音堂（杉本寺）に参詣、帰路北条義時亭に入る。
七月二十三日	北条義時、願成就院の修理のため伊豆国北条に下向する。
八月八日	北条義時、源頼朝の相模国日向薬師参詣の御後に従う。
閏八月七日	北条義時、安田義定跡の屋地を拝領する。
十一月一日	北条時政、伊豆国三島社神事経営のため下向する。
十一月十日	北条義時、姪大姫（政子娘）の病気を聞き鎌倉に戻る。
十一月十八日	北条義時、奉幣使として、伊豆国三島社に参詣する。
十一月二十三日	北条時政・義時父子、伊豆国願成就院修理を終え、鎌倉に帰る。
十二月二十六日	永福寺新造御堂供養。北条義時、随兵として従う。
この年	北条朝時、北条義時の次男として誕生する。
建久六年（一一九五）	
二月十四日	源頼朝、東大寺供養参列のため鎌倉を発ち上洛する。
三月十日	源頼朝、東大寺供養に参列するため、石清水八幡宮から東大寺東南院に着く。北条義時、先陣の随兵として従う。
三月十二日	北条義時、東大寺供養に参列する源頼朝に先陣の随兵として供奉する。
三月二十七日	北条義時、参内する源頼朝に随兵として従う。
四月十五日	北条義時、石清水八幡宮参詣の源頼朝に先陣の随兵として従う。
五月二十日	北条義時、天王寺参詣の源頼朝に後陣の随兵として従う。
七月四日	稲毛女房（稲毛重成妻、北条時政娘、義時姉妹）、武蔵国で没する。

七月九日	北条政子、妹稲毛女房の軽服のため、比企能員の家に入る。
七月十日	北条時政・同義時父子、軽服のため伊豆国に下向する。
八月十三日	北条時政・同義時父子、伊豆国より鎌倉に帰る。
建久九年（一一九八）	
六月六日	北条重時、北条義時の三男として誕生する。
正治元年（一一九九）	
正月十三日	源頼朝、死去する。
正月二十六日	後鳥羽上皇宣旨を下し、源頼家に父頼朝の遺跡を嗣がせる。
四月十二日	北条時政・北条義時、十三人合議制に加えられる。
六月三十日	北条義時、乙姫（源頼朝次女）の葬送に参列する。
十二月十八日	梶原景時、鎌倉を追放される。
正治二年（一二〇〇）	
正月二十日	上洛途中の梶原景時、駿河国で討死する。
三月三日	北条義時、鶴岡八幡宮法会に奉幣使を勤める。
四月一日	北条時政、従五位下遠江守に叙任される。
四月十日	北条義時、中原（大江）広元に意見を聞かれ、京都で藤原保季を殺害した広元郎従は検非違使に引き渡すよう答える。
五月二十五日	北条有時、北条義時の息子として誕生する。
九月二日	北条義時、源頼家の小坪海歴覧に従う。
九月九日	北条泰時、鶴岡八幡宮神事に奉幣使を勤める。
建仁元年（一二〇一）	
正月四日	北条義時、源頼家の使者として鶴岡八幡宮に奉幣する。

七月六日	源頼家、百日御鞠を始める、北条義時、見証に祗候する。
建仁二年（一二〇二）	
七月二十二日	源頼家、従二位征夷大将軍に叙任される。
九月十日	伊豆国三島社祭。北条義時、奉幣使を勤める。
建仁三年（一二〇三）	
二月四日	北条義時、源頼家弟千幡（のちの源実朝）の鶴岡八幡宮社参を扶持する。
四月三日	北条義時、鶴岡八幡宮臨時祭の奉幣使を勤める。
九月二日	比企氏の乱。北条義時、源頼家の嫡子一幡の小御所を攻撃し、比企能員の一族を滅亡させる。
九月七日	源実朝、征夷大将軍に補任される。北条時政、鎌倉幕府の初代執権に就任する。
九月十五日	北条義時、姉政子の命により、源実朝を父時政の名越亭より政子亭に引き取る。
九月二十九日	源頼家、伊豆国の修善寺に追放される。
十月八日	源実朝、北条時政名越亭にて元服する。北条義時、陪膳を勤める。
十一月十五日	北条義時、和田義盛と共に鶴岡八幡宮の奉行を担当する。
元久元年（一二〇四）	
正月十八日	北条義時、奉幣使として二所詣に進発する。
正月二十二日	北条義時、二所詣を終え伊豆山より鎌倉に帰参する。
二月十二日	北条義時、源実朝の由比浦出御に供奉する。
二月二十五日	源実朝、北条義時亭に渡る。
三月六日	北条義時、従五位下相模守に叙任される。
四月十八日	北条義時、源実朝の岩殿観音堂参詣に従う。
七月十八日	源頼家、修善寺で殺害される。

七月二十四日	北条義時、金窪行親を遣わし、謀叛を企てる故源頼家の遺臣を討つ。
九月十五日	源実朝、北条義時亭に渡り、月蝕を見るため逗留する。
元久二年（一二〇五）	
二月十七日	北条義時、源実朝の鶴岡八幡宮参詣に供奉する。
六月二十一日	北条義時、弟時房と共に、父時政の畠山重忠追討に反対する。
六月二十二日	畠山重忠の乱。北条義時、二俣川で重忠を追討する。
同日	北条政村、北条義時の息子として誕生する。母は伊賀朝光の娘。
六月二十三日	北条義時、鎌倉に帰参し、父時政に畠山重忠の謀叛無実を告げる。
六月二十九日	北条義時、宿願により、鶴岡八幡宮供僧に大般若経転読を命じる。
閏七月十九日	北条政子、牧方の陰謀露見により、源実朝を北条義時亭に移す。北条時政、出家する。
閏七月二十日	北条時政、伊豆国北条に下向し、北条義時、鎌倉幕府の二代執権に就任する。
八月七日	北条義時、北条政子の御前にて、宇都宮頼綱謀叛について評議する。
八月十一日	北条義時、中原（大江）広元と協議し、宇都宮頼綱書状に返事を認めず。
八月十九日	北条義時、自亭に来た宇都宮頼綱と対面せず。
建永元年（一二〇六）	
二月四日	源実朝、雪を見るため北条義時の名越山荘に渡り、和歌会を行う。
三月十三日	北条義時、源実朝に召され、鷹飼櫻井五郎について相談される。
五月六日	北条義時、加藤光員の件につき、中原（大江）広元・三善康信らと評議する。
六月二十一日	御所南庭にて相撲が行われる。北条義時、祗候する。
十月二十四日	北条義時の次男朝時、御所において元服する。
十二月二十三日	北条義時、東重胤の相談を受け、源実朝との間を取り持つ。

承元元年（一二〇七）	
正月五日	北条義時、従五位上に昇叙する。
正月二十二日	北条義時、源実朝の二所詣に従い鎌倉を発つ。
四月十六日	北条義時、源実朝の病気により、鶴岡八幡宮供僧を招き自宅で祈禱を行う。
八月十七日	北条義時、弟時房・中原（大江）広元・三善康信・二階堂行光らと、鶴岡八幡宮放生会随兵のことを評議する。
十二月三日	御所にて酒宴。北条義時、吾妻助光と源実朝の間を取り持つ。
承元二年（一二〇八）	
七月五日	鶴岡神宮寺上棟する。北条義時、同時房・中原（大江）広元らと臨む。
十二月十七日	鶴岡神宮寺の薬師像開眼する。北条義時、中原（大江）広元と臨む。
この年	北条実泰、北条義時の息子として誕生する。
承元三年（一二〇九）	
三月三日	北条義時、鶴岡八幡宮一切経会に奉幣使を勤める。
四月十日	源実朝、従三位に叙され、公卿に列する。
五月二十日	北条義時、法華堂における故梶原景時一族の仏事に参列する。
八月十五日	鶴岡八幡宮放生会。北条義時、奉幣使を勤める。弟時房これに従う。
十月十日	北条義時、二階堂行光の建立する伽藍（のちの東光寺）の供養に姉政子等とともに参列する。
十月十三日	北条義時、法華堂における故源頼朝の月忌供養（施主姉政子）に弟時房等と参列する。
十一月四日	北条義時、源実朝を諫めるため、小御所東面の庭にて和田常盛等に命じて切的を射させる。
十一月五日	北条義時、相模国大庭御厨内大日堂の修造を命じられる。
十一月七日	北条義時、中原（大江）広元とともに、源実朝に武芸を重視するよう諫める。

十一月八日	北条義時、鶴岡神宮寺の常燈料として駿河国益頭荘を宛てるよう命じられる。
十一月十四日	北条義時、伊豆国の郎従の地位向上（御家人へ）を申請したが源実朝に拒否される。
承元四年（一二一〇）	
正月一日	北条義時、源実朝の使者として鶴岡八幡宮に奉幣する。
二月五日	北条義時、越後国菅谷寺に近辺の闕所を捜し寄進するよう命じられる。
五月六日	北条義時、弟時房とともに、源実朝の中原（大江）広元亭渡御に従う。
六月三日	北条義時、私的な闘諍は誡めることを土肥・松田両氏に伝える。
七月二十日	北条義時、中原（大江）広元・三善康信と評議し、上総国在庁の訴えた件を朝廷に送達するよう指示する。
八月十五日	鶴岡八幡宮放生会。北条義時、奉幣使を勤める。
九月九日	北条義時、鶴岡八幡宮の臨時祭に奉幣使を勤める。
九月十一日	北条義時、左京権大夫宛に書状を認め、訴えのあった播磨国矢野荘諸職免田について、計らうよう要請する。
十一月二十四日	北条義時、駿河国建福寺鎮守馬喰大明神の託宣を披露する。源実朝、御剣を同社に寄進する。
建暦元年（一二一一）	
正月一日	北条義時、垸飯を献じる。
正月十五日	源実朝の御行始。北条義時亭に渡る。
四月十三日	北条義時、十六日の三島社神事により伊豆国に下向する。
四月二十一日	北条義時、伊豆国から鎌倉に帰参する。
五月二十四日	北条義時、某宛に書面を認め、東大寺領美濃国大井荘下司職について、本所の成敗に任せることを伝える。

八月十五日	鶴岡八幡宮放生会。北条義時、奉幣使を勤める。
八月十六日	鶴岡八幡宮馬場儀。北条義時、参宮する。
十月二十二日	伊賀朝光、永福寺の側に一梵宇建立し供養する。北条義時夫妻・同泰時参列する。
十二月十七日	北条義時、知行する神社・仏寺の興行の沙汰を命ずる。
建暦二年（一二一二）	
正月一日	北条義時、垸飯を献上する。
正月十九日	北条義時、源実朝の鶴岡八幡宮参詣に供奉する。
二月三日	北条義時、同時房・泰時とともに、源実朝・母政子の二所詣に従う。
二月二十八日	北条義時、中原（大江）広元・三善康信と、三浦義村の申す相模川の橋修理の件を評議する。
三月九日	源実朝、母政子及び御台所とともに三浦三崎御所に渡る。北条義時、弟時房・中原（大江）広元・源親広父子とともに従う。
四月六日	源実朝、病気となる。北条義時、祈禱を行う。
四月十八日	源実朝の御願として、大慈寺建立の立柱上棟の儀が行われる。北条義時、弟時房・中原（大江）広元とともに参列する。
五月七日	北条義時、女事により源実朝の御気色を蒙った次男朝時を義絶する。
十月十一日	北条義時、源実朝の大慈寺を見物に従う。
十二月二十九日	北条義時、源実朝の故源頼朝法華堂以下の巡礼に従う。
建保元年（一二一三）	
正月一日	源実朝、鶴岡八幡宮に参詣する。北条義時、祗候する。
正月二日	北条義時、垸飯を献上する。
正月四日	源実朝、垸飯後北条義時亭に渡り、ついで鶴岡八幡宮別当の雪下本坊に渡る。

正月十日	北条義時亭において、神社・仏事以下の吉事について沙汰する。
正月二十二日	北条義時、時房・泰時とともに、源実朝の二所参詣進発に従う。
二月十五日	北条義時、千葉成胤の生虜した安念の件について、中原（大江）広元と協議する。
二月二十七日	北条義時、閑院内裏造営賞により正五位下に昇叙する。
四月二日	北条義時、和田胤長の荏柄前の屋地を拝領する。
四月四日	北条義時、陸奥国平泉の寺塔修復を郡内の地頭に命じる。
四月二十八日	北条義時、中原（大江）広元と談合する。鶴岡八幡宮等で祈祷を命じる。
四月二十九日	北条義時、義絶した朝時を駿河国から召還する。
五月三日	和田合戦。北条義時、和田義盛の一族を滅亡させる。
五月五日	北条義時、侍所別当を兼任する。
五月六日	北条義時、被官金窪行親を侍所所司に補任する。
五月七日	勲功賞が行われ、北条義時、相模国山内荘・菖蒲を拝領する。
五月九日	北条義時・中原（大江）広元連署の御教書をもって、在京御家人に指示を出す。
六月二十六日	北条義時、弟時房、子泰時、中原（大江）広元等と、御所新造を評議する。
七月七日	北条義時、御所における和歌会に参列する。
八月一日	源実朝、御所新造につき母政子亭（東殿）に方違する。北条義時、祗候する。
八月二十日	源実朝、新御所に移徙する。北条義時、御後に従う。
八月二十六日	北条義時、源実朝の御行始の御後に従う。
十月二日	源実朝、方違のため北条義時亭に渡る。
十二月二十八日	北条義時鍾愛の子政村、御所で元服する。加冠は三浦義村が勤める。
建保二年（一二一四）	
正月二十二日	北条義時、源実朝の鶴岡八幡宮参詣に供奉する。

二月二十三日	北条義時、源実朝の鶴岡八幡宮参詣に供奉する。
四月十八日	北条義時、御所における大慈寺供養の評議に加わる。
六月三日	源実朝、諸国の炎旱を愁い栄西を招き祈雨を行う。北条義時以下鎌倉中の者、心経を読誦する。
七月二十七日	大慈寺供養。北条義時、源実朝に後騎として供奉する。
九月二十九日	北条義時、源実朝の二所詣に供奉する。
十月二日	北条義時、相模国一宮の奉幣使を勤める。
十月三日	北条義時、鎌倉に帰る。子実義（のちの実泰）御前において元服する。
十一月四日	北条義時、摂津国垂水荘下司家行の大番役等を、申請にどおり免除する。
建保三年（一二一五）	
正月一日	北条義時、源実朝の鶴岡八幡宮参詣に供奉する。
正月六日	北条時政、伊豆国北条において七十八歳で死去する。
三月五日	北条義時、源実朝の三浦横須賀御出に従う。
十二月十六日	北条義時、伊豆国北条の願成就院に南御堂を建立し、供養を行う。
建保四年（一二一六）	
正月十三日	北条義時、従四位下に昇叙する。
二月二十二日	北条義時の妹三条実宣室、京都で死去する。
九月十八日	北条義時、大江広元を招き、源実朝の近衛大将任官希望について評議する。
九月二十日	大江広元、北条義時の意を受け、源実朝に諫言する。
十月二十九日	北条義時、源実朝御願の鶴岡八幡宮北斗堂供養に従う。
十一月十二日	源実朝、鶴岡八幡宮神事を拝賀として参詣する。北条義時・同時房従う。
十一月二十四日	北条義時、源実朝の渡宋の計画を諫める。

建保五年（一二一七） 正月二十六日	北条義時、源実朝の二所詣に供奉する。
正月二十八日	北条義時、右京権大夫に転任する。
十一月九日	北条義時、病の重い大江広元を見舞う。
十二月十二日	北条義時、陸奥守を兼任する。
建保六年（一二一八） 二月四日	北条政子、弟時房を伴い、熊野詣のため上洛する。
三月二十三日	源実朝、勅使重継に謁する。北条義時、申次を勤める。
六月二十七日	源実朝、任左大将の拝賀を鶴岡八幡宮にて行う。北条義時、前駈を勤める。
七月九日	北条義時、大倉郷に薬師堂（のちの覚園寺）を建立する。
七月二十二日	北条義時、侍所の職員を定めて、北条泰時を別当にする。
十月二十七日	北条義時、島津忠久宛に書状を認め、薩摩国山田村に関する訴えを受け、実態を調査するよう指示する。
十二月二日	源実朝、右大臣に補任される。
同日	北条義時、大倉薬師堂に薬師如来像を安置する。
十二月二十日	北条義時、右大臣源実朝の政所始に別当として列する。
承久元年（一二一九） 正月二十七日	源実朝、鶴岡八幡宮で公暁に殺害される。
二月八日	北条義時、大倉薬師堂に参詣する。
二月十四日	北条義時、御願として天下泰平等の祈禱を修す。
二月十九日	北条義時、北条政子の命により、駿河国の阿野時元を追討する。

	三月九日	後鳥羽上皇の勅使藤原忠綱、北条義時に、摂津国長江・倉橋両荘地頭職の改補を要請する。
	三月十二日	北条義時、北条政子の御前にて、弟時房、子泰時、大江広元と評議する。
	七月十九日	三寅（のちの藤原頼経）、将軍候補として鎌倉に下向し、北条義時大倉亭に着く。
	八月二十三日	北条義時、西園寺公経の家司宛に書状を認め、湯浅宗光が若し罪科に問われても、子息宗元に所領は相違ないと伝える。
	十月二十日	一条実雅、北条義時の娘（母伊賀朝光娘）と結婚する。
承久二年（一二二〇）	五月二十日	北条義時、弟時房、足利義氏とともに大江広元亭に入り、小弓会を行う。
	七月二日	北条義時、某（領家カ）宛に書面を認め、肥後国阿蘇社の諸事について返事する。
	十二月一日	北条義時の大倉亭において、三寅着袴の儀を行う。
	十二月十五日	北条政子・同義時、大慈寺舎利会に参列する。
承久三年（一二二一）	正月二十七日	北条政子、法華堂において故源実朝三回忌の仏事を修す。義時・時房参列する。
	五月十五日	承久の乱始まる。後鳥羽上皇、北条義時の追討を命じる。
	五月十九日	後鳥羽上皇挙兵の報が鎌倉に届き、北条政子、同義時・同時房・大江広元等を集め、評議する。その晩、北条義時亭にて軍議を行う。
	同日	北条義時、島津忠時に書状を認め、北条泰時と京上することを認める。
	五月二十二日	北条義時、北条政子の命に従い北条泰時を鎌倉から進発させる。
	五月二十三日	北条義時以下の宿老、鎌倉の留守を守る。
	五月二十五日	北条義時、進発の幕府軍の交名を記す。
	六月十五日	北条義時が派遣した幕府軍が入洛し京都を制圧する。

六月二十四日	北条義時、安東光成を使者として上洛させる。
八月七日	北条義時、北条政子の命により、二所大神宮等に社領を寄進する。
八月九日	三善康信（法名善信）死去する。八十二歳。
八月十八日	北条義時、京都の弟時房に書状を認め、伊賀国御家人服部康兼に当知行を安堵するよう指示する。
八月二十二日	北条義時、九条家の家司源有長宛に書状を認め、没官領三ヵ所を寄進する旨を伝える。
八月二十五日	北条義時、平保業を播磨国在田道山荘預所に補任する。
九月十六日	北条義時、勲功の次第を上申した御家人に、神妙の由書状を認める。
同日	鶴岡八幡宮馬場儀。北条義時、奉幣使を勤める。
閏十月九日	北条義時、某（領家カ）宛に書状を認め、但馬国田結荘への濫妨停止の下知状を献上する。
十一月十五日	北条義時、阿蘇社の敷地に南郷を寄進する。
十一月二十三日	北条義時の娘、誕生する。母は伊賀氏。
十二月二十四日	北条義時、高野山に宛に書状を認め、蓮華乗院領南部荘所当等について下知した旨を伝える。
貞応元年（一二二二）	
正月一日	北条義時、垸飯を献上する。
正月十日	北条義時、雪見のため大庭野に出る。三浦義村以下従う。
二月六日	三寅、御所南庭において犬追物を見る。北条義時・足利義氏らも見物する。
二月十二日	北条義時の娘（一条実雅室）、女子を産む。
四月五日	北条義時、醍醐寺宛に書状を認め、訴えのあった寺領四ヵ所について沙汰した旨を伝える。

五月二日	北条義時、播磨国在田道山荘預所平保業（平頼盛子）宛に書状を認め、田数・所当について調査を指示する。
五月六日	北条義時、某（摂政近衛家実の家司カ）宛に書状を認め、石清水八幡宮領河内国甲斐荘の裁許について伝達する。
五月二十五日	北条義時、三浦義村の経営で三浦海を逍遙する。
七月二十三日	北条義時、播磨国在田上下荘の田畠所当を定め、懈怠なく沙汰するよう命じる。
八月十五日	北条義時、某（領家平光盛カ）宛に書状を認め、蓮華王院領尾張国海東荘沙汰人からの返事について伝える。
八月十六日	北条義時、陸奥守を辞任する。
九月三日	北条義時、某（近衛家家司カ）宛に書状を認め、丹波国山内・宮田両荘に守護使入部を停止したことを伝える。
九月十五日	北条義時、某（領家カ）宛に書状を認め、加賀国額田荘地頭職を停止したことを伝える。
十月十五日	北条政子・同義時、大慈寺一切経会に参列する。
十月十六日	北条義時、右京権大夫を辞任する。
十二月十二日	北条義時の男子誕生する。母は伊賀氏。
貞応二年（一二二三）	
正月一日	北条義時、垸飯を献上する。
正月二日	三寅、御鞠会を行う。北条義時・三浦義村等が参加する。
正月二十日	北条義時、三寅亭の西方拡張を提言する。
正月二十三日	北条政子、畿内西国の在庁に、新補の守護・地頭の所務を注進するよう命じる。北条義時、御教書を下す。

正月二十四日	北条義時、子馬を三寅に進上する。
四月二十九日	三浦義村、昨夜三浦の田村より鎌倉に帰り、三寅に盃酒を献上する。北条義時等祗候する。
五月五日	北条政子、弟義時と三寅亭に渡り、酒宴あり。義時、衣装を解き与える。
五月十四日	北条義時、三寅物忌につき、厳密に行うよう命じる。
五月十八日	京都より後高倉院崩御の知らせが届く。義時、政子に報告する。
六月二十日	北条義時の経営により、駿河国富士浅間宮の造替遷宮を行う。
六月二十八日	北条政子、故伊賀光季の子息四人（十歳未満）と謁する。北条義時、祗候する。
七月二十五日	北条義時の御願として、三寅の廻廊において、一日百部の法華経書写供養を行う。
七月二十七日	北条義時、某（領家カ）宛に書状を認め、加賀国井家荘沙汰人の訴えについて返事する。
八月二十日	勝長寿院南新御堂において、故大姫の追善供養が行われる。北条義時・同朝時・同重時以下の人々廊に着す。
九月五日	北条義時、近日連夜の天変により、内々祈禱の沙汰をする。
九月二十五日	北条義時、三寅御所造営の日程を定める。
十月四日	北条義時、三浦義村の招きにより田村山荘に渡る。
十月六日	北条義時、鎌倉に帰り、三寅御所に参上し、引出物（馬）を進上する。
十一月二十九日	北条義時、来年の三寅御所造営について見直しの評議を行う。
十二月三日	北条義時亭に光物があり、大倉薬師堂において御祈を始める。また、鶴岡八幡宮において七座鎮魂祭を行う。
十二月二十日	北条義時、三寅御所において、三浦義村・二階堂行盛・中条家長等と、御所造営について評議する。

元仁元年（一二二四）	
正月一日	北条義時、垸飯を献上する。
正月四日	北条義時、垸飯の時、侍で盃酌を行う。
正月六日	北条義時、娘聟一条実雅の来訪を受ける。
正月九日	北条義時、鶴岡八幡宮に参詣する。以下、連日参詣する。
正月十五日	北条義時、鶴岡八幡宮に参詣する。七ヵ日を満たす。
正月二十一日	北条義時、三寅御所で行われた酒宴に列する。
二月十一日	北条義時、三寅の御壷で行われた犬追物に参じる。
二月二十三日	北条義時、去る二十日焼失した駿河国総社及び富士新宮の調査のため、被官の平盛綱・尾藤景綱を使者として下向させる。
三月十六日	北条義時、某（高野山）宛に書状を認め、高野山根本大塔領備後国大田荘・蓮華乗院領紀伊国南部荘について、地頭の陳状を進める旨を伝える。
四月二十七日	前摂政九条道家（三寅の父）の使者源国基、鎌倉に着く。三寅、対面する。北条義時、参会する。
四月二十八日	北条義時、三寅の手習始の儀に参上する。
五月一日	北条義時、某（禰寝清重カ）宛に書状を認め、譲与安堵の下文を給うことを伝える。
五月八日	北条義時、源国基帰洛の際、馬・帷等を送る。
五月十八日	北条義時亭にて、炎旱の御祈について評議する。
六月十二日	北条義時、病気が危急となる。陰陽師を招き祈禱を行う。
六月十三日	北条義時、出家して観海を法名とする。ついで、六十二歳で死去する。
六月十八日	北条義時の葬送が行われる。墓所は、故源頼朝法華堂の東方の山上とする。
六月十九日	北条義時の初七日の仏事を修す。

六月二十六日	北条義時の二七日の仏事を修す。
六月二十七日	北条泰時、鎌倉に帰り、小町亭に入る。
六月二十八日	北条泰時、北条政子と謁し、時房・泰時ともに軍営の後見を命じられる。
同日	伊賀光宗兄弟の陰謀が露見する。
七月四日	北条義時の三七日の仏事を修す。
七月十一日	北条義時の四七日の仏事を修す。
七月二十三日	北条義時の三十五日の仏事を修す。
七月三十日	北条義時の四十九日の仏事を修す。
閏七月一日	北条政子、伊賀光宗兄弟の陰謀について、処分の基準を決める。
八月八日	北条義時墳墓の堂供養を行う。
八月十五日	鶴岡八幡宮放生会、延引される。
八月二十二日	北条義時の百ヵ日の仏事を修す。
九月五日	北条義時の遺領について沙汰がある。政子より泰時に注文が渡される。
同日	北条義時の通称を「右京権大夫」と定める。
十一月十八日	北条泰時、故義時一周忌の追福のため伽藍の建立を決め、この日立柱する。
嘉禄元年（一二二五）	
六月十日	大江広元、七十八歳で死去する。
六月十三日	北条泰時、父義時の一周忌を新造の釈迦堂（大慈寺）にて供養する。
七月十一日	北条政子、八十九歳で死去する。
嘉禄二年（一二二六）	
六月十三日	北条泰時、父義時の三周忌を大慈寺釈迦堂にて供養する。

参考文献一覧

第一部　北条義時の生涯

第一章　北条義時の出生から源頼朝の挙兵

池谷初恵『鎌倉幕府草創の地――伊豆韮山の中世遺跡群』（新泉社、二〇一〇年）
上横手雅敬「吾妻鏡文治三年九月十三日条をめぐる諸問題」（同『鎌倉時代政治史研究』吉川弘文館、一九九一年、初出一九七三年）
岡田清一『北条義時――これ運命の縮まる端か』（ミネルヴァ書房、二〇一九年）
奥富敬之『鎌倉北条氏の基礎的研究』（吉川弘文館、一九八〇年）
坂井孝一『曽我物語の史的研究』（吉川弘文館、二〇一四年）
佐々木紀一「北条時家略伝」（『米沢史学』一五号、一九九九年）
杉橋隆夫「北条時政の出身――北条時定・源頼朝との確執」（『立命館文学』五〇〇号、一九八七年）
杉橋隆夫「牧の方の出身と政治的位置――池禅尼と頼朝と」（上横手雅敬監修 井上満郎・杉橋隆夫編『古代・中世の政治と文化』思文閣出版、一九九四年）
立花美香「伊豆北条氏の存在形態について――時政を中心に」（『紫苑』四号、二〇〇六年）
野口実「承久の乱における三浦義村」（『明月記研究』一〇号、二〇〇五年）
野口実「「京武者」の東国進出とその本拠地について――大井・品川氏と北条氏を中心に」（同『東国武士と京都』同成社、二〇一五年、初出二〇〇六年）

野口実「伊豆北条氏の周辺――時政を評価するための覚書」(『京都女子大学宗教・文化研究所研究紀要』第二〇号、二〇〇七年)
細川重男『鎌倉政権得宗専制論』(吉川弘文館、二〇〇〇年)
細川重男「右京兆員外大尹――北条得宗家の成立」(同『鎌倉北条氏の神話と歴史――権威と権力』日本史史料研究会、二〇〇七年、初出二〇〇一年)
森幸夫「伊豆守吉田経房と在庁官人北条時政」(『ぐんしょ』再刊八号、一九九〇年)
森幸夫「得宗家嫡の仮名をめぐる小考察――四郎と太郎」(阿部猛編『中世政治史の研究』日本史史料研究会、二〇一〇年)
安田元久『北条義時』(吉川弘文館〈人物叢書〉、一九六一年)
八幡義信「伊豆国豪族北条氏について」(『武蔵野』第四八巻第一号、一九六九年)
山本みなみ『史伝　北条義時　武家政権を確立した権力者の実像』(小学館、二〇二一年)

第二章　鎌倉政権の成立と源頼朝

石井進『石井進著作集』第二巻(岩波書店、二〇〇四年)
上杉和彦『源頼朝と鎌倉幕府』(新日本出版社、二〇〇三年)
川合康『源平の内乱と公武政権』(吉川弘文館、二〇〇九年)
川合康『院政期武士社会と鎌倉幕府』(吉川弘文館、二〇一九年)
佐藤進一『日本の中世国家』(岩波書店、一九八三年)

コラム　源頼朝と北条義時

岡田清一『北条義時――これ運命の縮まる端か』（ミネルヴァ書房、二〇一九年）
安田元久『北条義時』（吉川弘文館〈人物叢書〉、一九六一年）
『吾妻鏡』（新訂増補国史大系、普及版、吉川弘文館、一九六八年）

コラム　十三人の合議制と鎌倉殿源頼家

石井進『日本の歴史7　鎌倉幕府』（中央公論社、一九六五年）
岡田清一『北条義時――これ運命の縮まる端か』（ミネルヴァ書房、二〇一九年）
菊池紳一「源頼朝の構想――子どもたちと武蔵武士」（北条氏研究会編『武蔵武士の諸相』勉誠出版、二〇一七年）
五味文彦『増補・吾妻鏡の方法』（吉川弘文館、二〇〇〇年）
杉橋隆夫「鎌倉執権政治の成立過程――十三人合議制と北条時政の「執権」職就任」（御家人制研究会編『御家人制の研究』吉川弘文館、一九八一年）
菱沼一憲「源頼朝「御権威」の成立と新秩序」（『中世地域社会と将軍権力』汲古書院、二〇一一年、初出二〇〇六年）
藤本頼人「源頼家――「暗君」像の打破」（野口実編『中世の人物　京・鎌倉の時代編第二巻　治承～文治の内乱と鎌倉幕府の成立』清文堂出版、二〇一四年）
安田元久『北条義時』（吉川弘文館〈人物叢書〉、一九六一年）

第三章　源頼朝の死と北条時政の台頭／第四章　北条義時と和田合戦

石井進『日本の歴史7　鎌倉幕府』（中央公論社、一九六五年）
上杉和彦『大江広元』（吉川弘文館〈人物叢書〉、二〇〇五年）
岡田清一『北条義時――これ運命の縮まる端か』（ミネルヴァ書房、二〇一九年）
落合義明「北条時政と牧の方――豆駿の豪傑、源頼朝からの自立」（野口実編『中世の人物　京・鎌倉の時代編第二巻　治承～文治の内乱と鎌倉幕府の成立』、清文堂出版、二〇一四年）
菊池紳一「大蔵合戦・畠山重忠の乱再考」（北条氏研究会編『武蔵武士の諸相』、勉誠出版、二〇一七年）
久保田和彦「鎌倉御家人畠山重忠と二俣川合戦」（北条氏研究会編『武蔵武士の諸相』、勉誠出版、二〇一七年）
下山忍「北条義時の発給文書」（北条氏研究会編『北条氏発給文書の研究　附発給文書目録』、勉誠出版、二〇一九年）
鈴木宏美「北条氏と和歌」（北条氏研究会編『北条時宗の時代』、八木書店、二〇〇八年）
藤本頼人「源頼家像の再検討――文書史料を手がかりに」（『鎌倉遺文研究』三三号、二〇一四年）
藤本頼人「源頼家――「暗君」像の打破」（野口実編『中世の人物　京・鎌倉の時代編第二巻　治承～文治の内乱と鎌倉幕府の成立』、清文堂出版、二〇一四年）
安田元久『北条義時』（吉川弘文館〈人物叢書〉、一九六一年）

コラム　源実朝暗殺をめぐる北条義時

石井進『日本の歴史7　鎌倉幕府』（中央公論社、一九六五年）
上横手雅敬「承久の乱」（安田元久編『古文書の語る日本史3　鎌倉』所収、筑摩書房、一九九〇年）

大山喬平『日本の歴史9　鎌倉幕府』（小学館、一九七四年）
岡田清一『北条義時――これ運命の縮まるべき端か』（ミネルヴァ書房、二〇一九年）
五味文彦「源実朝――将軍独裁の崩壊」（『歴史公論』五―三、一九七九年）
坂井孝一『源実朝――「東国の王権」を夢見た将軍』（講談社、二〇一四年）
高橋秀樹『三浦一族の中世』（吉川弘文館、二〇一五年）
谷昇「承久の乱に至る後鳥羽上皇の政治課題――承久年中「修法群」の意味」（『立命館文学』五八八号、二〇〇五年）
永井晋『鎌倉源氏三代記――一門・重臣と源家将軍』（吉川弘文館、二〇一〇年）
永井路子『炎環』（光風社、一九六四年）
本郷和人『承久の乱日本史のターニングポイント』（文春新書、二〇一九年）
美川圭『院政　もうひとつの天皇制』（中公新書、二〇〇六年）
矢代仁『公暁――鎌倉殿になり損ねた男』（ブイツーソリューション、二〇一五年）
安田元久『北条義時』（吉川弘文館〈人物叢書〉、一九六一年）
山本幸司『日本の歴史9　頼朝の天下草創』（講談社、二〇〇一年）
龍粛『鎌倉時代下（京都）』（春秋社、一九五七年）

コラム　後鳥羽上皇と北条義時追討宣旨

坂井孝一『承久の乱』（中公新書、二〇一八年）
関幸彦『承久の乱と後鳥羽院（敗者の日本史6）』（吉川弘文館、二〇一二年）
長村祥知『中世公武関係と承久の乱』（吉川弘文館、二〇一五年）

第五章　将軍源実朝の死と承久の乱／第六章　北条義時の死と伊賀氏の変

石井進『日本の歴史7　鎌倉幕府』（中央公論社、一九六五年）
上横手雅敬『鎌倉時代――その光と影』（吉川弘文館、歴史文化ライブラリー、一九九四年）
大山喬平『日本の歴史9　鎌倉幕府』（小学館、一九七四年）
久保田和彦「北条泰時の発給文書」（北条氏研究会編『北条氏発給文書の研究　附発給文書目録』、勉誠出版、二〇一九年）
埼玉県『新編埼玉県史』通史編2（中世）（一九八八年）
佐々木文昭「鎌倉幕府評定制の成立過程」（同『中世公武新制の研究』、吉川弘文館、二〇〇八年、初出は一九八三年）
下山忍「北条義時発給文書について」（安田元久先生退任記念論集刊行委員会『日本中世の諸相』下、吉川弘文館、一九八九年）
下山忍「北条義時の発給文書」（北条氏研究会編『北条氏発給文書の研究　附発給文書目録』、勉誠出版、二〇一九年）
田中稔「承久京方武士の一考察――乱後の新地頭補任地を中心として」（黒川高明・北爪真佐夫編『論集日本歴史4　鎌倉政権』、有隣堂、一九七六年、初出一九五六年）
田中稔「承久乱後の新地頭補任地〈拾遺〉――承久京方武士の一考察・補論」（黒川高明・北爪真佐夫編『論集日本歴史4　鎌倉政権』、有隣堂、一九七六年、初出一九七〇年）
永井晋『鎌倉幕府の転換点――『吾妻鏡』を読みなおす』（日本放送出版協会、二〇〇〇年）
永井晋「伊賀氏事件の歴史的意義」（同『金沢北条氏の研究』、八木書店、二〇〇六、初出一九九七年）
長村祥知『中世公武関係と承久の乱』（吉川弘文館、二〇一五年）

平岡豊「後鳥羽院西面について」（『日本史研究』三一六号、一九八八年）
平岡豊「藤原秀康について」（『日本歴史』五一六号、一九九一年）
北条氏研究会編『城塞都市鎌倉』（洋泉社、二〇一八年）
安田元久「第五章　鎌倉幕府」（藤木邦彦・井上光貞編『体系日本史叢書1　政治史I』、山川出版社、一九六五年）

コラム　北条義時の遺領

秋山哲雄「処分」（『日本歴史大事典2』、小学館、二〇〇〇年）
川端新「譲与」（『日本歴史大事典2』、小学館、二〇〇〇年）
菊池紳一「源頼朝の構想――子どもたちと武蔵武士」（北条氏研究会編『武蔵武士の諸相』、勉誠出版、二〇一七年）
五味克夫「関東御公事」（『国史大辞典3』、吉川弘文館、一九八三年）
五味克夫「御家人役」（『国史大辞典5』、吉川弘文館、一九八五年）
鈴木英雄「処分」（『国史大辞典7』、吉川弘文館、一九八六年）
長又高夫『御成敗式目編纂の基礎的研究』（汲古書院、二〇一七年）
仁平義孝「関東御公事」（『日本中世史事典』、朝倉書店、二〇〇八年）
山本博也「関東御公事」（『日本歴史大事典1』、小学館、二〇〇〇年）
山本博也「御家人役」（『日本歴史大事典2』、小学館、二〇〇〇年）
安田元久「関東公事」（『日本史大事典2』、平凡社、一九九三年）

第二部　北条義時をめぐる人々

第一章　将軍家（源家）の一族

川合康『源平合戦の虚像を剥ぐ――治承寿永内乱史研究』（講談社〈選書メチエ〉、一九九六年）
神奈川県立歴史博物館展示図録『没後八百年記念　源頼朝ゆかりの寺社の名品』（一九九九年）
黒川高明『源頼朝文書の研究』（吉川弘文館、一九八八年）
五味文彦「実朝の文化空間」（『三浦古文化』五一、一九九二年）
近藤好和『弓矢と刀剣』（吉川弘文館、歴史文化ライブラリー、一九九七年）
永井晋「比企氏の乱の基礎的考察――『吾妻鏡』建仁三年九月二日条と『愚管抄』の再検討から」（『埼玉地方史』三七号、一九九七年）
永井晋『鎌倉幕府の転換点――「吾妻鏡」を読みなおす』（日本放送出版協会、二〇〇〇年）
永原慶二『源頼朝』（岩波新書、一九五八年）
野口実「流人の周辺――源頼朝挙兵再考」（安田先生退任記念論集刊行委員会編『中世日本の諸相』上、吉川弘文館、一九八九年、再録野口実『中世東国武士団の研究』、高科書店、一九九四年）
林譲「源頼朝の花押について」（『東京大学史料編纂所研究紀要』六、一九九六年）
北条氏研究会編『鎌倉北条氏人名辞典』（勉誠出版、二〇一九年）
宮島新一『肖像画の視線――源頼朝像から浮世絵まで』（歴史文化セレクション、吉川弘文館、二〇一〇年）
元木泰男『武士の成立』（日本歴史叢書、吉川弘文館、一九九四年）
山本幸司『頼朝の精神史』（講談社〈選書メチエ〉、一九九八年）
米倉迪夫『源頼朝――沈黙の肖像画』（平凡社ライブラリー、一九九五年）
渡辺保『北条政子』（『人物叢書』五九、吉川弘文館、一九六一年）

第二章　北条氏一族

池谷初恵『鎌倉幕府草創の地――伊豆韮山の中世遺跡群』（新泉社、二〇一〇年）
上横手雅敬『北条泰時』（吉川弘文館〈人物叢書〉、一九五八年）
岡田清一『北条義時――これ運命の縮まるべき端か』（ミネルヴァ書房、二〇一九年）
奥富敬之『鎌倉北条氏の基礎的研究』（吉川弘文館、一九八〇年）
奥富敬之『鎌倉北条一族（新版）』（新人物往来社、二〇〇〇年）
関幸彦『北条政子――母が嘆きは浅からぬことに候』（ミネルヴァ書房、二〇〇四年）
関幸彦『北条時政と北条政子――「鎌倉」の時代を担った父と娘』（山川出版社〈日本史リブレット〉、二〇〇九年）
永井晋『鎌倉幕府の転換点――『吾妻鏡』を読みなおす』（日本放送協会〈ＮＨＫブックス〉、二〇〇〇年）
日本史史料研究会編『将軍・執権・連署』（吉川弘文館、二〇一八年）
野口実「伊豆北条氏の周辺――時政を評価するための覚書」（『京都女子大学宗教・文化研究所紀要』二〇、二〇〇七年）
北条氏研究会編『北条時宗の時代』（八木書店、二〇〇八年）
北条氏研究会編『鎌倉北条氏人名辞典』（勉誠出版、二〇一九年）
細川重男『北条氏と鎌倉幕府』（講談社〈選書メチエ〉、二〇一一年）
細川重男編『鎌倉将軍・執権・連署列伝』（吉川弘文館、二〇一五年）
森幸夫『北条重時』（吉川弘文館〈人物叢書〉、二〇〇九年）
安田元久『北条義時』（吉川弘文館〈人物叢書〉、一九六一年）
渡辺保『北条政子』（吉川弘文館〈人物叢書〉、一九六一年）

渡邊晴美『鎌倉幕府北条氏一門の研究』（汲古書院、二〇一五年）

コラム　北条義時の姉妹と娘たち

※系図及び史料（略称を含む）

「桓武平氏諸流系図」（『中条町史』資料編第一巻 考古・古代・中世、一九八二年）
「桓武平氏系図」（『続群書類従』第六輯上）
「北条系図」A（『続群書類従』第六輯上）
「北条系図」B（『続群書類従』第六輯上）
（続群書類従には二つの北条系図が掲載されているため、掲載順に筆者が便宜上ABとした）
北条氏系図『系図纂要』第八冊上　平氏（2）（名著出版、一九九五年）
北条氏系図『新訂増補国史大系 尊卑分脈 第四篇』第六十巻下（吉川弘文館、二〇〇一年）
「北条系図」（前田育徳会所蔵『関東開闢皇代並年代記事』）
「野津本」（田中稔「史料紹介　野津本『北条系図、大友系図』」、『国立歴史民俗博物館研究報告』第五集、一九八五年）
前田育徳会所蔵「平氏系図」（細川重雄『鎌倉政権得宗専制論』所収、吉川弘文館、二〇〇〇年）
「野辺文書　北条氏系図」（『宮崎県史』史料編　中世1、一九九〇年）
「正宗寺本　北条系図」（東京大学史料編纂所　所蔵史料目録データベース）
『諸家系図纂』十八（内閣文庫、国立公文書館デジタルアーカイブ）
「赤松系図」「有馬系図」（『系図纂要』第九冊上　村上源氏一）
「足利系図」（『続群書類従』第五輯上）

「唐橋・中院家系図」(『系図纂要』第九冊上　清和源氏一)
「河野系図」(『系図総覧』第二、図書刊行会、一九七七年)
『新編増補国史大系　普及版　吾妻鏡』第一~第四(吉川弘文館、一九九八年)
「愚管抄」(『新訂増補国史大系　十九　古今著聞集　愚管抄』、吉川弘文館、二〇〇〇年)
『参考源平盛衰記』(中)(臨川書店、一九八二年)
『曽我物語』(岩波書店、一九九二年)
※その他
御家人制研究会編『吾妻鏡人名索引』(吉川弘文館、一九九二年)
関幸彦『北条政子――母が嘆きは浅からぬことに候』(ミネルヴァ書房、二〇〇四年)
関幸彦『北条時政と北条政子――「鎌倉」の時代を担った父と娘』(山川出版社、二〇〇九年)
野村育代『北条政子――尼将軍の時代』(吉川弘文館、二〇〇〇年)
北条氏研究会編『北条氏系譜人名辞典』(新人物往来社、二〇〇一年)

コラム　北条一族の官位

池谷初恵『鎌倉幕府草創の地――伊豆韮山の中世遺跡群』(新泉社、シリーズ「遺跡を学ぶ」、二〇一〇年)
佐々木紀一「北条時家略伝」(『米沢史学』一五号、一九九九年)
中原俊章「侍考」(『ヒストリア』八三号、一九七九年)
永井晋『式部省補任』(八木書店、二〇〇八年)
福田豊彦「『源平闘諍録』の成立過程――千田合戦と伊藤三女の二説話を中心に――補論:千葉介胤綱・時胤および千葉泰胤の系譜上の位置」(『千葉県史研究』一一号別冊、「中世の房総、そして関東」、二〇〇三年)

北条氏研究会編『北条氏系譜人名辞典』（新人物往来社、二〇〇一年）

第三章　その他の人々

石井進『日本の歴史7　鎌倉幕府』（中央公論社、一九六五年）
石井進「中世六浦の歴史」（『三浦古文化』第四〇号、一九八六年）
上杉和彦『大江広元』（吉川弘文館〈人物叢書〉、二〇〇五年）
岡田清一『北条義時――これ運命の縮まるべき端か』（ミネルヴァ書房、二〇一九年）
奥富敬之『鎌倉北條氏の基礎的研究』（吉川弘文館、一九八〇年）
奥富敬之『鎌倉　北條一族』（新人物往来社、一九八三年）
奥富敬之『鎌倉北条氏の興亡』（吉川弘文館、二〇〇三年）
菊池紳一「武蔵国留守所惣検校職の再検討――『吾妻鏡』を読み直す」（『鎌倉遺文研究』二五、二〇一〇年）
清水亮『中世武士　畠山重忠』（吉川弘文館、二〇一八年）
永井晋「源平の争乱と『平家物語』」（関幸彦編『相模武士団』吉川弘文館、二〇一七年）
野口実「承久の乱における三浦義村」（同編『承久の乱の構造と展開』戎光祥出版、二〇一九年、初出二〇〇五年）
細川重男『北条氏と鎌倉幕府』（講談社、二〇一一年）
安田元久『北条義時』（吉川弘文館〈人物叢書〉、一九六一年）

第三部　執権北条義時と政所

第一章　執権北条義時と政所

青山幹哉「王朝官職からみる鎌倉幕府の秩序」（『年報中世史研究』第一〇号、一九八五年）
岡田清一『北条義時——これ運命の縮まるべき端か』（ミネルヴァ書房、二〇一九年）
糟谷（川島）優美子「女性たちの鎌倉——流人時代の頼朝と民間伝承」（『「鎌倉」の時代』、山川出版社、二〇一五年）
菊池紳一「院の近臣藤原光能——東国と通字に関連して」（小原仁編『玉葉を読む——九条兼実とその時代』、勉誠出版、二〇一三年）
北爪真佐夫『文士と御家人——中世国家と幕府の吏僚』（青史出版、二〇〇二年）
米谷豊之祐「仲原廣元・親能の関東来附の経緯について」（『大阪城南女子短期大学研究紀要』第六巻、一九七一年）
佐藤進一『鎌倉幕府訴訟制度の研究』（畝傍書房、一九四三年。のちに岩波書店から一九九三年復刊）
下山忍「北条義時の発給文書」（北条氏研究会編『北条氏発給文書の研究　附発給文書目録』、勉誠出版、二〇一九年）
杉橋隆夫「執権・連署制の起源——鎌倉執権政治の成立過程・続論」（『立命館文學』四二四—四二六号、一九八〇年）
杉橋隆夫「鎌倉執権政治の成立過程——十三人合議制と北条時政の「執権」職就任」（御家人制研究会編『御家人制の研究』、吉川弘文館、一九八一年）
曽我良成「官司請負制下の実務官人と家業の継承」（『古代文化』三七号、一九八五年）
高橋秀樹『三浦一族の中世』（吉川弘文館、二〇一五年）

田中稔「『鎌倉殿御使』考」（『史林』四五―六、一九六二年）
新田英治「鹿島神宮文書雑感」（『茨城県史研究』一八号、一九七〇年。のちに『論集日本歴史4　鎌倉政権』〈一九七六年、有精堂出版〉所収）
新田英治「鎌倉幕府の成立」（『日本歴史大系2』、山川出版社、一九八五年）
仁平義孝「鎌倉前期幕府政治の特質」（『古文書研究』三一号、一九八九年）
野口実「流人の周辺――源頼朝挙兵再考」（安田元久先生退任記念論集刊行委員会編『中世日本の諸相　上巻』、吉川弘文館、一九八九年）
北条氏研究会編『鎌倉北条氏人名辞典』（勉誠出版、二〇一九年）
細川重男『北条氏と鎌倉幕府』（講談社、二〇一一年）
目崎徳衛「鎌倉幕府草創期の吏僚について」（『三浦古文化』一五号、一九七四年。のちに目崎徳衛『貴族社会と古典文化』〈吉川弘文館、一九九五年〉所収）
安田元久『北条義時』（吉川弘文館〈人物叢書〉、一九六一年）
安田元久編『鎌倉・室町人名事典』（新人物往来社、一九八五年）
山本幸司『日本の歴史9　頼朝の天下草創』（講談社、二〇〇一年）
湯山学「鎌倉幕府の吏僚に関する考察（Ⅰ）・（Ⅱ）」（『政治経済史学』第三一一・三一二号、一九九二年）
『国史大辞典』（吉川弘文館、一九七〇―一九九七年）
「鎌倉年代記」（『増補続史料大成』五一巻、臨川書店、一九七九年）

コラム　北条義時の発給文書

下山忍「北条義時の発給文書」（北条氏研究会編『北条氏発給文書の研究　附発給文書目録』所収、勉誠出版、

二〇一九年）
菊池紳一「北条時政発給文書について」（北条氏研究会編『北条氏発給文書の研究　附発給文書目録』所収、勉誠出版、二〇一九年）
菊池紳一「北条政子発給文書について」（北条氏研究会編『北条氏発給文書の研究　附発給文書目録』所収、勉誠出版、二〇一九年）
竹内理三編『鎌倉遺文』第三巻・第四巻（東京堂出版）
『福井県史資料編2』中世（福井県、一九八六年）

コラム　北条氏と侍所

池田瞳「北条時宗・金沢実時期の小侍所――『吾妻鏡』を素材として」（阿部猛編『中世政治史の研究』、日本史史料研究会、二〇一〇年）
岡田清一『北条得宗家の興亡』（新人物往来社、二〇〇一年）
岡田清一「佐竹合戦と侍所の創設」（『鎌倉幕府と東国』、続群書類従完成会、二〇〇六年、初出は福田豊彦編『中世の社会と武力』、吉川弘文館、一九九四年）
岡田清一「執権制の成立と建保合戦」（『鎌倉幕府と東国』、続群書類従完成会、二〇〇六年）
川添昭二『北条時宗』（吉川弘文館〈人物叢書〉、二〇〇一年）
佐藤進一「訴訟対象を基準とする訴訟制度の分化」（『鎌倉幕府訴訟制度の研究』、岩波書店、一九九三年）
杉橋隆夫「執権・連署制の起源――鎌倉執権政治の成立過程・続論」（日本古文書学会編『日本古文書学論集』五　中世1、吉川弘文館、一九八六年）
滑川敦子「和田義盛と梶原景時／鎌倉幕府侍所侍所成立の立役者たち」（野口実編『治承～文治の内乱と鎌

倉幕府の成立』、清文堂出版、二〇一四年）
滑川敦子「鎌倉幕府侍所の成立過程について」（元木泰雄編『日本中世の政治と制度』、吉川弘文館、二〇二〇年）
松島周一「和田合戦の展開と鎌倉幕府の権力状況」（『日本歴史』五一五、一九九一年）

コラム　北条義時と一門の守護

伊藤邦彦『鎌倉幕府守護の基礎的研究【国別考証編】』（岩田書院、二〇一〇年）
伊藤邦彦『鎌倉幕府守護の基礎的研究【論考編】』（岩田書院、二〇一〇年）
熊谷隆之「鎌倉幕府支配の展開と守護」（『日本史研究』第五四七号、二〇〇八年）
佐藤進一『増訂鎌倉幕府守護制度の研究　諸国守護沿革考証編』（東京大学出版会、一九七一年）

コラム　北条氏と相模・武蔵両国

伊藤邦彦氏『鎌倉幕府守護の基礎的研究』【国別考証編】（岩田書院、二〇一〇年）
岡田清一「武蔵国留守所惣検校職について」（『鎌倉幕府と東国』（続群書類従完成会、二〇〇六年）第二編第四章、初出は一九七四年）
金沢正大「武蔵守北条時房の補任年時について——武蔵守北条時房補任事情」（『政治経済史学』一〇二号、一九七四年）
金沢正大「十三世紀初頭に於ける武蔵国々衙支配」（『政治経済史学』二二二号、一九八五年）
菊池紳一「鎌倉幕府の武蔵国支配」（『与野市史調査報告書』第四集、一九七九年）
菊池紳一「武蔵国における知行国支配と武士団の動向」（『埼玉県史研究』第一一号、一九八三年）

菊池紳一「『吾妻鏡』における「関東御分国」について」（『平成元〜三年度科学研究費補助金研究成果報告書『吾妻鏡』の総合的研究参照』、一九九二年）
菊池紳一「北条長時について」（北条氏研究会編『北条時宗の時代』所収、二〇〇八年、八木書店）
菊池紳一「武蔵国留守所惣検校職の再検討――「吾妻鏡」を読み直す」（『鎌倉遺文研究』二五号、二〇一〇年）
菊池紳一「鎌倉幕府の政所と武蔵国務」（『埼玉地方史』六四号、二〇一一年）
菊池紳一「武蔵国留守所惣検校職の再検討」（埼玉県立嵐山史跡の博物館・葛飾区郷土と天文の博物館編『秩父平氏の盛衰――畠山重忠・葛西重清』、勉誠出版、二〇一二年）
高橋秀樹『三浦一族の研究』（吉川弘文館、二〇一六年）
永井晋「鎌倉初期の武蔵国衙と秩父氏族」（埼玉県立歴史資料館『研究紀要』第七号、一九八五年）
七海雅人「幕府の武蔵国掌握過程」（『三田中世史研究』一〇号、二〇〇三年）

第四部　承久の乱の影響

第一章　承久の乱の影響

泉田崇之「鎌倉幕府と「丹党」――安保氏から見た考察」（北条氏研究会編『武蔵武士の諸相』所収、勉誠出版、二〇一七年）
今谷明「承久の乱」（『創造の世界』一〇一号、小学館、一九九七年）
上横手雅敬「承久の乱」（『岩波講座　日本歴史5　中世〔1〕』、岩波書店、一九六二年）
岡田清一『北条義時――これ運命の縮まるべき端か』（ミネルヴァ書房、二〇一九年）

菊池紳一「承久三年の六波羅——北条時房・同泰時発給文書を通して」(北条氏研究会編『北条氏発給文書の研究　附発給文書目録』所収、勉誠出版、二〇一九年)
五味文彦『増補 吾妻鏡の方法 事実と神話にみる中世』(吉川弘文館、二〇〇〇年)
坂井孝一『承久の乱』(中央公論新社、二〇一八年)
佐藤進一『増訂鎌倉幕府守護制度の研究　諸国守護沿革考証編』(東京大学出版会、一九七一年)
下山忍「北条義時の発給文書」(北条氏研究会編『北条氏発給文書の研究　附 発給文書目録』、勉誠出版　二〇一九年)
田中　稔『鎌倉幕府御家人制度の研究』(吉川弘文館、一九九一年)
長又高夫『御成敗式目編纂の基礎的研究』(汲古書院、二〇一七年)
長村祥知『中世公武関係と承久の乱』(吉川弘文館、二〇一五年)
平泉　洸『明恵上人伝記』(講談社、一九八〇年)
福沢諭吉『文明論之概略』(岩波書店、一九九五年)
細川重男『北条氏と鎌倉幕府』(講談社、二〇一一年)
本郷和人『承久の乱　日本史のターニングポイント』(文藝春秋、二〇一九年)
安田元久『地頭及び地頭領主制の研究』(山川出版社、一九六一年)
安田元久『北条義時』(吉川弘文館〈人物叢書〉、一九六一年)
『綾部市史 上巻』(一九七六年)
『廿日市町史 通史編(上)』(一九八八年)
『広島県史 中世　通史Ⅱ』(一九八四年)
北条氏研究会 編『鎌倉北条氏人名辞典』(勉誠出版、二〇一九年)

『和歌山県史 中世』(一九九四年)
『日蓮』(日本思想大系一四、岩波書店、一九七〇年)
『承久記』(新撰日本古典文庫一、現代思潮社、一九七四年)

第五部　偽史・史跡・伝承

第二章　北条義時と武士の都鎌倉

秋山哲雄『北条氏権力と都市鎌倉』(吉川弘文館、二〇〇六年)
秋山哲雄『都市鎌倉の中世史』(吉川弘文館、二〇一〇年)
秋山哲雄『鎌倉を読み解く　中世都市の内と外』(勉誠出版、二〇一七年)
伊藤一美「新知見　武士の都　鎌倉の謎を解く」(戎光祥出版、二〇二一年)
岩田尚一「北条義時の大倉亭と『吾妻鏡』戌神霊験譚の原史料」(『鎌倉遺文研究』四三号、二〇一九年)
『神奈川県鎌倉市北条義時法華堂跡確認調査報告書』(鎌倉市教育委員会、二〇〇五年)
『鎌倉市埋蔵文化財緊急調査報告書』一～三六(鎌倉市教育委員会、一九八五～二〇二〇年)
『鎌倉市史　社寺編』(吉川弘文館、一九五九年)
『鎌倉の埋蔵文化財』一～二三(鎌倉市教育委員会、一九九六～二〇二〇年)
田井秀「鎌倉大慈寺の成立と展開」(『鎌倉』一二八・一二九合併号、二〇二〇年)
中嶋和志「鶴岡八幡宮における供僧の成立と役割」(『法政史学』四五号、一九九三年)
西田友広「北条義時の「大倉亭」」(『鎌倉遺文研究』四六号、二〇二〇年)
西田友広「北条義時の「大倉亭」を求めて」(『日本歴史』八八六号、二〇二二年)

藤田盟児「鎌倉の執権及び連署の本邸の沿革」(『日本建築学会計画系論文集』五三三号、二〇〇〇年)
北条氏研究会編『北条時宗の謎』(新人物往来社、二〇〇〇年)
北条氏研究会編『城塞都市　鎌倉』(洋泉社、二〇一八年)
馬淵和雄「「大倉幕府考」――位置の検証を中心に」(『鎌倉』一二八・一二九合併号、二〇二〇年)
山本みなみ「北条義時の死と前後の政情」(『鎌倉市教育委員会文化財部調査研究紀要』二号、二〇二〇年)

第三章　その後の北条義時像

岡田清一『北条義時――これ運命の縮まるべき端か』(ミネルヴァ書房、二〇一九年)
奥富敬之「承久の乱と北條氏」(『鎌倉北条氏の基礎的研究』、吉川弘文館、一九八〇年)
坂井孝一『承久の乱　真の「武者の世」を告げる大乱』(中公新書、二〇一八年)
永原慶二『皇国史観』(岩波ブックレット、一九八三年)
原勝郎『日本中世史続編』(『日本中世史』所収、創元社日本文化名著撰、一九三五年)
平泉澄『物語日本史　中』(講談社学術文庫、一九七九年)
細田重男『北条氏と鎌倉幕府』(講談社、二〇一一年)
本郷和人『承久の乱　日本史のターニングポイント』(文春新書、二〇一九年)
安田元久『北条義時』(吉川弘文館〈人物叢書〉、一九六一年)
山本みなみ「北条義時の死と前後の政情」(『鎌倉市教育委員会文化財部調査研究紀要第』二号、二〇二〇年)

執筆項目一覧

第六章　北条義時の死と伊賀氏の変　菊池紳一
コラム　北条義時の遺領　菊池紳一

第二部

第一章　将軍家（源家）の一族　菊池紳一
第二章　北条氏一族　山野井功夫
コラム　北条義時の姉妹と娘たち　齊藤直美
コラム　北条一族の官位　永井　晋
第三章　その他の人々　牡丹健一

第三部

第一章　執権北条義時と政所　川島優美子
コラム　北条義時の発給文書　菊池紳一
コラム　北条氏と侍所　遠山久也
コラム　北条義時と一門の守護　山野龍太郎
コラム　北条氏と相模・武蔵両国　菊池紳一

あとがき

令和四年に入り、大河ドラマ「鎌倉殿の十三人」が始まった。この企画が発表された時、心が動いたことは確かである。

北条氏研究会は、昭和五十三年（一九七八）に、学習院大学大学院にいた学生を中心に発足した。最初は北条時政の発給文書を一通一通読み、検討する古文書輪読を中心とする集まりであった。その後一時休止したことはあったが、現在に至るまで北条氏の発給文書を読み続けている。

徐々に研究会の活動も多様化し、毎年夏の研修旅行、武蔵武士の史跡を巡る巡見、鎌倉街道をたどる道歩き、文書を現物や写真などで読む古文書輪読会などを行ってきた。ほぼ最近では、毎月史跡に立ち、その背景にある地形などを考え、昔の街道を想定しながら歩いている。

こうした活動をしながら、外に対する発表も進めてきた。その発端は、私の恩師安田元久先生から、安田元久編『吾妻鏡人名総覧――注釈と考証』（吉川弘文館、一九九八年）に、北条氏研究会編として「北条氏系図考証」を作成するよう指示されたことである。この延長線上で刊行されたのが左記の辞典である。

『北条氏系譜人名辞典』（新人物往来社、二〇〇一年）

『鎌倉北条氏人名辞典』（勉誠出版、二〇一九年）

現在執筆を進めている『吾妻鏡人名辞典』は、『吾妻鏡人名総覧――注釈と考証』のまとめ役を担当した結果考えたことで、文学博士藤井貞文監修・國學院大學日本史研究会編『吾妻鏡人名索引』（Ⅰ～Ⅲ、一九六八～六八年）や御家人制研究会編『吾妻鏡人名索引』（吉川弘文館、一九七一年）の再検討を意味している。

大河ドラマとの関係は、次のようになる。二〇〇一年に放送された「北条時宗」を契機に、一般の読者の理解を深めてもらえるよう左記の本を刊行したことがある。

『北条時宗の謎』（新人物往来社、二〇〇〇年）

別冊歴史読本『北条一族』（新人物往来社、二〇〇〇年）

さらに、二〇〇五年の「義経」の時は、

別冊歴史読本『源義経の謎』（新人物往来社、二〇〇四年）

を刊行した。

この間、私は、二〇〇二年の大河ドラマ「利家とまつ――加賀百万石物語」に際して、前田利家関係の書物を執筆したことを思い出す。

その後、武蔵武士の史跡を巡る巡見を土台にした『武蔵武士を歩く――重忠・直実のふるさと埼玉の史跡』（勉誠出版、二〇一五年）が刊行され、現在武蔵国南部をテーマにした『武蔵武士を歩く

——東京・神奈川の史跡』（仮題）の執筆を進めている。
研究会のメンバーによる論文集としては、左記の三冊を執筆、刊行した。
『北条時宗の時代』（八木書店、二〇〇八年）
『武蔵武士の諸相』（勉誠出版、二〇一七年）
『北条氏発給文書の研究、附発給文書目録』（勉誠出版、二〇一九年）
北条氏発給文書の輪読、武蔵武士関連の史跡の巡見等の成果でもある。さらに、鎌倉幕府の本拠をテーマにした『城塞都市　鎌倉』（洋泉社、二〇一八年）も、会員で分担執筆した。
今年の大河ドラマ「鎌倉殿の十三人」に際しても、一般の方々の理解を深めていただきたく、『北条義時の生涯　鎌倉幕府の草創から確立へ』を企画することにした。基本の企画は、若い北爪寛之氏にお願いし、提出された構成をもとに検討したのが本書である。
初期の会員は、私を含め還暦を越えた壮年の方が増えている。そこで、執筆については、三十代の若い方々を中心に執筆をお願いし、壮年の方々にそれを補っていただく形にした。メインの項目は若い会員に、コラム（北条氏あるいは北条義時についての雑学）は壮年の方々に執筆を分担していただいた。
とりわけ、第五部（偽史・史跡・伝承）は、他の類書に見られない内容を含み、北条氏を理解する助けとなるのではなかろうか。本書が北条義時を理解する助けとなれば幸甚である。
ここで、本書全体の監修を終えて感じたことを述べておきたい。本書の対象とした鎌倉時代、それも始めの将軍専制の時代は理解するのに難しい時代である。京都を中心とする西国と鎌倉を中心とする東国の価値観の違いが底辺にある。

特に鎌倉幕府の成立の初段階に関しては、歴史用語としての政所・侍所・守護・地頭・執権等の解釈などがある。本書では、各々の執筆者の考え方を尊重している。執筆者による見方の違いを比較して見ていただくのもよいのではなかろうか。ここでは触れないが、私の考え方については近著『源家滅亡――尼御台所政子と北条義時の時代』（山川出版社、二〇二二年）を参照していただければ幸甚である。

また、人名の表記についても、各執筆者の見識に任せた。北条政子の場合、『吾妻鏡』では、源頼朝の生前は「御台所」、頼朝没後は「尼御台所」、従二位に叙されて以降は「二位家」「禅定二品」「二品禅尼」などと表記されている。執筆者によって「北条政子」で通す場合や尼御台政子・二位尼政子などとする場合もある。大江広元についても、建保四年（一二一六）に子親弘とともに中原から大江への改姓を朝廷に申請して認められている。それに対応して中原広元とする場合や、一貫して大江広元で通している場合もある。北条時政の後妻「牧方」「牧の方」、北条義時の後妻に「後妻伊賀氏」「後家伊賀氏」「後妻伊賀の方」ついても同様に処理した。

最後になるが、本書の企画を受け入れていただいた勉誠社社長の吉田祐輔氏、企画・編集に御協力いただいた武内可夏子氏はじめ編集の方々にたいへんお世話になった。記して御礼としたい。

令和四年四月

北条氏研究会代表　菊池紳一

執筆者紹介

監修者

菊池紳一（きくち・しんいち）

一九四八年山形県生まれ。元前田育徳会常務理事・尊経閣文庫主幹。北条氏研究会代表。

著書に『図説　前田利家――前田育徳会の史料にみる』（新人物往来社、二〇〇二年）、『加賀前田家と尊経閣文庫――文化財を守り、伝えた人々』（勉誠出版、二〇一六年）、『源家滅亡――尼御台所と北条義時の時代』（山川出版、二〇二二年）、論文に「「院分」の成立と変遷」（『国史学』一二八号、一九八六年）、「武蔵国留守所惣検校職の再検討――「吾妻鏡」を読み直す」（『鎌倉遺文研究』二五号、二〇一〇年）、「北条政子発給文書について」（北条氏研究会編『北条氏発給文書の研究』、勉誠出版、二〇一九年）などがある。

執筆者（掲載順）

山野龍太郎（やまの・りゅうたろう）

一九八四年生まれ。埼玉県立小川高等学校教諭。

専門は日本中世の東国武士。

論文に「鎌倉期武士社会における烏帽子親子関係」（山本隆志編『日本中世政治文化論の射程』、思文閣出版、二〇一二年）、「畠山重忠の政治的遺産」（北条氏研究会編『武蔵武士の諸相』、勉誠出版、二〇一七年）などがある。

北爪寛之（きたづめ・ひろゆき）
一九八二年生まれ。瑞穂町郷土資料館学芸員。
専門は日本中世史。
著書に『吾妻鏡地名寺社名等総覧』（共編、勉誠出版、二〇一五年）、論文に「武蔵武士宮寺氏と居館」（北条氏研究会編『武蔵武士の諸相』、勉誠出版、二〇一七年）、「大隅正八幡宮の造営と関東御教書」（北条氏研究会編『北条氏発給文書の研究』、勉誠出版、二〇一九年）などがある。

下山　忍（しもやま・しのぶ）
一九五六年生まれ。東北福祉大学教育学部教授。
専門は教科教育（社会科・地理歴史科）・日本中世史。
著書に『もういちど読む山川日本史史料』（共著、山川出版社、二〇一七年）、論文に「極楽寺流における北条義政の政治的立場と出家遁世事件」（北条氏研究会編『北条時宗の時代』、八木書店、二〇〇八年）、「北条義時発給文書」（北条氏研究会編『北条氏発給文書の研究』、勉誠出版、二〇一九年）などがある。

山野井功夫（やまのい・いさお）
一九五九年生まれ。埼玉県立伊奈学園総合高等学校教諭。
専門は日本中世史。
論文等に「北条政村及び政村流の研究——姻戚関係から見た政村の政治的立場を中心に」（北条氏研究会編『北条時宗の時代』、八木書店、二〇〇八年）、「館・城・街道」（関幸彦編『武蔵武士団』、吉川弘文館、二〇一四年）、「館・山城を探る」（関幸彦編『相模武士団』、吉川弘文館、二〇一七年）、「北条政村単署の発給文書小考」（北条氏研究会編『北条氏発給文書の研究』勉誠出版、二〇一九年）などがある。

齊藤直美（さいとう・なおみ）

一九七八年生まれ。文京区教育委員会文化財保護係。

専門は考古学（奈良平安）中世史。

論文に「古代の冥界観について――おもに『日本霊異記』をもとに」（『国士舘史学』第一二号、二〇〇八年）、「女性相続の実例について――鎌倉時代前半の『鎌倉遺文』から」（『北条時宗の時代』、二〇〇八年）などがある。

永井　晋（ながい・すすむ）

一九五九年生まれ。関東学院大学客員教授。

専門は日本中世政治史・日本中世仏教史・茶業史・日本軍事史。

著書に『金沢北条氏の研究』（八木書店、二〇〇六年）、『金沢文庫古文書喫茶関係編年資料集』（勉誠出版、二〇二〇年）、『八条院の世界――武家政権成立の時代と誇り高き王家の女性』（山川出版社、二〇二一年）などがある。

牡丹健一（ぼたん・けんいち）

一九八六年生まれ。神奈川県立平塚湘風高等学校教諭。

専門は日本中世史。

論文に「悲劇の征夷大将軍となった護良親王」（関口崇史編『征夷大将軍研究の最前線』、洋泉社、二〇一八年）、「紀伊国飯盛城合戦――六十谷定尚の考察を中心に」（悪党研究会編『南北朝『内乱』』、岩田書院、二〇一八年）、

「宗良親王」「北条時行」「護良親王」（亀田俊和・生駒孝臣編『南北朝武将列伝　南朝編』、戎光祥出版、二〇二一年）などがある。

川島（糟谷）優美子（かわしま・ゆみこ）
一九六三年生まれ。さいたま市史編さん調査員、雙葉中学校・高等学校非常勤講師。
専門は日本中世史。
論文に「鎌倉街道をめぐる武蔵武士と鎌倉幕府──関渡と地域開発」（北条史研究会編『武蔵武士の諸相』、勉誠出版、二〇一七年）、「藤原頼経・頼嗣発給文書」（北条氏研究会編『北条氏発給文書の研究』、勉誠出版、二〇一九年）、「苦林──その地理と歴史」（佐川美加氏と共著、『埼玉地方史』第七八号、二〇二〇年）などがある。

遠山久也（とおやま・ひさや）
一九六四年生まれ。東京都立高等学校教諭。
専門は日本中世史。
論文に「得宗家庶子北条時輔の立場」（北条氏研究会編『北条時宗の時代』、八木書店、二〇〇八年）、「延応元年五月一日付、北条泰時・時房連署「関東御教書」について」（北条史研究会編『北条氏発給文書の研究』、勉誠出版、二〇一九年）などがある。

泉田崇之（いずみだ・たかゆき）
一九八六年生まれ。埼玉県立坂戸西高等学校臨時的任用教職員。
現在の研究分野は「鎌倉時代における武士の発生と第二産業との関わりについて」武士と刀、鎧、貨幣の発生の起源について考える。
論文に、「応仁・文明の乱期の大沢久守と山科七郷の動向」（立教大学大学院文学研究科史学研究室編『立教史学』第二号、二〇一〇年）、「鎌倉幕府と「丹党」――安保氏から見た考察」（北条氏研究会編『武蔵武士の諸相』、勉誠出版、二〇一七年）、「非御家人の動員から見る関東御教書の意義」（北条氏研究会編『北条氏発給文書の研究』、勉誠出版、二〇一九年）などがある。

磯川いづみ（いそかわ・いづみ）
一九七二年生まれ。新居浜市史編集委員会第1専門部会調査委員。
専門は日本中世史、とくに瀬戸内地域について。
著書に『伊予河野氏文書集（1）（2）』（編、戦国史研究会、二〇一八・二一年）、論文に「河野弾正少弼通直最後の受給文書」（『戦国史研究』七七、二〇一九年）、「河野氏の系図復元――河野通義と河野通有」（北条氏研究会編『北条氏発給文書の研究』、勉誠出版、二〇一九年）、「南北朝期の河野通盛――「善応寺縁起」の紹介」（『鎌倉』一二八・一二九、二〇二〇年）、「本福寺所蔵「近衛前久書状」について」（『戦国史研究』八二、二〇二一年）などがある。

塚本洋司（つかもと・ひろし）
一九六七年生まれ。北条氏研究会会員。
専門は日本史。
共著に『武蔵武士を歩く――重忠・直実のふるさと　埼玉の史跡』（北条氏研究会編、勉誠出版、二〇一五年）、『城塞都市　鎌倉』（北条氏研究会編、洋泉社、二〇一八年）がある。

池田悦雄（いけだ・えつお）
一九五六年生まれ。元埼玉県立高校教員。
専門は歴史教育、日本中世史。
著書に『武蔵武士を歩く――重忠・直実のふるさと　埼玉の史跡』（北条氏研究会編、分担執筆、勉誠出版、二〇一五年）、『武蔵武士の諸相』（同編、分担執筆、勉誠出版、二〇一七年）などがある。

森　幸夫（もり・ゆきお）
一九六一年生まれ。國學院大學非常勤講師。
専門は日本中世史。
著書に『六波羅探題の研究』（続群書類従完成会、二〇〇五年）、『北条重時』（吉川弘文館、二〇〇九年）、『中世の武家官僚と奉行人』（同成社、二〇一六年）、『六波羅探題』（吉川弘文館、二〇二一年）がある。

監修者略歴

菊池紳一（きくち・しんいち）

1948年山形県生まれ。元前田育徳会常務理事・尊経閣文庫主幹。北条氏研究会代表。

著書に『図説　前田利家―前田育徳会の史料にみる』（新人物往来社、2002年）、『加賀前田家と尊経閣文庫―文化財を守り、伝えた人々』（勉誠出版、2016年）、『源家滅亡―尼御台所と北条義時の時代』（山川出版、2022年）、論文に「「院分」の成立と変遷」（『国史学』128号、1986年）、「武蔵国留守所惣検校職の再検討―「吾妻鏡」を読み直す」（『鎌倉遺文研究』25号、2010年）、「北条政子発給文書について」（北条氏研究会編『北条氏発給文書の研究』、勉誠出版、2019年）などがある。

北《ほう》条《じょう》義《よし》時《とき》の生《しょう》涯《がい》
――鎌倉幕府の草創から確立へ

監修　菊池紳一
編者　北条氏研究会
制作　㈱勉誠社
発売　勉誠出版㈱
〒101-0061 東京都千代田区神田三崎町二-一八-四
電話　〇三-五二一五-九〇二一㈹

二〇二二年五月十日　初版発行

印刷製本　三美印刷㈱

ISBN978-4-585-32014-2　C1021

鎌倉北条氏人名辞典

約一一〇〇項目を立項。充実の関連資料も附録として具備し、鎌倉時代の政治・経済を主導した鎌倉北条氏の全貌を明らかにする必備のレファレンスツール。

菊池紳一 監修／北条氏研究会 編・本体一八〇〇〇円（＋税）

北条氏発給文書の研究
附 発給文書目録

北条氏の発給文書を網羅的に収集・検討。執権をつとめた各代について、その足跡を歴史上に位置付ける。歴代の発給文書一覧も具えた、レファレンスツールとして必備の一冊。

北条氏研究会 編・本体一五〇〇〇円（＋税）

吾妻鏡地名寺社名等総覧

『吾妻鏡』に記載される地名や寺社名などを網羅的に抽出し、記事本文とともに分類・配列。日本中世史の根本史料を使いこなすための必携書。

菊池紳一・北爪寛之 編・本体三八〇〇円（＋税）

武蔵武士を歩く
重忠・直実のふるさと　埼玉の史跡

武蔵武士ゆかりの様々な史跡を膨大な写真・図版資料とともに詳細に解説。史跡や地名から歴史を読み取るためのコツや、史跡めぐりのルート作成方法を指南。

北条氏研究会 編・本体二七〇〇円（＋税）